は じ め に

　本書は大学における心理学の講義で教科書として用いることを前提として書かれたものである。教科書と言うとふつうの場合は基礎的事項が広く浅く網羅されているだろう。しかし，スポーツや芸術の基礎がつまらないのと同じで，学問の基礎・基本もたいがいは退屈なものである。

　無論，基礎・基本は重要である。しかし，この教科書を使う学生の多くは将来心理学以外の道に進むであろうし，卒業したら就職する人が大半である。これは心理学に限ったことではない。大学で教わることは大概がそうである。では，大学の教養科目で伝えるべきことは何か。人それぞれに様々な意見があろうが，一つには，学問の醍醐味に触れてもらうことではないだろうか。今，何がその分野で話題になっているのか，どういう道筋を辿ってその理論に至ったのか，活字の中の世界と自分の生活とどう関わっているのか。その科目，学問を入り口にして，こういった未知の世界の扉を開ける練習をしてもらうことが教養科目の役割ではないか。そう考えるのである。

　ならば，生まれて初めて心理学に触れ，これ以降は心理学との縁が薄くなるであろう多くの学生諸子に基礎だけ伝えて終り，というのは，あまりに味気ない。素振りやランニングだけして野球部卒業，というようなことはせず，まずはゲームを楽しんでもらいたい。そんな心積もりでこの教科書を作成した。

　そのため，各章の冒頭に「謎」を掲げ，本文を読み進めるうちに，自然とその謎の解が導かれるような構成とした。この謎解きの過程で，心理学の重要なテーマや用語を理解してもらおうという構成である。personality から application to life まで，心理学の主要なテーマ6つを選び，全部で25章を立てた。教科書として必須の基礎・定説をわかりやすく解説するとともに，執筆者独自の見解を示した部分もある。

　執筆者は皆，東北大学文学部心理学研究室の教員・元教員であるため，「東北大学文学部心理学研究室編」とした。それゆえ，東北大学文学部心理学研究室固有のクセを反映した教科書となっていることを，あらかじめご承知おきいただきたい。

　この本を読み，授業を受けた皆さんが，何十年後かに「ああ，あの時学んだのはこのことか」と膝を打っていただくことを願うばかりである。

執筆者一同

JN120512

補　記

- 各章の冒頭に，その章で解決する謎を提示し，末尾にその答えを明示する構成となっている。本文は，この謎解きの過程となっており，この過程を通じて，その章で学ぶべき要点を解説した。
- 各章の大見出しには■を付した。その下の小見出しには□を付して区別した。
- 頁脇の空白部にキーワードを抜き出し，括弧内に欧文表現（主に英語）を添えた。同じキーワードが繰り返し出てくることもあるが，基本的に初出の箇所で抜き出したので，別途索引もご活用願いたい。
- 重要な外国人名についてはカタカナ表記と共に括弧内に原語のフルネームを付した。

　　　　例：この問題を最初に提示したのはジェームズ(William James)である。

- 引用文献については著者の姓と年号で表示・区別し，巻末に一括で記した（アルファベット順）。

　　　　例：この研究は，有名な吊橋実験によっても支持されている(Dutton & Aron, 1974)。

- 引用文献とは別に，各章の終りには比較的手に入りやすい参考文献を挙げた。その章の内容を一歩踏み込んで調べてみたい場合に，ぜひ読んでいただきたい。

も く じ

personality

sensation, perception, and cognition

application to life

personality

第1章 無意識の世界

大渕 憲一

心の深層には何があり、
それは人の行動にどう影響するのか

§1. 無意識の世界

本章で解決する謎

**「心の深層には何があり，それは人の行動に
どう影響するのか？」**

「心の闇」という言葉があるが，自分自身の心でさえわ
からないところがある。心理学には，人の行動は，行為者
自身も気づいていない無意識によって支配されているとい
う説がある。当人も認識できない心の深層には何があり，
それはどのようなはメカニズムで作動して人の行動に影響
を与えているのか。本章では，こうした心の謎に取り組
み，独特の心理学理論を打ち立て，現代の臨床心理学にも
大きなインパクトを与えてきた精神分析学を中心に学ぶ。

■フロイトの精神分析

　凶悪事件の犯人が逮捕されると，その生い立ちや家庭環境が問
題になる。不遇な生い立ちを考慮して罪が軽減されることもあれ
ば，「類似の環境で育っても犯罪者にならない人のほうが多い」
という理由で考慮されないこともある。こうした事例は，個人の
行動の責任とその背後にある性格の問題について，生育環境の役
割をどう考えるべきかという課題を提起する。この問題を心理学
者として初めて議論し，今日も大きな影響力を持ち続けているの
フロイト (Sigmund Freud)　は精神分析学者の**フロイト** (Sigmund Freud) である。

□心の装置

　神経症患者に対する心理療法からフロイトは，人の心が3つの
異なる機能体からなると考え，これらを『心の装置』と呼んだ

エス (es)

（**図1-1**）。**エス**は本能的欲望や原始的衝動の集まりで，快感や欲求充足を求める強いエネルギーの塊である。人間の持つ多様な欲望は少数の基本衝動から派生したもので，エスは，その最も基本的衝動を包含している。エスは，快を求め苦痛を避ける行動を人にとらせようとするところから，その特徴は快感原則と呼ばれる。

自我 (ego)

超自我 (super-ego)

　エスの衝動性をコントロールするものとして幼児期に生じ，子どもの知的成長に伴って強化されるのが**自我**である。的確な情報処理，行動の自己制御などによって現実に適応することが自我の主たる役割で，それゆえ，自我の性格は現実原則と表現される。自我の機能は，一言でいえば「正気を保つ」ことである。**超自我**は人の心の中では道徳的良心にあたり，親のしつけを通して児童期に形成される。超自我は内的な自己監視者として，悪い考えや感情を抱くだけで罪悪感を発生させ，それによって，道徳規範に従った行動をとるよう個人を促す。

□無意識の世界

　人の心は大海に浮かぶ氷山のようなものである。意識される領域は心のほんの一部に過ぎず，大部分は海面下に沈んで，光の届かな

図1-1　フロイトの心の構造

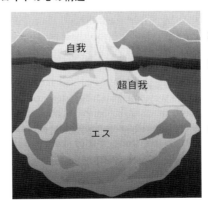

無意識
(unconsciousness)
意識 (consciousness)

い**無意識**の世界にある。**意識**と無意識の中間に前意識と呼ばれる緩衝帯がある。エスのほとんど，それに自我と超自我の一部は無意識界にあり，そこには，当人自身も気付かない欲望や願望，感情，記憶，表象などが含まれている。

認知的無意識
(cognitive
unconsciousness)

　無意識には2種類あり，一方は情報処理の自動化によって生じる無意識，『**認知的無意識**』である。我々の脳は，単純な刺激パターンは無意識のうちに処理し，定型的な行動反応を起こすように体制化されている。同じ経験を繰り返すことによって，情報処理が自動化されることもある。自動車の運転，楽器寅奏，スポーツ技能の習得などがその例である。

抑圧 (repression)
動機付けられた無意識
(motivated
unconsciousness)

　もう1つの無意識は，本人が「自分の心の中に存在することを認めたくない」として意識から排除（**抑圧**）したものから成る『**動機付けられた無意識**』である。非道徳的感情や欲望が自分の中にあることを認めることは自尊心を傷つけるので，それらは抑圧されるが，しかし消滅するわけではなく依然として個人の行動に影響を与える。フロイトは，神経症患者にみられる奇妙な症状の多くは，無意識の抑圧された動機や感情によるものであるとみなした。

■無意識の現れ
□神経症症状

　フロイトが分析した1人の若い女性は，身体的には異常がないのに「咳が出て止まらない」などいくつかの奇妙な症状に悩まされていた。それらは最愛の父親が病気で亡くなった直後から起こり始めたが，本人自身も何が原因なのかまったく見当がつかなかった。精神分析によって，それまで無意識に抑圧され，意識に上ることがなかった道徳的葛藤を含むいくつかの出来事の記憶がよみがえってきた。その葛藤から生ずる苦痛を逃れるために，彼女はこの出来事の記憶を抑圧し，それをなかったことにしようと試みたのだが，超自我は咳が止まらないといった身体症状を生み

出すことによって彼女を責め続けたのである。

　この症例分析にみられるように，フロイトは，道徳的ジレンマを引き起こすような利己的欲望や感情を抑圧しようとする心理が**神経症症状**の原因であり，症状はそのジレンマの不適切な解決形態であると解釈している。

神経症症状
(neurotic symptom)

□錯誤行為

　無意識は錯誤行為として人々の日常生活にも頻繁に顔を覗かせる。言い間違い，書き間違いなどのエラー，失念や度忘れ，それに置き忘れや紛失といった**錯誤行為**の背後に，しばしば隠された感情や動機が潜んでいる。ある知り合いの女性が結婚して姓が変わったのに，何度聞いても新しい姓を覚えられず，つい旧姓で彼女を呼んでしまうという男性の場合，本人は意識していなくても，実は彼女の結婚を認めたくないという気持ちを密かに持っている。

錯誤行為 (error)

□夢

　夢もまた，無意識の世界を垣間見せる。夢は荒唐無稽，非現実的，非合理的だが，それらは無意識に抑圧された欲望や感情の歪曲された表現である。睡眠時には超自我の**検閲**が弱まり，これらが意識に浮上しやすい状態となるが，検閲は完全になくなるわけではないので，夢とはいえ願望や感情の赤裸々な表現は禁止される。その結果，夢の中では，一見して意味が分からないように，欲望や感情は歪曲され，象徴的あるいは間接的に表現される。

夢 (dream)

検閲 (censorship)

　フロイトが分析した例は，若くして結婚した女性の夢である。「彼女は夫とともに劇場に来て座っている。観客席の半分はがら空きであった。友人も婚約者と来たがっていたが，予約しようとしたら値段の高い席しかなかったので，やめたと聞いた。彼女は，それはちっとも不運なことではないと思った」。分析では夢の各要素について当人に**自由連想**をしてもらい，思い浮かんだこ

自由連想
(free association)

5

とを報告してもらう。自由連想をもとにフロイトが行った解釈は次のようなものである。この夢のテーマは「早まって損をした」ということである。劇場はある特別な世界を表し，そこに彼女はいるが，友人はまだ来ていないことから，これは結婚生活を表す。したがって，この夢は「自分は，早まって結婚をして損をした。友人のように，もっとじっくり相手を選んでもよかったのだ」という彼女の結婚生活に対する密かな後悔を表している。

■防衛機制

自我防衛 (ego defense)

　抑圧は**自我防衛**と呼ばれる心の操作である。それは，強い苦痛や不快から目を反らして，内的安寧を守ろうとする心の自衛システムである。精神の均衡を脅かす出来事からシステムを守ろうと，人の心は種々の防衛機制を発達させてきたが，その意味で，**防衛機制**は「心の安全装置」でもある。防衛機制はアンナ・フロイト (Anna Freud) によって詳しく分析された。

防衛機制 (defense mechanism)

合理化 (rationalization)

　合理化とは，トラブルの原因を外部に責任転嫁することである。何かで失敗したとき，自分の能力不足のせいだと認めると自尊心が傷付く。こうしたとき，人はそれを他人のせい，あるいは「運が悪かったから」と外部のせいにして自尊心を守ろうとする。一見卑怯なやり方にみえるが，仕事やスポーツの分野で前向きな気持ちを維持するには有効な心の操作でもある。

反動形成 (reaction formation)

　反動形成は，心の中で思っていることと反対の態度をとることである。性に関心があるのに，罪悪感や羞恥心からそれを自分で認めたくない場合，性的な事柄に対してことさら強い嫌悪感を示したりすることがある。また，ある異性に密かに惹かれているが，そのことを自分で認めたくないとき，不自然に相手に冷たくいじわるな接し方をしてしまうといったこともある。

投射 (projection)

　投射とは，自分の中にある否定的な感情や性質を相手の側にあるものとみなすことである。誰かに似ているといった理由で，ある人に特別な理由なく嫌悪感を持つことがある。「合理的な理由

もなく，人を嫌いになるのはよくない」と，その感情を抑えて相手と付き合おうとするが，そうした場合しばしば，相手のほうが自分を嫌っているようにみえることがある。

　親が弟ばかりかわいがると思い込んで，不満を持っている子どもは弟をいじめて腹いせをしようとする。その子どもは，本当は親に対して不満を持っているのだが，親には愛されたいとも思っているので親に対する敵意を抑圧する。そして，親に対して抱いた怒りや不満を弟に**置き換え**，これをいじめるのである。

置き換え (displacement)

■交流分析：心の構造と性格

　フロイトの精神分析では，人の心は「エス」「自我」「超自我」の3種類の機能体からなる（**図1-1**）。それゆえ，個人の性格はこれら3機能体の強さによって特徴付けられる。たとえば，自我は，欲望や情動を表すエスに対抗する力を持つものであるが，これが十分に発達している人は，理性的で，合理的で，成熟した大人らしい人柄となる。しかし，自我が強すぎて情動面が過剰に抑制されると，有能ではあるが冷淡で人間味がないとか，打算的で計算高いといった人物になる。一方，自我が弱くエスが強い人は感情的で奔放であろう。明るく率直だが，わがままで子どもっぽい，無責任といった特徴を示す。超自我が強い人は，誠実で道徳心に篤いが，杓子定規で融通性に欠けるパーソナリティとなる傾向がある。この考え方をさらに押し進め，個々人のパーソナリティの違いをより詳細に論じたのが**バーン** (Eric Berne) の**交流分析**である。

バーン (Eric Berne)
交流分析
(Transactional Analysis)

□3つの私

　交流分析も人の心が3つのパーツからなるとみなす。これは"3つの私"あるいは"**自我状態**"と呼ばれる（**図1-2**）。**P** は人の心の中で「親」的な反応をする部分で，批判的な父性を表す**CP**と，養護的な母性を表す**NP**に分かれる。CP は精神分析の超自我に対応し，自分の価値観，理想，信条などを強く持ち，これに

自我状態 (ego states)
P (Parent)
CP (Critical Parent)
NP (Nurturing Parent)

図1-2　交流分析における3つの私（自我状態）

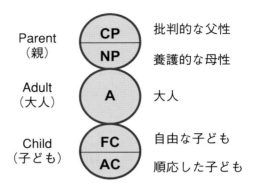

従って，自分自身と他人を批判的に見る心のはたらきである。一方，NPは思いやり，寛容，受容といった特徴を持ち，困っている人を見ると同情したり，心配したりする心のはたらきである。

A (Adult)

　Aは，精神分析の自我にあたる心の機能で，物事に対して「大人」の対応をする部分である。感情に左右されず，合理的に物事を判断する理性のはたらきを表す。自我がそうだったように，Aは個人が現実に即して適応していくうえで不可欠なものであるが，しかしこれだけでは，人間らしい感情とか，人を惹きつける魅力に欠けたコンピュータにすぎない。

C (Child)

FC (Free Child)

　大人でも，ときには子どものようにはしゃぎ，何かに夢中になることがある。そうした心のはたらきを表すのがCだが，これも2タイプに分かれる。FCは精神分析のエスにあたり，欲望や感情のままに行動しようとする傾向，また現実に縛られない自由な空想，個性的なセンスや閃きなどを生み出す心のはたらきである。FCは天真爛漫な，子どもらしい気持ちを表すものだが，ここには周囲のことを配慮してセルフ・コントロールするという姿

AC (Adapted Child)

勢が欠けている。一方，ACは強いセルフ・コントロールを特徴とする。強い超自我によって自己が押さえつけられており，人からどう見られるかを気にし，過剰な自己抑制が特徴である。従順

でおとなしく「いい子」ではあるが，心の中には屈折した不満や劣等感を持っている。

□エゴグラム

　誰の心の中にもこれら性格の異なる3つ（あるいは5つ）の"私"が住んでいる。当人が気付くかどうかにかかわらず，ある出来事に接すると，心の中ではいつでもこれら複数の"私"が作動して，内的に違った反応を生み出す。そのうち，最も強いものが通常は態度や行動として外部に表現される。したがって，ある

表1-1　エゴグラム測定質問項目例（桂，1996 より抜粋）

CP

　1. 人の言葉をさえぎって，自分の考えを述べることがありますか。

　2. 他人を厳しく批判するほうですか。

　3. 理想を持って，その実現に努力しますか。

NP

　1. 人に対して思いやりの気持ちが強いほうですか。

　2. 子どもや他人の世話をするのが好きですか。

　3. 社会奉仕的な仕事に参加することが好きですか。

A

　1. 自分の損得を考えて行動するほうですか。

　2. 会話で感情的になることは少ないですか。

　3. 他人の意見は，賛否両論を聞き，参考にしますか。

FC

　1. 好奇心が強いほうですか。

　2. 言いたいことを遠慮なく言ってしまうほうですか。

　3. "わあ""すごい""へえ～"など感嘆詞をよく使いますか。

AC

　1. 人から気に入られたいと思いますか。

　2. 思っていることを口に出せない性質ですか。

　3. 他人の顔色や，言うことが気にかかりますか。

図1-3　エゴグラム

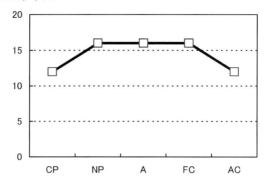

自我状態が強い人はそれを反映した行動をとりやすい。つまり，自我状態の強さが性格を規定する。交流分析では各人の自我状態の強さを調べる尺度が作られている。**表1-1**はその抜粋である。

エゴグラム (egogram)

回答結果はプロフィールにまとめられ**エゴグラム**と呼ばれる（**図1-3**）。そのパターン（形状）から性格診断が行われる。

　一般的には，**図1-3**に示されているように，両端のCPとACが低く，中央の3つが高い台形状のプロフィールが適応的な人といわれる。こうした人は，温和で人に対して親切，子どものような情緒の豊かさや自由な発想を持ち，それでいて，現実的な判断力とセルフ・コントロールを備えているという点で，適応的とみなされる。そのほか，典型的なエゴグラム・パターンをいくつかあげる。

(1)　NPだけが高く，ほかが全般に低いパターンは，自分の感情を抑えてひたすら人に尽くすが，相手が迷惑がっても気付かないという点があり「お節介タイプ」とされる。

(2)　CPとFCが高く他が低いパターンは，自分勝手でわがままな行動をとる「自己チュー」タイプを表す。

(3)　AとCPがともに高いパターンは，合理的で理屈っぽく，しっかりしているが人間味に欠ける「生真面目」タイプである。

(4)　両端のCPとACが高いパターンは，自分なりの考えや価値

観を持っているが，それを率直に表現できず，内面に不平不満を
ため込みやすい「葛藤」タイプを示す。

(5)　NPとFCが高いM型パターンは「付和雷同」タイプと呼ば
れ，人は良いが，自分の確たる信念や判断がなく，感情のままに
行動し，人に振り回されるタイプとされる。

まとめ

　フロイトの精神分析学では，人の心は自我，超自我，
エスという3つの機能体からなり，それらの相互作用の
中で思考や感情が生じ，行動が決定される。この理論に
よると，これら心の機能体は，その大部分が無意識界で
はたらいていることから，行動の真の動機は当人も意識
できない深層で形成される。錯誤行為や神経症症状がそ
の典型である。それぞれの心の機能体は発達的に変化す
るとともに，成人後も強度に違いがあり，それが思考，
感情，行動における個人差，すなわちパーソナリティの
違いを生み出すというのが交流分析の考え方である。

参 考 図 書

浜川祥枝・生松啓三・馬場憲一・飯田　真（編）(1978). フロイト精神分析物
　　語　有斐閣
桂　戴作・杉田峰康・白井幸子（著）(1984). 交流分析入門　チーム医療
鈴木乙史・佐々木正宏（著）(2006). 人格心理学: パーソナリティと心の構造
　　河出書房新社

personality

第2章 人格の測定

人格（パーソナリティ）って何だろう

荒井　崇史

§2. 人格の測定

本章で解決する謎

「人格（パーソナリティ）って何だろう？」

　我々は他者の特徴や自分を説明するために，性格，人格，気質などの言葉を用いる。例えば，「私の恋人は性格が良い」，「あの人は人格者だ」，「激しい気質の持ち主」など。改めて考えると，人格（パーソナリティ）とはいったい何なのだろう？本章では，人格とは何であり，我々にどのように影響するのかを見ていこう。

　多くの人が，性格，人格，気質という言葉を使ったことがあるだろう。日常的には，これらを区別しなくても困ることはほとんどない。しかし，心理学では，しばしばこれらを使い分ける。

性格 (character)

人格 (personality)

性格は，その人を特徴づける持続的で一貫した行動様式を表し，どちらかというと固定的な面を指す。それに対して，**人格**（パーソナリティ）は，認知や感情，行動に時間的・空間的な一貫性を与えているものであり，外界への適応という観点で可変性を含意する。性格と人格は概念的にかなり近いが，人格の方が可変的であり，価値的な意味を含んでいる点で異なる。一方，**気質**は，遺伝的な影響がより強い，生まれ持った性質の意味で用いられる。

気質 (temperament)

■人格理解の二つのアプローチ

　心理学では，人格を理解するアプローチとして大きく二つの立場がある。**類型論**的アプローチと，**特性論**的アプローチである。

類型論 (typology)

特性論 (trait theory)

□類型論的アプローチ

類型論的アプローチは，一定の理論や原理に基づいて，多様な人格の中から枠組みとしての**類型**を設定し，その人物がどの類型に該当するかによって人格理解を容易にしようとする立場である。イメージとしては，「血液型性格占い」を考えてみればよい（ただし，心理学において「血液型性格占い」は否定されている）。

類型論的アプローチのメリットは，個人を細切れに理解することに陥らず，その人を一人の個人として全体的，統合的に理解できる点にある。ただし，一度類型を設定してしまうと，中間的・混合的なものの扱いに困ることや一つの類型の中の多様性が説明しにくいこと，そして類型内では本来は持たない特徴を個人に付与してしまうなどのデメリットがある。

□クレッチマーの気質類型論

類型論的アプローチの代表例としては，ドイツの精神科医**クレッチマー** (Ernst Kretschmer) の気質類型論が挙げられる。クレッチマーは，内因性精神障害（第3章参照）の患者の観察を通して，疾患ごとに特徴的な体格があることを発見した。そして，それが体格と疾患との間だけではなく，病前性格や近親者の人格特徴，ひいては健康な一般人の体格と人格にも適用できることを見出した。

彼がまとめた類型によれば，細身型の体格は統合失調症（当時は精神分裂病といわれた）と強い関連があり，分裂気質ともされる。細身型は，非社交的で，控えめ，まじめ，臆病，恥ずかしがりといった内向性によって特徴づけられる。一方，肥満型の体格は躁うつ病と強い関連があり，循環気質ともされる。肥満型の特徴は，社交的，親切，温厚，ユーモアがある反面，激しやすく，時に陰うつになるという感情的変化の大きさに特徴づけられる。当初，クレッチマーの理論は，分裂・循環の2類型であったものの，後にがっしりとした体格に特徴づけられる闘士型（粘着気質）が加えられて3類型となった。闘士型は，粘り強く，頑固で，

類型 (type)

クレッチマー
(Ernst Kretschmer)

融通が利かない，感情は基本的に安定しているが時々爆発すると
いった特徴を有する。

□特性論的アプローチ

特性 (trait)

　特性論的アプローチでは，まず人の中に一貫して現れる行動傾
向やそのまとまりを**特性**として設定する。そして，この特性とい
う要素の組み合わせによって個人の人格を記述したり，理解した
りする方法が特性論的アプローチである。特性論的な人格の理解
は，実は我々が日常的に行っている他者に対する理解に近い。例
えば，ある人が「Aさんは穏やかで，優しいが，人見知りをす
る」と別の誰かに伝えたとしよう。この場合，「穏やか」，「優し
い」，「人見知り」という要素でAさんを表現していることになる
が，この要素が特性である。こうした要素は誰しも持つものであ
り，この要素の相対的な差異によって，個々の人物の人格に差異
が生まれると考える。

　特性論的アプローチのメリットは，個人を特性に分けて理解す
るために，人格をきめ細やかに理解することが可能である。ま
た，理論的発達とともに，多様な測定ツールが開発されており，
特性ごとに得点化をして，個人間の相違を比較しやすい。一方，
個人を特性に分けるがゆえのデメリットとして，個人の人格の全体
像が分かりにくいという点がある。また，多くの場合，質問紙法に

**社会的望ましさ
(social desirability)**

よる特性の測定が行われるが，質問紙で測定をした場合，**社会的
望ましさ**によって結果が歪む恐れがあることもデメリットである。

□特性論的アプローチの古典的理論

　特性論的アプローチによって人格を理解しようとした場合，立
場によって想定する特性が異なり，理論的には無数に特性が考え

**因子分析
(factor analysis)**

られてしまう。こうした問題に対して，特性相互の相関関係を鍵
として**因子分析**という統計手法を用いることで，各特性の背後に
あるより上位の共通特性を抽出する試みがなされてきた。古典的

アイゼンク
(Hans Eysenck)
キャッテル
(Raymond Cattell)

理論としては，**アイゼンク** (Hans Eysenck) の理論や**キャッテル** (Raymond Cattell) の特性論が挙げられる。

アイゼンクは，質問紙や精神医学的診断，そして実験から得られたデータに因子分析を行い，神経学的基盤の異なる「外向性－内向性」と「神経症傾向」という2つの次元が人格の中核的側面を成す共通特性であると結論づけている (Eysecnk, 1953)。端的に言えば，「外向性－内向性」は対人関係において社交的かどうかを表しており，「神経症傾向」は情緒の不安定さやストレスへの過敏性，落ち着きのなさなどを表している。アイゼンクの人格理論から作られた測度として，モーズレイ性格検査 (MPI) がある。

一方，キャッテルの特性論では，まず観察可能で測定可能な行動傾向として表面的特性に注目する。そして具体的に測定された表面的特性に対して，因子分析を行うことによってその背後にある根源的特性を抽出し，人格の構造を理解しようとする。最終的に彼は16の根源的特性（例えば「打ち解けない–打ち解ける」，「知的に低い–高い」，「情緒不安定–安定」，「謙虚–独善」など）を提唱しており，これに基づいて16PF人格検査が作成されている。

□ビック・ファイブ

人格構造の解明を目指す研究は数多くなされてきたが，1980年代に入って，研究者によってばらばらだった特性次元に共通性が見出されてきた。近年，最も共通して用いられるのが，我々の人格は5つの特性によって説明できるとする人格特性の**5因子モデル**である。5因子であることから，**ビック・ファイブ**と言われることもある。ビック・ファイブはアイゼンクを含めてこれまでの研究

5因子モデル
(five factor model; FFM)
ビッグ・ファイブ
(Big Five)

神経症傾向 (neuroticism)
外向性 (extraversion)
開放性
 (openness to experience)
調和性 (agreeableness)
誠実性
 (conscientiousness)

の系譜を踏んでおり，**神経症傾向，外向性，開放性，調和性，誠実性**の5つの共通特性からなる (McCrae & John, 1992)。これらの共通特性を測定するツールとしては，NEO-PI-Rが有名である（Costa & MaCrae, 1992；下仲他，1998）。NEO-PI-Rでは5つ次元の下に，6つの下位次元 (facet) を想定する（表2-1）。

表2-1　Big Five の下位次元と高得点者の特徴（下仲他，1998より著者作成）

下位次元		高得点者の特徴
神経症傾向	不安	緊張，恐れ，心配，懸念
	敵意	短気さ，怒り，フラストレーションを持ちやすい
	抑うつ	失望，罪悪感，意気消沈，ゆううつ
	自意識	恥ずかしがり，劣等感，すぐに当惑する
	衝動性	やりたいと思ったら止まらない，衝動に負ける
	傷つきやすさ	すぐ混乱する，パニックになる，ストレスを処理できない
外向性	温かさ	社交的な，おしゃべり，愛情深い
	群居性	宴会好き，多くの友達を持つ，人との接触希求
	断行性	支配的，力強い，自信家，確信的
	活動性	エネルギッシュ，ペースが速い，精力的
	刺激希求性	一時的，強い刺激を求める，危険を冒す
	良い感情	元気な，気概のある，喜びにあふれた
開放性	空想	想像力のある，夢想を楽しむ，空想を膨らませる
	審美性	審美的経験に価値を置く，芸術や美に感動する
	感情	感情的反応，敏感，共感的，自分の感情に価値を置く
	行為	新奇なものを好む，様々なものを求める，新しい活動を試す
	アイディア	知的好奇心がある，理論的志向，分析的
	価値	心の広い，寛容な，決まりを守らない，偏見のない
調和性	信頼	人を信じる，善意
	実直さ	実直，誠実，無邪気
	利他性	人のためになろうとする
	応諾	人に譲る，攻撃を抑える，人を許す，忘れる
	慎み深さ	謙遜，自分を出さない
	優しさ	人の必要で動かされる，社会政策の側で人に同情する
誠実性	コンピテンス	人生上の問題に上手く対処できると考えている
	秩序	きちんとした，気構えができている，物をきちんとする
	良心性	倫理的原則に従う，道徳的義務に忠実
	達成追及	要求水準が高い，目標達成のために頑張る
	自己鍛錬	飽きたりせずに物事を継続しやり終える動機づけや能力
	慎重さ	慎重，熟慮型

　神経症傾向は，その特徴が強い場合，心配性で神経質であり，感情的になりやすく，不安や不全感を抱え，心気的であることを表す。外向性は，アイゼンクの外向性の考え方に近く，対人関係における社交性の側面を表している。外向性が強い場合，社交的で活動的，人好きでおしゃべり，楽観的で楽しみを求める。開放性については，その特徴が強い場合，好奇心があり，興味が広く，創造的・独創的な面を持ち，想像力があって，伝統にとらわれない傾向を示す。調和性は，柔和で，気が良く，人を信じたり，助けたり，許したりする傾向を表している。最後に，誠実性は，その特

徴が強い場合，しっかりしており，頼れる存在で，自制心があり，几帳面であり，忍耐強い特徴を表す。加えて，一生懸命であったり，野心があったりする側面も見られる。

□結局，特性はいくつに分けられるのか？

いくつの特性によって人格が表現できるのかに関しては，5因子に一定の集約を見せ，ビック・ファイブを用いた研究が浸透している。一方，ビック・ファイブに問題がないわけではない。特に指摘が多いのは，5つの因子間に無視できないほど強い関連が見られるという因子の独立性の問題である。一見すると大きな問題には思えないが，やや困ったことが起こる。因子が相互に関連しているのであれば，その背後にこれらの因子に共変動を生み出す根本的な原因（因子）が存在する可能性があるからである。

こうした問題点に対して，この20年間で，さらに高次の因子を想定した理論も見られるようになった。よく知られたところでは，神経症傾向，外向性，開放性，調和性，誠実性の5つの因子に対して，高次の因子を想定する**2因子モデル（ビック・ツー）**がある (De Young, 2006; De Young et al., 2001; Digman, 1997)。これらの研究では，多様なサンプルに対して調査を行い，5つの因子に対して因子分析を行うことで，より高次の因子を抽出する。その結果，神経症傾向，調和性，誠実性を合わせた**安定性**，外向性と開放性を合わせた**可塑性**という高次因子が見出されている。安定性は，ストレスやネガティブ感情への対処，社会的規範への適合，社会的関係において温かく友好的，自分の衝動を慎重にコントロールするなどの傾向である。可塑性は，探求心や柔軟性，新しい状況への適応，社会的規範への疑問，刺激的な経験を求める，ポジティブ感情を経験する傾向などを表す。

このようにビック・ファイブに高次の2因子を想定した研究が見られる一方，実は，ビック・ツーの上位にさらに因子を想定した**人格の一般因子モデル**が存在する (Musek, 2007, 2017; Rushton &

2因子モデル
(big two model)

安定性 (stability)

可塑性 (plasticity)

人格の一般因子モデル
(general factor of
personality; GFP)

Irwing, 2008)。理屈は同様で，それほど強くはないものの，安定性と可塑性にも統計的に無視できないほどの関連が見られるためである。一般因子は，人格の最も一般的な非認知的次元（認知的次元は伝統的な知能の概念を表す）を統合した基本的な人格傾向であるとされている (Musek, 2007)。しかし，人間における人格傾向の多様性に照らしてみた時に，はたして一つの因子でこれらの多様性を説明できるのかどうかは疑問が残る。

　人格の二因子モデルや一般因子モデルのように概念を統合する方向だけではなく，近年，ビッグ・ファイブに加えられうる6番目の特性次元も指摘されている。それが，**HEXACOモデル**と言われる6次元モデルである (Ashton et al., 2004; Ashton & Lee, 2007)。このモデルでは，ビッグ・ファイブに「正直–謙遜 (Honesty–Humility)」の特性次元が加えられている。Honesty–Humility (H)，Emotionality (E)，eXtraversion (X)，Agreeableness (A)，Conscientiousness (C)，Openness to Experience (O) を合わせてHEXACOとされる。日本語版は若林 (Wakabayashi, 2014) によって作成されており，正直–謙遜は外向性と弱い負の相関，調和性と弱い正の相関を示している。ただ，他のビッグ・ファイブ要因とは関連が見られないことを含めて考えると，ビッグ・ファイブとは独立した特性次元として捉えることができるであろう。

HEXACOモデル
(HEXACO model)

■人格と疾患

　特定の人格を持つことによって，特定の疾患に罹患しやすいということがあるのだろうか。例えば，神経質で，常にイライラしていれば，その分ストレスが溜まり，何らかの疾患に罹患しやすいのではないかと容易に考えることができる。

□タイプA行動傾向

　人格と身体疾患との関連を調べた代表的な研究として，フリードマンとローゼンマンは，仕事上の習慣的な行動傾向から

タイプA行動パターン
(Type A behavioral
pattern)

タイプA行動パターンの特徴を持つ者とその反対の行動傾向を示す者を抽出し，健康状態を比較した (Friedman & Rosenman, 1959)。その結果，タイプA行動傾向を示す者は，そうでない者と比較して血清コレステロール値，動脈硬化症の頻度，冠状動脈性心疾患の発症率が極めて高いこと，特に冠状動脈性心疾患に関しては，タイプAの者は他の者と比較して7倍も多いことを報告している。

　タイプAの中心的な特徴は，仕事でも趣味でも，常に競争や締め切りに追われ（時間的切迫性），強烈で持続的な達成動機を働かせ（精神活動性），そして敵意的・攻撃的な行動傾向（攻撃性）を持つことである。しかし，その後の研究では，特に皮肉的に考え，怒りを感じやすく，敵意を持って行動する傾向が動脈硬化症や狭心症などと関連するエビデンスが蓄積され，**敵意性**や**攻撃性**と疾患との関連が重視されている。なお，1990年代後半からは敵意性や攻撃性に代わって，ネガティブ感情（ネガティブ感情の喚起しやすさ）や社会的抑制（社会的な場面での感情抑制）を特徴とするタイプD (Distress) が注目され，疾患との関連性が検討されている（石原他，2015）。

敵意性 (hostility)
攻撃性 (aggression)

□人格と健康

　人格と疾患との関連は，心疾患においてみられるだけではない。例えば，食事や運動などの生活習慣によって，我々の健康状態が左右されることは経験的にもわかるだろう。

　このような視点から，人格と健康との関連を調べた研究がいくつかある。例えば，ビッグ・ファイブとBody Mass Index (BMI)との関連を調べた研究によれば，誠実性が低いほどBMIが高く肥満傾向にあるという（Sutin & Terracciano, 2016；吉野・小塩, 2020）。BMIとは肥満や低体重を判断する際の一つの指標であり，BMIの高さは糖尿病などの危険因子とされる。また，内臓脂肪型肥満を起因として脂質異常や高血糖，高血圧を示すメタボ

セルフ・コントロール
(self-control)

リックシンドローム（内臓脂肪症候群）の診断にも，BMIが一つの基準として用いられている。先の結果を踏まえると，**セルフ・コントロール**能力，計画を立ててそれを緻密に達成するような行動傾向を示す誠実性が高いほど，自分の日常的な生活（食事や運動など）を上手にコントロールし，結果的にBMIの減少につながるのかもしれない。なお，誠実性が高い人は，健康状態を良好に保つような行動パターンを示すことから，健康ひいては寿命と関連する特性とも指摘される (Bogg & Roberts, 2004)。

□パーソナリティ障害

人格と疾患という文脈で考えると，人格の偏りから生じる認知，感情，行動によって個人が苦悩したり，社会（周りの人）が苦悩したりする場合に，障害をきたした状態とされる。どうなれば「人格が偏っている」と判断されるのだろうか。心理臨床場面では，アメリカ精神医学会のDSM-5などが示す一定の基準を満たす場合に，**パーソナリティ障害**と判断される。DSM-5では，パーソナリティ障害を3つの群に分けている。表2-2には各群に含まれるパーソナリティ障害とその特徴を記載した。

パーソナリティ障害
(personality disorder)

A群に含まれるのは，**猜疑性パーソナリティ障害**，**シゾイドパーソナリティ障害**，**統合失調型パーソナリティ障害**である。この群には，主に奇妙で風変わりな考え方や行動が特徴的なパーソナリティ障害が含まれている。また，B群に含まれるのは，**反社会性パーソナリティ障害**，**境界性パーソナリティ障害**，**演技性パーソナリティ障害**，**自己愛性パーソナリティ障害**である。この群は，演技的・感情的な特徴を有するパーソナリティ障害が含まれ，特に感情の起伏が激しく不安定であったり，衝動的な行動を示したりする。それに加えて，移り気で行動が劇的であるため，しばしば周囲の人が巻き込まれるパーソナリティ障害であると言える。さらにC群には，**回避性パーソナリティ障害**，**依存性パーソナリティ障害**，**強迫性パーソナリティ障害**が含まれる。C群

表2-2　DSM-5におけるパーソナリティ障害群と主特徴

猜疑性パーソナリティ障害 (paranoid personality disorder)

他者の動機を悪意あるものと解釈するなど，広範囲にわたる他者への不信と疑い深さに特徴づけられる。

A群

シゾイドパーソナリティ障害 (schizoid personality disorder)

社会的な関係からの離脱や対人関係場面での情動表現の範囲の限定を特徴とする。

統合失調型パーソナリティ障害 (schizotypal personality disorder)

親密な関係で急に気楽でいられなくなること，親密な関係を形成する能力が足りないこと，そして認知的または知覚的歪曲と風変わりな行動に特徴づけられる。

反社会性パーソナリティ障害 (antisocial personality disorder)

法規範に反する行為を繰り返す，衝動性や攻撃性が高い，無責任にふるまう，他者の権利を無視・侵害するなどの行動様式を示す。

境界性パーソナリティ障害 (borderline personality disorder)

対人関係，自己像，感情などの不安定および著しい衝動性を示す広範な行動様式を特徴とする。

B群

演技性パーソナリティ障害 (histrionic personality disorder)

過度な情動性と人の注意を引こうとする広範な行動様式を示す。注目の的になるために芝居がかった態度や誇張した表現を用いる。

自己愛性パーソナリティ障害 (narcissistic personality disorder)

自分が重要であるという誇大な感覚（自己の誇大性）を持ち，過剰な賛美を求め（称賛欲求），他者の気持ちや欲求を認識しようとしない（共感性の欠如）などの特徴を示す。

回避性パーソナリティ障害 (avoidant personality disorder)

社会的抑制，不全感，否定的評価への過敏性を主特徴とし，批判や非難，拒絶への恐怖のために重要な対人接触のある職業活動を避けるなどの行動を示す。

C群

依存性パーソナリティ障害 (dependent personality disorder)

面倒を見てもらいたいという多様で過剰な欲求があり，そのために従属的でしがみつく行動をとり，分離に対する不安を感じる。

強迫性パーソナリティ障害 (obsessive-compulsive personality disorder)

秩序，完全主義，精神および対人関係の統制にとらわれ，柔軟性，開放性，効率性が犠牲にされる広範な行動様式を特徴とする。

その他のパーソナリティ障害

は，不安感が強く，内向的な特徴が前面に出たパーソナリティ障害である。

　なお，パーソナリティ障害は，認知や感情のコントロール，あるいは対人関係といった様々な精神機能の偏りから生じるものである。したがって，「人格が偏っている」といっても「性格が悪いこと」を表すわけではない。また，パーソナリティ障害には，他の精神疾患を引き起こす性質がある。しばしば，他の精神疾患が前面に出て，パーソナリティ障害が根底から悪影響を及ぼすという関係性にある。

■社会を悩ますダークパーソナリティ

　人格と個人の疾患だけではなく，人格は社会的な問題とも関連している。社会的に嫌悪される人格の中で，この数十年間で最も注目を集めている考え方が**ダークトライアド**である。ダークトライアドという言葉は，ブリティッシュコロンビア大学の**ポールハス** (Delroy Paulhus) と**ウィリアムズ** (Kevin Williams) が最初に用いた。ただし，その起源は社会的に嫌悪されるパーソナリティの共通性を見出そうとしたクレムソン大学のマックホスキーらの研究にある (McHoskey et al., 1998)。

ダークトライアド
(dark triad)
ポールハス
(Delroy Paulhus)
ウィリアムズ
(Kevin Williams)

□ダークトライアド

サイコパシー傾向
(psychopathy)
ナルシシズム傾向
(narcissism)
マキャベリアニズム傾向
(machiavellianism)

　ダークトライアドとは，**サイコパシー傾向，ナルシシズム傾向，マキャベリアニズム傾向**という反社会的なパーソナリティの総称である (Paulhus, & Williams, 2002)。これらは反社会的なパーソナリティ傾向であるが，必ずしも病理的なものではない。各パーソナリティはスペクトラムを成し，これらの傾向を全く持たない者から非常に強く持つ者までが存在するとされる。

サイコパス (psychopath)

　サイコパシー傾向は，しばしばダークトライアドの中でも最も悪意的で邪悪なパーソナリティとされる。**サイコパス**という言葉を聞いたことがあるかもしれないが，それはサイコパシーという

特性を強く持った人物と考えて良い。その特徴は，過度の衝動性や刺激希求性，共感性の欠如（冷淡さ），恐怖心の欠如，そして対人的な攻撃性などによって示される。サイコパシー傾向を構成する特徴は相互に関連しているが，その中心の一つである衝動性をとっても非常に多面的な性質を有する。

　ナルシシズム傾向は，自己愛傾向と言い換えた方が分かりやすいかもしれない。ナルシシズムという用語は，泉に映る自分の姿に恋い焦がれ，やつれ死んでしまったとされるギリシャ神話のナルキッソスに由来する。ナルシシズムは，自分の壮大さの誇示，虚栄心，自己陶酔，そして肥大化した権利意識によって特徴づけられる。ナルシシズム傾向の搾取的で自己中心的で尊大な態度は，関係する者に嫌気を引き起こすことから対人関係で必要とされる機能のさまざまな面で問題が起きやすい。

　そして，三つ目はマキャベリアニズム傾向である。マキャベリアニズムは，16世紀にメディチ家の政治顧問であったニコロ・マキャベリに由来する。彼の有名な著書には，非常に操作的で計算的な対人戦略が述べられており，それがマキャベリアニズムの名のもととなっている。マキャベリアニズムの特徴は，必要ならば，どのような手段を使っても自分の目的を達成しようとする極端に自己中心的な傾向にある。そのため，自分が達成したい目標（例えば，名声を得たい，お金を得たい）のために，他者をだましたり，操作したり，搾取したりといったことをいとも容易く行う。

□ダークトライアドは何が同じで，何が異なるのか？

　ダークトライアドが興味深いのは，3つのパーソナリティが相互に緩やかに関連しながら，一方で別々の概念として区別される点にある（図2-1）。つまり，ダークトライアドは相互に正の相関を示すが，他の変数との関係においては，全く異なった様相を示す。

　これらのパーソナリティが相互に緩やかに関連するのは，3つ

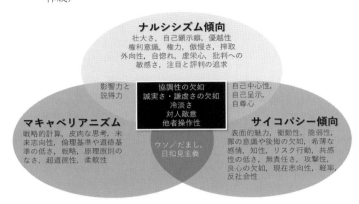

図2-1　ダークトライアドの概念区別（D'Souza et al., 2019に基づき著者作成）

に共通する核となる要素が存在するためと考えられている。これまでの研究で，共通の核として有力候補に挙げられるのは，協調性の欠如，誠実さや謙虚さの欠如，冷淡さ，対人的敵意，そして他者操作性である。各パーソナリティを個別に検討した研究でも，各パーソナリティを強く持つ者は協調性，あるいは誠実性や謙虚さの欠如が甚だしく，他者の苦痛を理解することが困難であることが実証されている。

　一方，これらの概念が相互に別のものとして区別される点は，反社会的行動との関連を見ると理解しやすい。例えば，挑発場面での攻撃行動が最たる例である。具体的に言うと，サイコパシー傾向者は身体的な脅威への反応として攻撃行動を取りやすい。それに対して，ナルシシズム傾向者は自我の脅威に反応して攻撃的な行動を取りやすいことが分かっている。他方，マキャベリアニズムはというと，サイコパシー傾向やナルシシズム傾向とは異なり，攻撃行動とに明確な関連が見られない。サイコパシー傾向者は自分の損になるものに鋭敏に反応し，ナルシシズム傾向者は否定的な自己評価を過剰に気にする。一方，マキャベリアニズム傾

向者は，より用心深く，計画的な行動を示すため，攻撃行動との関連に差が生じるのであろう。

□ダークトライアドからダークテトラドへ

　ダークトライアド研究は，社会的に嫌悪されるパーソナリティを考える上で価値ある知見を提供してくれる。そこで得られた知見は，一般人から研究者まで幅広い人々を魅了し，興味を掻き立てる。一方で，社会的に嫌悪されるパーソナリティはこれだけではない。

　例えば，近年では，ダークトライアドに第4の要因として**サディズム**を加えた**ダークテトラド**という考え方がなされている。一般的にイメージされるサディズムは，残酷な行為を楽しみ，性的な興奮を覚えるような人物だろう。しかし，近年では，サディズムも，残虐な行為を求めない者から残虐な行為を楽しむ者までスペクトラムを成すと考えられている (Buckels et al., 2013)。これは，我々が日常生活でいかに暴力的な映画やスポーツ，残酷なコンテンツを含むゲームを消費しているかを考えてもらえば理解できるだろう。つまり，惨たらしく生き物を殺すような残酷さは備えていなくても，我々にはエンターテインメントとして残酷さを楽しむ日常的なサディズム傾向が備わっている。

ダークテトラド
(dark tetrad)

まとめ

1. 人格を理解する仕方として，類型論的アプローチと特性論的アプローチがある。
2. ビック・ファイブ（神経症傾向，外向性，開放性，調和性，誠実性）という特性論的捉え方が人格理解において広く普及している。
3. 我々の行動に一貫性を生み出す人格は，我々の健康のみならず，行動の偏りとしてのパーソナリティ障害を生み出し得る。
4. 社会的に忌み嫌われるダークパーソナリティが存在し，協調性の欠如，誠実さや謙虚さの欠如，冷淡さ，対人的敵意，そして他者操作性がその中核をなしている。

参 考 図 書

P, J. コー（編）中村奈々子・古谷嘉一郎（監訳）(2021). パーソナリティと個人差の心理学・再入門　新曜社

吉川眞理（編著）(2020). よくわかるパーソナリティ心理学　ミネルバ書房

Zeigler-Hill, V., & Marcus, D. K. (Eds.). (2016). *The dark side of personality: Science and practice in social, personality, and clinical psychology*. DC: American Psychological Association.

personality

第3章 異常心理学

荒井 崇史

何が正常で，何が異常か

§3. 異常心理学

本章で解決する謎
「何が正常で，何が異常か」

　ある行動が正常であるのか，異常であるのかを判断する基準とは何だろう。異常な行動を理解するためには，基本的な知識が必要となる。本章では，正常と異常の区別から議論をはじめ，異常な行動の理解に必要な知識を見ていこう。

異常心理学
(abnormal psychology)

　異常心理学は，その語感だけでとらえると，禍々しいイメージを持たれるかもしれない。あるいは，異常という言葉に興味を掻き立てられる人もいるだろう。異常な行動は，常とは異なるがゆえに，我々にとって刺激的で，興味を引くものである。しかし，異常心理学とは，いわゆる猟奇的殺人犯の心や行動ばかりを扱う学問ではない。異常心理学とは，精神病理や心理的異常を扱う心理学の一分野であり，**臨床心理学**と近似した領域である。異常心理学の主なテーマは，精神的・心理的障害の研究や理解，障害の診断や治療，予防である。

臨床心理学
(clinical psychology)

■何が正常で，何が異常か
　我々は当然のように正常や異常という言葉を使うが，ある行動が正常か，異常かを明確な基準をもって決めることは意外と難しい。例えば，ドアのカギをしめたかどうか50回も確認したらそれは異常と思われるかもしれない。では，5回だったらどうだろう。別の例を挙げよう。ある部族の伝統儀礼で，亡くなった人の肉体を食べる文化があるとしよう。この亡くなった人の肉を食べ

る行動は異常だろうか。あなたの文化では異常かもしれないが，その部族の文化では必ずしも異常とは言えない。

　異常行動を定義することは，異常心理学における難しい課題の一つである。ここでは，異常行動の判断基準としていくつかの特徴を挙げる。各特徴は，必ずしも一つで異常行動の十分な定義となるものではないが，それぞれにメリットがある。通常，行動の異常性は一度に複数の特徴があるかどうかで判断される。

□統計的低頻度

統計的低頻度
(statistical infrequency)

中心極限定理
(central limit theorem)

正規分布
(normal distribution)

　異常行動の一つの基準は，**統計的低頻度**である。すなわち，その行動が非常に低い頻度でしか起こらないということである。**中心極限定理**に従えば，ある特性や行動に関する十分に多数のサンプルを抽出すると，その分布は真ん中に山が一つある左右対称の釣り鐘型の分布（**正規分布**）になる。つまり特定の特性や行動に関する限り，大多数の人が真ん中の辺りに位置し，どちらかの極端な位置にいる人はほとんどいない。ある人の特性や行動が「異常である」ということは，その人が特定の特性や行動において平均から大きく逸脱していることを意味する。なお，極めて優れた知的機能や運動能力を持つことも統計的に低頻度であるが，それを異常と考える人はほとんどいない。この基準を適用する場合，ある種のネガティブで稀な行動だけが取り上げられる傾向がある点には気を付ける必要がある。

□規範の侵害

規範の侵害
(violation of norms)

社会的規範
(social norm)

　二つ目の基準は，**規範の侵害**である。すなわち，その行動が社会的規範や文化的規範に反しているかどうかである。例えば，ある人が電車の中で突然暴れだせば，周りの人々はそれに脅威を覚え，不安に感じるだろう。この場合，暴れだした人の行動は，他者に害を与えてはいけないという**社会的規範**に反しており，周りの人々にとって異常な行動になる。日本人になじみの深い納豆も

そうだろう。日本人にとって，納豆を食べることは文化的規範に反していない。したがって，異常な行動にはならない。しかし，欧米人にとって，一見すると腐った豆を食べることは文化的に許容されないだろう。それゆえに，異常な行動になる。規範の侵害の観点からすると，異常行動は社会や文化に依存したものと考えられる。

□個人的苦悩

個人的苦悩
(personal distress)

　三つ目の基準は，**個人的苦悩**であり，その行動を経験している人に大きな苦痛や苦悩を与える場合，その行動は異常であると考える。例えば，不安障害やうつ病を経験している人は，その障害によって大きな苦しみを感じている。こうした苦しみを感じることが，正常ではない何かが起こっていることのサインになる。この基準の難点は，必ずしも苦痛を伴わない異常行動がある点である。例えば，サイコパスは他者を冷酷非道に扱い，罪悪感や自責の念を全く覚えずに法を犯し続ける。もう一つの難点は，個人的苦悩が本質的に主観的なものである点にある。個人的な苦悩である以上，各人がその苦しみの程度を判断する。自分の状態を判断する基準は人によって異なるため，苦痛のレベルを個人間で比較することは困難である。

□機能不全

機能不全 (dysfunction)
機能障害 (disability)

　四つ目の基準は**機能不全**，あるいは**機能障害**である。この基準は，異常行動のために生活の重要な領域（仕事や人間関係など）で障害を受けているかどうかである。例を挙げれば，アルコールの摂取は適度であれば，異常にはあたらない。しかし，アルコールの常習的な過剰摂取によって社会的または職業的機能不全（例えば，配偶者や知人との深刻な口論，仕事の質の低下など）が起こるのであれば，それはアルコール依存というある種の異常行動となる。なお，個人的苦悩と同様に，この基準は異常行動のすべてに該当するわけではない点での判断が難しい。

□想定外さ

想定外さ
(unexpectedness)

　五つ目の基準は，**想定外さ**である。ある行動が異常とみなされるかどうかは，その行動が状況（すなわち，環境ストレッサー）に対する予期せぬ反応であることが必要である (Wakefield, 1992)。例えば，不安障害は客観的には全く危険のない安全な場所に対して不安を感じる場合のように，不安が状況に比例していない場合に診断される。逆に，例えば，しばらく何も食べていない人が空腹感を感じることは，状況への予想される反応であるため，当然，異常行動にはあたらない。

■心の病

　行動や心の異常は，元来，精神医学の分野で精神障害として捉えられてきた。以下では，数多くの精神障害を分類するための伝統的な分類体系と操作的な疾患分類を見てみよう。

□病因論による分類

病因論 (etiology)

　精神障害の分類は，伝統的には**病因論**の観点からなされることが多かった。病因論とは，何が病気の原因かを究明する理論あるいは学問である。精神障害の原因は大別すると，身体的原因（身体因）と心理的原因（心因）とに分けられる。身体的原因は外因（器質因）と内因（素因）とに分けられることから，外因，内因，心因という分類がなされることが多い。外因とは，外傷や感染症のように，外部から加えられ脳に直接に侵襲を及ぼす身体的原因を指す。内因は，遺伝的素因のように内的，素質的な原因として想定されたものである。そして，心因とは心理的原因を表す。身

外因性精神障害
(exogenous psychosis)
内因性精神障害
(endogenous psychosis)
心因性精神障害
(psychogenic psychosis)

体的原因が明確な精神障害は**外因性精神障害**，特定の病気になりやすい素因による精神障害は**内因性精神障害**，そして，心理的な原因による精神障害は**心因性精神障害**とされる（表3-1）。

　こうした伝統的な精神障害の分類には批判もある（大熊，2008）。例えば，内因のように本態が明らかでない用語を用いる

表3-1　病因論に基づく精神障害の分類体系

外因性精神障害
1．器質性精神障害
※脳腫瘍や頭部外傷など脳疾患による精神障害
2．症状精神障害
※脳以外の身体疾患による精神障害
3．中毒性精神障害
※薬物中毒などによる精神障害
内因性精神障害
1．統合失調症
2．気分障害
3．非定型精神疾患
心因性精神障害
1．神経症
2．心身症
3．心因精神障害
パーソナリティ障害
知的障害

ことの問題が挙げられる。また，医学の発達とともに，従来，心因性であった精神疾患の背景に，実は外因や内因が関与しているということが明らかになるケースがみられる。さらに，この診断基準では，判定者の主観によって診断のばらつきが大きくなる点も問題として指摘される。

□操作的診断基準

そこで近年では，病因にとらわれず，症状と経過から精神障害を操作的に分類する方法が用いられている。その代表的な基準は，アメリカ精神医学会による**「精神疾患の診断と統計のためのマニュアル」**である。また，世界で統一された基準を設ける必要性から，世界保健機関(WHO) の**「国際疾病分類」**にも，1948年に発表された第6版(ICD-6) から精神障害が独立した章として加えられている。これらの診断基準は，基準に従って機械的（操作的）に判定を行えば，誰でも同じ診断にたどりつけるように設定さ

精神疾患の診断と統計のためのマニュアル
(Diagnostic and Statistical Manual of Psychiatric Diseases: DSM)
国際疾病分類
(International Classification of Diseases: ICD)

れており，評定者によるばらつきが少ないというメリットがある。2021年11月現在，DSMは第5版 (DSM-5)，ICDは第10版 (ICD-10) が用いられている。なお，2018年にWHOからICD-11が発表され，2022年中に日本語対応版が発表される予定である。

□代表的な精神障害

　ここまで，精神障害の分類基準についてみてきたが，以下では，これらの分類に含まれる代表的な精神障害を概略する。

　(1) 統合失調症　**統合失調症**の症状は，主に**陽性症状**と**陰性症状**に分けられる。陽性症状には，**妄想・幻覚**，**自我障害**などが含まれる。妄想は，病的で誤った判断や信念であり，例えば，周りの何気ない会話に対して，「みんなが自分を非難している」と感じるような場合である（**妄想知覚**）。一方，幻覚は，**幻視・幻聴・体感幻覚**などに分けられ，実在しない対象を知覚する体験である。自我障害は，自我の境界線があいまいとなり，「自分の考えが人に伝わっている」とか，「外部から考えや衝動が自分の中に吹き込まれている」などと思い込むことである。一方，陰性症状には，他者とのかかわりに興味を失う社会性の喪失，喜怒哀楽の感情が乏しくなる感情鈍麻，生活全般において無気力・無関心を示す情緒的引きこもり，疎通性の障害や意欲低下などが含まれる。統合失調症は，何らかの遺伝的要因が関与しているとされるが，現在のところその原因はよくわかっていない。また，神経画像法の発達とともに，脳の形態的異常（例えば，Meyer-Lindenberg, 2010）や神経科学的異常（例えば，Fornito et al., 2012）が関与している可能性が指摘される。

　(2) うつ病／双極性障害　我々は，日常生活で爽快でハイテンションになったり，深く落ち込んで何もできなくなったりする。こうした経験自体は異常なものではない。しかし，時にこれらの気分が通常感じられるよりも強く，長く続くことがあり，それによって生活に支障をきたす場合がある。こうした場合に疑われる

統合失調症
(schizophrenia)
陽性症状
(positive symptoms)
陰性症状
(negative symptoms)
妄想 (delusion)
幻覚 (hallucination)
自我障害
(derangement of ego)
妄想知覚
(delusional perception)
幻視
(visual hallucination)
幻聴
(auditory hallucination)
体感幻覚
(cenesthopathie)

表3-2　DSM-5の大分類

神経発達症群／神経発達障害群
統合失調症スペクトラム障害およびほかの精神病性障害群
双極性障害及び関連障害群
抑うつ障害群
不安症群／不安障害群
強迫症および関連症群／強迫性障害及び関連障害群
心的外傷およびストレス因関連障害群
解離症群／解離性障害群
身体症状症および関連症群
食行動障害および摂食障害群
排泄症群
睡眠－覚醒障害群
性機能不全群
性別違和
秩序破壊的・衝動制御・素行症群
物質関連障害および嗜癖性障害群
神経認知障害群
パーソナリティ障害群
パラフィリア障害群
他の精神疾患群

気分障害 (mood disorder)

のが，**気分障害**である。多種多様な気分の中で，抑うつ的になり，ふさぎ込んで，興味・関心や意欲が減退し，睡眠障害や食欲の低下を示す場合を**うつ病エピソード**，逆に，気分が高揚し，落ち着きなく動き回り，時に怒ったり興奮を示したりする場合が**躁病エピソード**である。うつ病エピソードのみを経験するのが**うつ病／大うつ病性障害**であり，うつ病エピソードと躁病エピソードを繰り返すのが**双極性障害**である。これらの障害は，極度のストレスなど心理社会的要因，遺伝的要因，神経科学的要因が複合的に関与して生じると考えられている。

うつ病エピソード
(depressive episode)

躁病エピソード
(manic episode)

うつ病／大うつ病性障害
(major depressive disorder)

双極性障害
(bipolar disorder)

　(3) 不安障害　不安や恐怖は将来のリスクへの予防行動をもたらす意味で，我々にとって適応的意義を持つ感情である。しか

し，不安や恐怖が高じると日常生活に支障をきたす。こうした不安や恐怖に関連する障害として，**不安障害**や**強迫性障害**がある。

不安障害
(anxiety disorder)
強迫性障害
(obsessive-compulsive disorder)
恐怖症 (phobia)

　不安障害の中でも，通常それほど不安を感じる必要のない対象に強い不安や恐怖を感じ，それによって社会生活が障害され，個人的苦悩を感じる場合がある。こうした障害を**恐怖症**という。恐怖症には，不安に襲われたときにすぐに逃げられない，または助けが得られそうにない状況や場所にいることに不安や恐怖を抱く

広場恐怖症
(agoraphobia)
社交恐怖 (social phobia)
高所恐怖症 (acrophobia)
閉所恐怖症
(claustrophobia)

広場恐怖症，他者とのやり取りに必要以上に不安や恐怖を感じる**社交恐怖**がある。他にも，高い場所に強い不安を抱く**高所恐怖症**や狭い場所に恐怖を感じる**閉所恐怖症**などがある。

パニック障害
(panic disorder)

　恐怖症のほかに，身体的な変化に過度の不安を感じパニック発作（動悸や心悸亢進，呼吸困難，発汗，胸部の圧迫感など）を繰り返すのが**パニック障害**である。パニック発作にまで至らなくても，仕事や学業，将来，病気などの活動や出来事に過剰な不安と

全般性不安障害
(generalized anxiety disorder)

心配を慢性的に感じ，社会生活に支障をきたす状態を**全般性不安障害**という。いずれにしても，特定の対象に非合理的なほど強い不安を慢性的に感じる状態である点は共通している。こうした不安や恐怖は，はたから見れば奇異に思えるかもしれないが，本人には避けがたい感情として体験される。

強迫観念 (obsessive idea)
強迫行為 (compulsive act)

　強迫性障害は，**強迫観念**と**強迫行為**に特徴づけられる。強迫観念は，本人も不合理だとわかっているにもかかわらず，ある思考やイメージが繰り返し意識に侵入し，強い不安や苦痛をもたらす観念である。強迫行為は強迫観念による不安や苦痛を軽減するためになされる反復行為である。例えば，細菌に汚染されるという強迫観念から不安や恐怖が生じ，それを緩和するために何度も手を洗い，入浴や洗濯を繰り返すといった状態が挙げられる。

　不安障害や強迫性障害は，主に心理的要因によって説明されてきたが，近年，遺伝的要因や神経科学的要因の関与が指摘される (Fonzo & Etkin, 2017; Hettema et al., 2001)。

■心理学的アセスメント

心理学的アセスメントとは，個人の心理的問題を引き起こす人格や状況などの情報を系統的に収集・分析し，その結果を統合して介入方針を決定するための作業仮説を生成することである。心理学的アセスメントでは，対象となる人物を全体的・歴史的に理解しようとする点で，医師が行う**診断**とは異なる。

心理学的アセスメントでは様々な手法を用いる。例えば，対象者との面接を通して情報を得たり（**面接法**），対象者の行動観察から情報を得たりする（**観察法**）。また，**知能検査**や**人格検査**，**神経心理学的検査**，**発達検査**など，**信頼性**と**妥当性**が検証された心理検査を用いて対象者から情報を得る**心理検査法**が用いられる。ここでいう信頼性とは，検査の得点が安定しており，誤差が少ないことを表し，妥当性は検査が測定したいもの（構成概念）を適切に測定しているかどうかの基準である。なお，心理学的アセスメントを行う場合，通常，一つの検査だけを行うのではなく，目的によって複数の検査を組み合わせる**テスト・バッテリー**を行い，対象者の全体的な理解を目指す。

□知能検査

知能検査は，知的機能を測定するための検査である。知能検査の歴史は古く，20世紀初めにフランス文部省の依頼により，心理学者**ビネー** (Alfred Binet) と**シモン** (Théodore Simon) によって，知的に問題なく普通教育を受けられるかどうかを判断するために開発された。その後，知能の概念定義の議論に並行して，いくつかの検査が考案されてきた。

日本において代表的な知能検査は，ウェクスラー式の知能検査である。ウェクスラー式知能検査は，複数の下位検査を実施することで，個人の全体的な知能を測定することができるほか，群指数を用いることで能力ごとの評価が可能である。年齢層ごとに用いられる検査の種類が異なり，成人用（16歳から90歳）は

38

左欄: 心理学的アセスメント (psychological assessment)／診断 (diagnosis)／面接法 (interview)／観察法 (observation)／知能検査 (intelligence test)／人格検査 (personality test)／神経心理学的検査 (neuropsychological test)／発達検査 (developmental test)／心理検査法 (psychological testing method)／信頼性 (reliability)／妥当性 (validity)／テスト・バッテリー (test battery)／ビネー (Alfred Binet)／シモン (Théodore Simon)

WAIS
(Wechsler Adult
Intelligence Scale)

WISC
(Wechsler intelligence
scale for children)

WPPSI
(Wechsler Preschool
and Primary Scale of
Intelligence)

質問紙法
(questionnaire method)

投影法
(projective technique)

WAIS，児童用（5歳から16歳）はWISC，そして幼児用（2歳6カ月から7歳3カ月）としてWPPSIが用いられる。その他にも，田中・ビネー式知能検査などが用いられる。

□人格検査

人格検査は，**質問紙法**と**投影法**とに分けられる。

質問紙法は，特定の質問に対して選択肢（Yes-No形式，リッカート形式など）を提示して回答を求めることで対象者のパーソナリティを測定する。代表的な検査として，ミネソタ多面式人格目録(MMPI)，ビッグ・ファイブ理論に基づき5つの特性次元を測定するNEO-PI-Rなどがある。質問紙法は，比較的簡便にパーソナリティを測定できるメリットがあるが，その反面，社会的に望ましい方向に回答が偏ったり，回答者が意識する側面しか測定できなかったりといったデメリットがある。

一方，投影法は，曖昧で多義性がある刺激を被検者に提示し，それへの反応内容や反応の仕方などで，被検者のパーソナリティに関する情報を得る。投影法では，背景理論によって，インクの染み，絵画，文章などの様々な刺激が用いられる。代表的な方法としては，ロールシャッハテスト，SCT，バウムテストなどが挙げられる。投影法は，検査の意図が被検者に伝わりにくいため，社会的望ましさや虚偽回答を防ぐことができるメリットがある。その反面，検査が実施可能になるには長時間の学習と訓練が必要な点，反応の解釈に検査者の主観が入りやすく，検査の信頼性や妥当性に疑問が残る点でデメリットがある。

□神経心理学的検査

対象者の認知行動面の障害を検出するために用いられるのが，神経心理学的検査である。特に脳の高次機能状態に関する検査で，見当識，言語，記憶，注意，視覚性認知，行為等に関する検査がある。代表的には，脳の器質的障害をアセスメントするベン

認知症 (dementia)　ダー・ゲシュタルト検査，**認知症**の簡易スクリーニングに用いられる MMSE，前頭葉の機能を測定するウィスコンシンカード分類課題などが挙げられる。

■心理療法

　心理学的アセスメントを通して介入方針が定まると，次に心理的支援が行われる。心理的支援では，治療者の立脚する理論によってさまざまな**心理療法**がおこなわれる。そこに共通するのは，治療者と対象者との間に**ラポール**といわれる信頼関係を形成すること，対象者が問題を自ら解決できるように支える姿勢である。

心理療法 (psychotherapy)
ラポール (rapport)

□精神分析

　精神分析は，**フロイト** (Sigmund Freud) が創始した心理療法である。基本技法として，**自由連想法**が挙げられる。自由連想法では，対象者は寝椅子に横になり，心に浮かぶことを全て語るように求められる。治療者は，語られた内容や語りに対して治療者自身に浮かぶ自由連想を分析し，そこで得られた理解を手掛かりに，対象者と共に無意識の探索を行う。特に，自由連想を続けていると，対象者は退行を起こしやすくなる。この退行によって，対象者が幼少期から持ち続けてきた両親などに対する感情を，治療者に向ける**転移**が生じる。転移にこそ問題の背景にある不安や葛藤が現れると考え，転移の解釈を繰り返すことで隠された感情，動機や欲求を意識化しようとする。

精神分析 (psychoanalysis)
フロイト (Sigmund Freud)
自由連想法
(free association)

転移 (transference)

　一方，自由連想法は，非常に負担の大きい，知的な素養が必要な技法である（オリジナルの自由連想法は45分から50分間，週に4，5回繰り返す）。これをより広く適用できるように簡便化したものが**精神分析的心理療法**である。精神分析的心理療法は，自由連想法に準じて行われ，転移の解釈などを通して問題の背後にある隠された感情，動機や欲求を意識化することに焦点を置く。

精神分析的心理療法
(psychoanalytic psychotherapy)

□行動療法

　　精神分析のように，対象者の内的世界を探求する心理療法とは
対極にあるのが，**行動療法**である。行動療法は，(1) 観察可能な行
動にのみ目を向けること，(2) 行動は「刺激–反応」の図式によっ
て捉えられると考えること，(3) 不適応的行動は誤った学習や未学
習の結果であり，学習の原理を通して不適応的行動を除去し，適
応的行動の獲得を目指すことに特徴づけられる。1950年代末頃か
ら，**ウォルピ** (Joseph Wolpe) や**アイゼンク** (Hans Jurgen Eysenck) に
よって形作られてきた心理療法である。

ウォルピ(Joseph Wolpe)
アイゼンク
(Hans Jurgen Eysenck)

系統的脱感作
(systematic desensitization)

　　(1) **系統的脱感作**　不安や恐怖を喚起する状況に対して，それ
とは両立しない反応（弛緩反応）を条件づけることで，不安や恐
怖を段階的に消去する古典的条件づけに基づいた技法である。高
所恐怖症を例に挙げよう。系統的脱感作では，第一段階でリラク
セーション（弛緩反応）のトレーニングを行う。第二段階として，
不安の程度が低い順から高い順に状況や対象をリストしてもらう
（例えば，「建物の3階から外を見る」→「外が見えるエレベーター
に乗る」→「建物の10階から外を見る」…という具合に不安階層
表を作成する）。そして第三段階として，リストした不安の程度
が低い順からその状況をイメージしてもらい（直接体験する場合
もある），不安を感じたら第一段階で習得した弛緩反応を使って
リラックスするように促す。このような手続きを，不安が最も高
い階層にまで実施し，状況に条件づけられている不安や恐怖を段
階的に解消していく方法である。

シェイピング法 (shaping)

目標行動
(target behavior)

　　(2) **行動強化法**　行動療法では，適応的な行動を積極的に強化
し（オペラント条件づけ），当該行動を増やすような手法も用い
られる。代表的には，**シェイピング法**がある。これは一定の
目標行動に至るまでの行動を，段階的にスモール・ステップで設
定し，順次これを遂行させて上手く行ったら強化することを繰り
返す。それによって，最終的に目標行動を獲得させる手法であ
る。例えば，不登校を例に挙げれば，「家から出る→校門まで行

く→先生に会う→…→治療者と共に平日登校する→一人で平日に登校する」というように段階的に目標を設定し，対象者が各行動をできたら強化を行うということを繰り返す。

□認知行動療法

認知行動療法
(cognitive behavioral therapy; CBT)

認知的再構成法
(cognitive reframing)

自動思考
(automatic thought)

　先に見たように，行動療法は，「刺激‒反応」の図式を重視する。これは翻ると，刺激を受け取った個人の内的な過程をブラックボックス化していることになる。一方，我々は刺激を受けたら即行動するばかりではなく，期待や予期，信念に基づいて行動する。こうした個人の内的過程（認知）にも目を向けるのが，**認知行動療法**である。認知行動療法の代表的な方法としては，**認知的再構成法**が挙げられる。これは，精神的に動揺したときに瞬時に浮ぶ考えやイメージ（**自動思考**）に注目し，現実と対比しながらその歪みを修正し，症状を軽減したり，不適応的な行動を修正したりする手法である。また，近年では，第三世代（第一世代は旧来の行動療法，第二世代は旧来の認知行動療法）の認知行動療法として，仏教的な瞑想に由

マインドフルネス認知療法
(mindfulness-based cognitive therapy)

アクセプタンス＆コミットメント・セラピー
(acceptance and commitment therapy; ACT)

脱中心化 (decentering)

メタ認知的気づき
(metaconitive awareness)

来する**マインドフルネス認知療法**や**アクセプタンス＆コミットメント・セラピー**などが注目されている。これらの心理療法は，思考の歪みを修正するという旧来の手法とは異なり，**脱中心化**や**メタ認知的気づき**によって，自身と非機能的な思考や感情との関係性を変化させ，非機能的な思考や感情の影響力を変えることが目標になる。

□来談者中心療法

来談者中心療法 (client-centered psychotherapy)

ロジャース (Carl Ransom Rogers)

パーソンセンタード・アプローチ
(person-centered therapy)

　来談者中心療法は，1940年代に**ロジャース** (Carl Ransom Rogers) によって開発された心理療法（もしくはカウンセリング）の立場である。近年では，**パーソンセンタード・アプローチ**とも言われる。来談者中心療法では，問題を抱えた人の真の治療的変化とは，人間が本来持っている自己実現傾向を開花させることであると捉える。したがって，来談者中心療法において重要なのは，治療者が指示をしたり，解釈をしたりすることではなく，対象者が

自らの心理的成長を成し遂げられるような安心かつ受容的な治療の場を提供することであると考える。こうした場を提供するために必要な治療者の態度として、**無条件の肯定的配慮**（対象者を条件付きで受け入れるのではなく、一個の価値ある人間として認めること）、**共感的理解**（対象者の体験や内的世界を、治療者があたかも自分のものであるかのように感じ取ろうとすること）、**純粋性・自己一致**（治療者が自身の感情や態度を鋭敏に感知し、それを対象者に隠し立てせずに透明であること）を重視する。

無条件の肯定的配慮
(unconditional positive regard)
共感的理解
(empathic understanding)
純粋性・自己一致
(genuineness/congruent)

まとめ

1. 異常を判断する基準として、統計的低頻度、規範の侵害、個人的苦悩、機能不全、想定外さがある。
2. 精神障害の分類に従来は病因論的分類が用いられてきたが、近年では操作的診断基準が用いられる。
3. 多様な精神障害の心理的特徴をアセスメントするために各種アセスメントツールが開発されてきた。
4. 精神障害への心理学的支援の方法として、精神分析療法、行動療法、認知行動療法、来談者中心療法など立場の異なる様々な心理療法が開発されてきた。

参 考 図 書

Nevid, J. S., Rathus, S. A., & Greene, B. (2021). *Abnormal psychology in a changing world,* 11th ed. NY; Pearson.

下山晴彦（編）(2009). よくわかる臨床心理学　改訂新版　ミネルヴァ書房

下山晴彦・熊野宏昭・鈴木伸一 (2017). 臨床心理学フロンティアシリーズ　認知行動療法入門　講談社

山下　格 (2010). 精神医学ハンドブック　第7版　医学・保健・福祉の基礎知識　日本評論社

sensation, perception, and cognition

第4章 感覚の仕組みと働き

河地 庸介

人は光や音をどのように感じとるのか

§4. 感覚の仕組みと働き

本章で解決する謎

「人は光や音をどのように感じとるのか」

　通常，このような疑問をもつことはあまりない。人は時々刻々と変化していく外界をありのまま感じて豊かな主観的体験が得られている気がしており，その体験がどのように得られるのかについて思いをはせることはないだろう。しかし，実際には人はそのままの形で光や音を感じ取ることはできない。この章では，心理学や生理学の知見を踏まえながら，実際のところ人は如何にして光や音を感じ取っているのかについて概観していく。

■光や音はそのままの形で感じとることはできない

　手を打ち鳴らしたとき，それは1つのイベントではあるが，手の動きは眼球に光のパターンとして届けられ，音は空気の振動として耳に届けられる。当然ではあるが，決して目や耳のいずれか単一の感覚器官だけでまとめて感じ取るわけではない。我々が外界から受け取る刺激は，光，音，物理的な力，化学物質など多岐にわたり，それらの刺激を受け取る器官も異なれば，器官に備わっている**感覚受容器**も異なる。このような種々の感覚器官，さらには感覚受容器に届いた光や音などの刺激はそのままの形で受け取られ，脳に送り届けられることでわれわれの体験を作り上げているのだろうか？ここでは，生体が自らの置かれた環境を理解する入り口ともなる感覚，環境からの刺激が感覚受容器に到達した後，どのような形で脳に届けられるのかについて概説していく。

感覚受容器
(sensory receptor)

■視覚

網膜 (retina)

桿体細胞 (rod cell)
錐体細胞 (cone cell)

　視覚は，外界からの光が眼球内の**網膜**に到達するところから始まる。この網膜は，図4-1のように眼球の内側に膜状に視細胞が並んだ組織である。視細胞には**桿体細胞**と**錐体細胞**の2種類がある。さらに錐体細胞にはL (long-wavelength sensitive) 錐体，M (middle-

図4-1　眼球および，網膜組織の拡大図

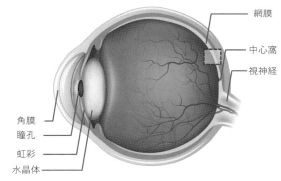

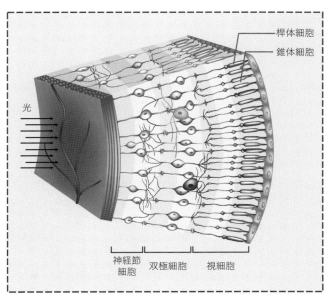

wavelength sensitive) 錐体，S (short-wavelength sensitive) 錐体の3
種類に細分化できる。これらの細胞が視覚における感覚受容器と
なる。なお，特に眼底の中心部分である**中心窩**には錐体細胞が密
集している反面，桿体細胞はないといったように，視細胞の分布
には偏りがある。

中心窩 (fovea)

　光が網膜に到達すると，桿体細胞と3種の錐体細胞（の外節）
に含まれる視物質（ロドプシンと3種のフォトプシン）が光の波長
（波の山から山までの長さ）に応じて分解される。光は電磁波の一
種であり，波の形で空間を伝わっていくものであるため，光そのも
のに色がついているわけではない。3種の錐体細胞の異なる視物質
は，光がもつ波長によって各々どの程度分解されるのかが異なり，
これが多種多様な色の見え方につながっていく（図4-2）。このよう
な考え方は**ヤング** (Thomas Young) と**ヘルムホルツ** (Hermann Ludwig
Ferdinand von Helmholtz) に端を発する**3色説**と呼ばれている。

ヤング(Thomas Young)
ヘルムホルツ(Hermann
Ludwig Ferdinand von
Helmholtz)
3色説
(trichromatic theory)

　上述の視物質の分解に伴い，細胞内で種々の生化学的反応が生
じた結果として電気的な変化，さらにはシナプス末端での神経伝達
物質の放出量が変化する形で，視細胞から**双極細胞**，**神経節細胞**

双極細胞 (bipolar cell)
神経節細胞
(ganglion cell)

**図4-2　様々な可視光線の波長に対する3種類の錐体の相対感度（Smith
& Pokorny, 1975 のデータより作図）**

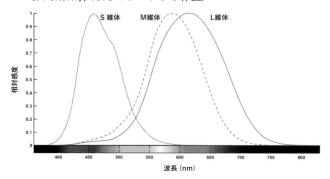

注）相対感度とは，各錐体の最高感度を1としたときの，様々な波長の光に対する
検出感度を表したものである。

へと光に関する情報が伝えられる。特にL錐体，M錐体，S錐体の応答によって生じる赤色情報，緑色情報，青色情報は神経節細胞において，「赤–緑」，または「青–黄」といった形で組み合わせた情報である反対色に変換される。そして組み合わされた色情報のうちのどちらの色情報の方が強いのか（各錐体応答のいずれが強いのか）という情報がさらに脳へ伝えられることになる。このように色の感覚・知覚を考える説を**ヘリングの反対色説**という。

ヘリングの反対色説
(Hering's opponent-color theory)

　神経節細胞において各反対色においてどちらの色情報の方が強いのかという情報に変換された電気信号が網膜の神経節細胞の軸索を伝って眼球を出て，視床の**外側膝状体**へ向かう。そして，外側膝状体の神経細胞から伸びる軸索は**視放線**とよばれ，**第1次視覚野**（の第4層細胞）へと連絡する。さらに，脳の頭頂部への情報が伝えられる**背側経路**，側頭部へと情報が伝えられる**腹側経路**を介して，前者では物体の空間位置や動きの情報処理，後者では物体が何であるか等のコンテンツに関する情報処理が進んでいく（図4-3）。

外側膝状体
(lateral geniculate body)
視放線 (optic radiation)
第1次視覚野
(primary visual cortex, V1)
背側経路
(dorsal pathway)
腹側経路
(ventral pathway)

　上述までの錐体細胞と桿体細胞はいずれも光に反応するわけだが，各々異なる場面で働くという特性が知られている。錐体細胞は明所で働き，色の識別を可能にする。桿体細胞は暗所でのみ働き，その働きは色の識別にはかかわりがない。関連して，暗所から明所に移動すると，錐体細胞に比べて光への感度の高い桿体細胞の応答が瞬間的に強くなり，主観的にはまぶしく感じるが，その後，錐体細胞が働くようになり，周囲の様子が見えるようになる。これを**明順応**という。他方で，明所から暗所に移動すると，光への感度の低い錐体細胞が十分に応答しなくなり，主観的に真っ暗闇にいるように感じるが，時間とともに桿体細胞が応答するようになり，少しずつ周囲の様子が見えるようになる。これを**暗順応**という。

明順応 (light adaptation)
暗順応 (dark adaptation)

　視細胞のもう1つの特性として，1つ1つの視細胞は**視野**のど

視野 (visual field)

図4-3　視覚情報処理経路

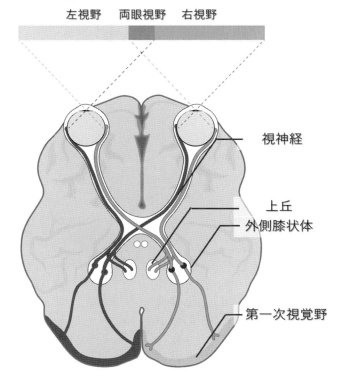

の空間位置からの光を受け取ることができるかが決まっている。
さらに言えば，1つ1つの視細胞は網膜上のあらゆる位置に届く
光情報を処理できるわけではなく，特定の位置に届く情報しか処
理できないともいえる。この空間位置・領域，あるいは網膜上の
位置・領域のことを**受容野**という。極端な話で言えば，視野の右
上からの光を受容するある視細胞Aがあるとすると，細胞Aは視
野の左下からの光を受容することはできないわけである。そし
て，双極細胞，神経節細胞，大脳皮質における視覚野の受容野は
より大きなものとなり，また光に対する応答も複雑なものとなる
(Hubel & Wiesel, 1977)。

受容野 (receptive field)

■聴覚

　音とは空気や水などの振動，もしくは振動によって得られる体験内容を意味する。すなわち，光も音も種類は違えど波の形で空間を飛び交っている。この音（波）の物理的特性には，1秒間あたりの波の数である**周波数**と**波の振幅**がある。他方で，音の体験の側面としての**音の高さ**は周波数の高低によって，**音の大きさ**は波の振幅によって決まる。さらに，音の印象・性質である**音色**は波の形状（波形）によって変化する。

周波数 (frequency)
波の振幅 (amplitude)
音の高さ (pitch)
音の大きさ (loudness)
音色 (timbre)

　音の体験，聴覚は，空気等の振動が**鼓膜**に到達して振動するところから始まる。この鼓膜の振動が**耳小骨**（ツチ骨・キヌタ骨・アブミ骨）に伝わる。この耳小骨は通常は振動を増幅させる働きをしているが，大きな音による振動が届くと耳小骨をつなぐ筋肉が反射的に収縮し，振動を抑制する働きをもっている。そして，振動は耳小骨のアブミ骨から卵円窓を入り口とした**蝸牛**へと伝えられる。

鼓膜 (eardrum)
耳小骨 (ossicles)
蝸牛 (cochlear)

　蝸牛は3つのトンネルが渦巻いているかのような構造となっており，上から前庭階，中央階，鼓室階と呼ぶ。ただし，前庭階と鼓室階は蝸牛の先端でつながっており，いずれも外リンパと呼ばれる液体で満たされている。他方で，中央階は内リンパと呼ばれる液体で満たされている。卵円窓に到達した振動は前庭階の外リンパを振動させ，この振動によって中央階にある**基底膜**が振動する。この基底膜の振動に伴って基底膜上の**コルチ器**の**有毛細胞**が**蓋膜**に触れて倒されて，有毛細胞内で電気的変化が生じる。この基底膜は与えられた音の高さ（周波数）に応じて，基底膜で最も大きく振動する位置が異なる。高い音に対しては基底膜でも卵円層側に近い部分が強く振動する。一方で低い音に対しては基底膜の蝸牛頂に近い部分が強く振動する。このように基底膜上の振動位置がピッチを感じ取る基盤の1つとなっているとする説を**場所説**という。他方で，場所説では説明できない現象も報告されていることから，音の周波数情報を聴神経活動の頻度が反映している

基底膜 (basal membrane)
コルチ器 (organ of Corti)
有毛細胞 (hair cell)
蓋膜
(tectorial membrane)

場所説
(place theory of hearing)

時間説
(time theory of hearing)
斉射説 (volley theory)
聴神経 (auditory nerve)

両耳間時間差
(interaural time
difference: ITD)
両耳間音圧差
(interaural level
difference: ILD)
音源定位
(sound localization)
聴覚野
(auditory cortex)

とする**時間説**，さらに複数の聴神経の活動によってより幅広い音の周波数情報を表現することを想定した**斉射説**がある。

　最終的に，有毛細胞内の電気的変化は**聴神経**を伝わり，延髄の蝸牛神経核，さらには橋の上オリーブ核へと届けられる。ここで左右の耳の情報から**両耳間時間差**，**両耳間音圧差**を抽出し，これらの情報をもとに**音源定位**を行っている。そして中脳の下丘，視床の内側膝状体を経由して**聴覚野**へと伝達されることで，音の体験が生み出される。

■感覚・知覚の基本特性

　生体の視覚，聴覚，触覚，味覚，嗅覚のいずれにおいても，いかなる刺激でも感じ取って主観的体験を生み出せるわけではない。弱すぎる刺激は十分な神経活動を生み出すことができず，主観的体験は生成されない。この主観的体験を生み出すために最低

閾値 (threshold)

絶対閾
(absolute threshold)

弁別閾
(differential/
discriminative threshold)

限必要となる刺激の強さを表す値を**閾値**といい，「刺激の存在や差異に気づくか否かの境目となる刺激の強さ・量」としての**絶対閾**，「刺激の存在や差異を感じるのに最低限必要な刺激の強さ・量」の**弁別閾**がある（第8章を参照）。

順応 (adaptation)

　閾値は状況に応じて変化する。特に刺激が持続的に提示された後などに，その刺激に対する神経細胞の応答の仕方，さらには主観的な体験が変化していく。このような現象を**順応**という。どこか行ったことのない場所で嗅ぐ慣れない匂いも，余程強いものでなければ次第に気にならなくなるといった例が挙げられる。

マスキング (masking)

　弱い刺激が強い刺激と同時に提示されたりすることで体験できなくなってしまうというような**マスキング**という現象もひとつの特性としてある。身近な例として，動画を視聴しているときに，近くで掃除機の音が鳴っていたりすると動画の音声が聞こえなくなる例が挙げられる。

■諸感覚の区別

　外界からの光や音等の刺激はそのままの形で感じ取るのではなく，視覚であれば網膜の錐体・桿体細胞，聴覚であれば蝸牛のコルチ器において電気信号の形に変換して脳へと届けられている。ここでは言及していないものの，触覚，嗅覚，味覚も同様である。様々な種類の刺激が全て同じく電気信号に変換されて脳に届けられているわけである。この電気信号はそれぞれの感覚に応じて異なる処理がなされ，多種多様な情報が抽出される。そのため，同じく電気信号であっても光と音等の刺激を混同するようなことはなく，容易に区別することができる。

　他方でMITのサール (Mriganka Sur) の研究グループ (von Melchner et al., 2000) は，生後1日のフェレットの網膜からの視神経を聴覚情報処理に関わる内側膝状体に実験的に接続した。そして成熟するまで育てた後で視覚刺激を提示すると，生得的に得られた視覚野ほどではないものの，聴覚野がしっかりと応答するようになり，音刺激には応答しないということが報告された。感覚刺激から変換された電気信号が伝えられる際の処理はある程度生得的に獲得されたものである一方で，環境の中で構築されていく側面も多分にあることをこの知見は示している。

　このように，感覚の在り方は生得的にすべてが決まっているわけではなく，時代とともに，そして我々の生活環境の変化とともに日々変化し続けているのかもしれない。

まとめ

　人は光や音をそのままの形で感じ取ることはできず，電気信号という情報に変換することで感じ取っている。他の触覚や嗅覚，味覚においても同様である。さらに脳内において各感覚器官からの情報の多くは個々別々に種々の処理・加工がなされる。

　また，外界からの刺激の受容に際して，刺激が感覚受容器に届いても，閾値を超える強度がなければ気づくことはできない。この意味でも外界をありのまま感じ取ることはできないといえる。さらには観察者が置かれた状況によって刺激の感じ取り方は変化しうる。

　以上から，我々は外界をありのままの形で体験しているわけではなく，種々の加工がなされた外界の情報を体験して生活しているということがわかるだろう。

参 考 図 書

Kandel, E. R., Schwartz, H. H., Jessell, T. M., Siegelbaum, S. A., & Hudspeth, A. J. (Eds.). (2000). *PRINCIPLES OF NEURAL SCIENCE.* 5th ed.: The McGraw-Hill Companies.（カンデル，E. R.・シュワルツ，J. H.・ジェセル，T. M.・シーゲルバウム，S. A.・ハズペス，A. J.・金澤一郎・宮下保司（監修）(2014).カンデル神経科学　第5版.メディカル・サイエンス・インターナショナル

村上郁也 (2019). Progress & Application 知覚心理学　サイエンス社

sensation, perception, and cognition

第5章 知覚の心理

ランダムに並ぶ星々はなぜ星座として知覚されるのか

行場 次朗

§5. 知覚の心理

本章で解決する謎
「ランダムに並ぶ星々はなぜ星座として 知覚されるのか」

　星空には，星々が実はランダムに並んでいるが，私たちはいくつかの星々を結び付け，名前のついた星座として見ている。あたりまえのように思えるこのようなはたらきの背後にはどのようなプロセスや法則があるのだろうか？また，知覚された内容が物理世界とくい違いを引き起こす現象は錯覚と呼ばれているが，これは知覚が過ちを起こしたためなのだろうか？このような謎を本章では解明する。

■天使と悪魔のどちらが見えるか

　図5-1の絵は，ベルギーの画家，エッシャー (Maurits Cornelis Escher) が描いたもので，「天国と地獄」というタイトルが付けられている。その絵では，白い領域が天使に見えるときもあるし，今度は黒い領域が悪魔に見える場合もあるだろう。**図**は輪郭線をともない前面に見えるのに，**地**は決まった形を持たずに図の背後まで広がって見える。対象認識の前提となるこのような基本的過程は**図地分化**と呼ばれる。そして図と地はときどき反転する（**図地反転**）。このように，私たちが対象を知覚するときには，基本的に図地分化による選択過程が絶えずはたらいている。図になりやすいのは，より明るい領域，より面積の小さい領域，閉じた領域，より規則的な形をした領域，垂直あるいは水平の方位を持つ

図 (figure)

地 (ground)

図地分化
(figure-ground
segregation)
図地反転
(figure-ground
reversal)

領域であることが，実験現象学的およびゲシュタルト心理学的研究により明らかにされている（Metzger, 1953　盛永訳　1981）。

■知覚的体制化

　星空は実はランダムに並ぶ光点群といえるが，私たちはいくつかの星を結び付けて，星座として秩序やまとまりを持った**形態（ゲシュタルト）**を見ている。**ウェルトハイマー** (Max Wertheimer) はこのような知覚のはたらきをゲシュタルト法則としてまとめている。以下を簡単に図解する。

(1)　**近接の要因**：**図5-2a** と **b** に示されるように，他の条件が等しければ，近いドットどうしがまとまって見え，群化は最小距離に基づいてなされる。

(2)　**類同の要因**：**図5-2c** に示されるとおり，距離や他の条件が

形態，ゲシュタルト
(Gestalt)
ウェルトハイマー
(Max Wertheimer)

近接の要因
(factor of proximity)

類同の要因
(factor of similarity)

図5-1　エッシャーの作品「天国と地獄」

等しければ，似た色などを持つものはまとまって見え，群化は類同した属性に基づいてなされる。**図5-2d**では水平に構造化がなされる。

良き連続の要因
(factor of good continuity)

(3)　**良き連続の要因**：**図5-2e**と**f**に示されるとおり，方向を急に変えないで滑らかに連続する線分はつながって見え，他の条件が等しければ，群化は良き連続性を持つ属性に基づいてなされる。

閉合の要因
(factor of closure)

(4)　**閉合の要因**：**図5-2g**に示されるように，閉じた領域を形成するものどうしはまとまって見える。ただし，**図5-2h**は，良き連続の要因が優勢なので，3つの閉じた領域が必ずしも明瞭に見えるわけではない。

図5-2　ゲシュタルトの法則を示す図形群

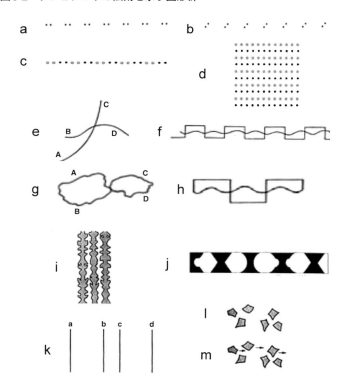

良い形の要因
(factor of good form)

(5)　**良い形の要因**：図5-2iに示されるように，他の条件が等しければ，等間隔や対称性を持つ図形（黒の領域）は群化して知覚される。一方，図5-2jに示されるように，凸の形状（白の領域）は対称性よりも強く群化される。凸構造の要因は閉合の要因の一部としてみなすことができる。

余りなしの要因
(factor of non-remainder)

(6)　**余りなしの要因**：図5-2kでは，近接の要因により中央の2本がまとまって見える場合があるが，そうすると左右に2本の線が残ってしまうので，幅の広い平行線が2組あると群化され，安定する。

共通運命の要因
(factor of common fate)

(7)　**共通運命の要因**：図5-2lでは近接の要因により3つのパッチが左右にまとまって見えるが，図5-2mに示すように，上側の3つのパッチが右方向に動き出すと，近接の要因による群化は消え，ともに変化するものが群化されて知覚される。

知覚的体制化
(perceptual organization)
プレグナンツ (Prägnanz)

　このように，刺激をばらばらにではなく群化（グルーピング）するはたらきは**知覚的体制化**と呼ばれるが，一般に知覚的体制化は，**プレグナンツ**と呼ばれる特定の傾向に向かって収束する。それは，単純で統一的な結果を実現させる傾向であり，よりすぐれた知覚内容をもたらすとされる。ただし，ゲシュタルトの法則をはじめプレグナンツ傾向の概念は，人間の知覚の特性をうまくとらえてはいるが定性的（質的な記述）であり，数量的に明確な定義ができない欠点が指摘されている。

■錯覚現象

錯覚現象 (illusion)

　物理世界と心理世界が1対1に対応しないことは，**錯覚現象**が端的に教えてくれる。たとえば，等しい重さのおもりでも，見た目や触ってより体積が大きいと感じたものは，小さく感じたものよりもより軽く感じられる（**シャルパンティエの錯覚**）。また，

シャルパンティエの錯覚
(Charpentier's illusion)

アリストテレスの錯覚
(Aristotle's illusion)

人差し指と中指を交差させ，その間に自分の鼻先や鉛筆などをはさむと，鼻や鉛筆が2本に感じられる（**アリストテレスの錯覚**）。これは，通常，物体をはさむときと異なって両指の外側どうしの

図5-3　グレゴリー（Gregory, 1997 近藤・中溝訳 2001）が示した言語表現との類似による錯視の分類（一部改編）

	言語表現における誤謬	錯視	例
多義性	「ここではきものをぬいでください」「かわいい犬を連れたお嬢さん」	多義図形 図地反転図形	a 　b 
歪み	「一日千秋の思い」「千里も一里」	大きさ錯視，面積錯視，長さ錯視，角度方向錯視，対比錯視など	c 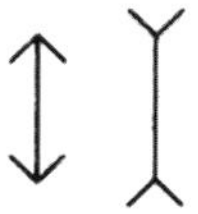　d 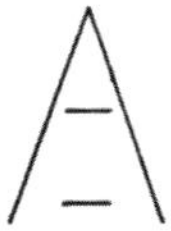
逆説	「私はうそつきだ」「絵のない絵本」	不可能図形 運動残効	e 　f 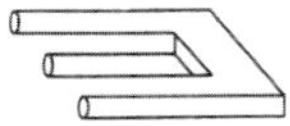
虚偽	「瞼の裏にうつる母」「見えない糸で結ばれた二人」	主観的輪郭 非感覚的補完	g 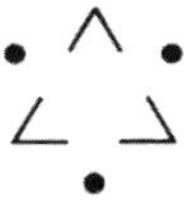　h 

触覚受容器群が同時に刺激されるために生じると考えられる。

グレゴリー
(Richard Langton Gregory)

　グレゴリー（Gregory, 1997 近藤・中溝訳 2001）は，知覚特性と言語表現の類似性に注目して，視覚における錯覚，つまり

錯視 (visual illusion)

錯視を多義性，歪み，逆説，虚構の4種類に分類することを提案している（**図5-3**）。

多義図形
(ambiguous figure)

　1枚の絵がいろいろな見え方をする**多義図形**として有名なのは，「ウサギとアヒル」（**図5-3a**）や「妻と義母」（**図5-3b**）である。
　大きさや長さ，角度などの歪みを示すものとして有名なのはミュラー・リヤー錯視（**図5-3c**）やポンゾ錯視（**図5-3d**）があげ

形の恒常性
(shape constancy)
大きさの恒常性
(size constancy)

られる。見えの奥行が異なっても，対象の形や大きさの知覚があまり変化せず安定して知覚される現象は，**形の恒常性**や**大きさの恒常性**と呼ばれるが，大きさや長さの歪みを示す錯視は，視覚系

が恒常性を保つために行う自動的な補正作用の副産物であると考えられている。

　グレゴリーが逆説的なものとしてあげている例には，「ペンローズの三角形」（図5-3e）や「悪魔のフォーク」（図5-3f）などの**不可能図形**がある。それらの絵は部分的には解釈可能であるが，全体として見ると矛盾が生じている。また，異なる位置に対象を継時的に提示すると，実際にはない運動が知覚される現象である**仮現運動**や，ある方向へ動く対象を見続けた後に静止した対象を見ると，逆方向に動いて見える現象である**運動残効**（滝の錯視ともいわれる），また対象や自分は静止しているのに周囲のものが動くと，対象や体の運動が知覚される現象である**誘導運動**あるいはベクションと呼ばれる現象などもふくまれる。

　最後に虚構としてあげられる錯視は，イタリアの心理学者**カニッツァ** (Gaetano Kanizsa) が見出した物理的には存在しない輪郭がくっきりと見える**主観的輪郭**（図5-3g）や，覆い隠されたものを完全なものとして見る**非感覚的補完現象**（図5-3h，「B」が見える）があげられよう。

　グレゴリーはさらに，錯視の原因がどのレベルにあるかに注目して，物理的（光学的）錯視，生理学的錯視，トップダウン的（知識的）錯視，知覚的規則に甚づく錯視に分類しているが，錯視の原因をある一定レベルに還元することは困難であるとして，このような分け方には反対の意見もある。

不可能図形
(impossible figure)

仮現運動
(apparent motion)
運動残効
(motion aftereffect)

誘導運動
(induced motion)

カニッツァ
(Gaetano Kanizsa)

主観的輪郭
(subjective contour)
非感覚的補完現象
(amodal completion)

まとめ

　感覚のはたらきによってキャッチされた情報は，バラバラに処理されるのではなく，秩序ある全体として情報量を減らしたり，3次元の外界を復元するために，知覚体制化とよばれるはたらきによって統合される。星々を見慣れた対象物をあらわす星座として知覚することによって，星空の観察はとても容易になる。多くの錯覚現象も，知覚がエラーを起こしたわけではなく，知覚体制化が強くはたらいたためと理解できる。

参 考 図 書

グレゴリー，R. L.（著）近藤倫明・中溝幸夫・三浦佳世（訳）(2001). 脳と視覚―グレゴリーの視覚心理学　ブレーン出版

カニッツァ，G.（著）野口　薫（訳）(1985). 視覚の文法―ゲシュタルト知覚論　サイエンス社

メッツガー，W.（著）盛永四郎（訳）(1981). 視覚の法則　岩波書店

sensation, perception, and cognition

第6章 多感覚の統合

河地 庸介

光と音が同じ発信源から来たとわかるのはなぜか

§6. 多感覚の統合

本章で解決する謎

「光と音が同じ発信源から来たとわかるのはなぜか」

　日々の生活の中で，テレビ，PC，スマートフォンなど様々な媒体を介して動画像に触れる機会は多い。特に意識することもなく，また努力することもなく，媒体から届けられる光と音は同じところから来るものだとわかる。しかしながら，第4章で述べたように，光と音は別々の感覚器官で電気信号に変換され，異なる脳部位で処理される。それにもかかわらず，同じ発信源からのものだと判断できるのはなぜだろうか。この章では，光と音の情報をどのように組み合わせて感じ取っているのかについて種々の錯覚を紹介するとともに概観していく。

■異種感覚からの情報をまとめ上げるという問題

　第4章でも見た通り，心理学や脳科学における多くの感覚・知覚研究では，視覚，聴覚等のように単一の感覚を取り上げることが多い。事実，視覚刺激（光）や聴覚刺激（音）は異なる感覚受容器で電気信号に変換された後，情報としての電気信号は脳に伝達され，様々な処理がなされる。しかしながら，我々の中で生じる主観的な体験は特定の感覚（例えば，視覚）のみに限定されていることはほぼない。それだけに，脳内で別々に扱われてきた異なる感覚の情報がどのようにしてまとめ上げられて，主観的体験が生まれるのかという問題は，人の感覚・知覚を理解する上で検討されなければならない重要な問題である。実際のところ，**多感**

多感覚統合（または相互作用）
(multisensory integration/multisensory interaction)

覚統合（または相互作用）に関わる研究は心理物理学や実験心理学が確立されるよりも前から指摘されていた (Brewster, 1839)。凹んだ物体（例えば，彫られた印鑑）を光学的に左右反転させると，凹んだ部分が突き出ているように感じられ，物体に触れさせて触覚的に凹んでいる物体の情報を与えていてもこの錯覚は失われないことが報告されている。この例は，視覚と触覚情報の統合において視覚情報の影響が非常に強いことを示しており，その後も以下に述べる腹話術効果，マガーク効果など現在も多くの研究で使われる現象が報告された。他方で，通過・衝突錯覚，ダブルフラッシュ錯覚等の様々な興味深い現象が報告され，いつでも視覚情報が優先されるわけではないこと，そして視覚以外の感覚間統合についても研究が数多く報告されるようになった。

■種々の多感覚統合現象

　数多く報告されている多感覚統合現象のうち，代表的なものを概観していく。

　多感覚統合，なかでも視聴覚統合研究の端緒ともいえる現象が

腹話術効果
(ventriloquism effect)

腹話術効果であり，視覚刺激と聴覚刺激が同時に提示されると，聴覚刺激の空間的位置が視覚刺激の空間的位置に引き付けられる形で知覚される。この現象は，腹話術師が口を動かさないように声を出す一方で，腹話術師が手で人形の口を動かすと，あたかも人形から声が出ているように感じる腹話術に似ていることからこのように呼ばれている。同様に視覚刺激が聴覚刺激の知覚に影響を

マガーク効果
(McGurk effect)

与える現象として**マガーク効果**がある (McGurk & MacDonald, 1976)。例えば，/ba/ という音を，/ga/ という音を発するときの口の動きを示す動画像と一緒に提示すると，/da/ という音に聞こえるといった現象である。すなわち，聴覚的な発声がそれと一致しない視覚的な発声とともに提示されると，別な聴覚的な発声であるように感じられるといったように，聴覚刺激の知覚が視覚刺激によって歪められる現象といえる。

通過・反発錯覚
(stream/bounce illusion)

　　上記までの現象とは異なり，聴覚刺激が視知覚を変容させる現象もあり，代表的なものとして図6-1の**通過・反発錯覚**がある(Sekuler et al., 1997)。視覚刺激としてコンピュータ画面上に2つの物体が交差するような運動軌道をもつ刺激が提示されると，多くの場合（8割程度）2つの物体が通り抜けるように知覚される。2割程度は2つの物体が跳ね返るという知覚をする。しかしながら，この2つの物体が交差するタイミングで，数十ミリ秒程度の

図6-1　通過・反発錯覚

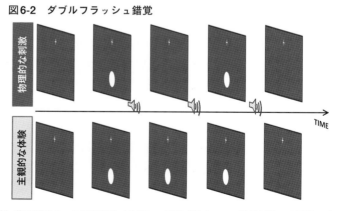

注）図中の矢印は2つの黒い円の物理的な運動方向，点は凝視点を示している。2つの円が交差したところで数十ミリ秒程度の短い音を呈示すると，2つの円が反発してもとの位置に戻るような運動が観察できる。

図6-2　ダブルフラッシュ錯覚

注）物理的な2つの視覚刺激（白円）の直前直後と2つの視覚刺激の時間的な中間地点で短い音を提示すると，主観的には3つの白円が知覚される割合が高まる。

ビープ音を提示すると反発知覚が優勢となる。また，通過・反発錯覚は知覚の質・内容が変わる現象であるが，**ダブルフラッシュ錯覚** (Shams et al., 2000) では知覚の量的な変化が生じる（図6-2）。コンピューター画面に2回フラッシュを提示する際，フラッシュとほぼ同時に，さらにフラッシュとフラッシュの間に，計3回の音刺激を提示すると，物理的には2回のフラッシュが3回以上のフラッシュがあったかのように知覚される。

　なお，ここでは視聴覚統合に関する現象に絞って紹介したが，視聴覚統合ほどではないものの触覚，嗅覚，味覚等の他の感覚の組み合わせに関する研究も刺激提示装置の発展等に伴って近年盛んに行われている。

■多感覚統合のモデル

　当初は視覚を含む多感覚統合が考えられることが多く，**視覚優位**と考えられてきた。しかし，研究が進むにつれて，空間判断に関わる課題は視覚が他の感覚に与える影響が大きく，時間判断に関わる課題は聴覚が視覚を含め，他の感覚に与える影響が強いことがわかってきた。そこで ウェルチとウォーレン (Welch & Warren, 1980) が提唱したのが，課題によって信頼するのが適切になる感覚モダリティが異なると考える**モダリティ適切性仮説**であった。しかし，この仮説に従わない形で視覚優位となる現象も報告され，また視覚情報の強度が弱められた場合には，通常視覚優位となる現象が生じないなどの報告がなされた。これらの知見を含めて包括的に説明するとされ，現在主流となっているモデルが**最尤推定モデル**である（Ernst & Banks, 2002; Ernst & Bülthoff, 2004; 田中，2019）。このモデルでは，ある物理的な刺激量を多感覚を使って推定するという問題を設定している。そして，各々の感覚から推定された刺激量がどの程度信頼できるかを考慮し，信頼できる推定量には大きく重みづけをして，諸感覚からの重みづけた推定量の和をとったものこそが多感覚による最適な推定量と

ダブルフラッシュ錯覚
(double flash illusion)

視覚優位
(visual dominance)

モダリティ適切性仮説
(modality appropriateness
hypothesis)

最尤推定モデル
(maximum likelihood
estimation (MLE)
model)

なるとしている。なお，ここでいう信頼（性）とは，推定量の変動が少ないことを意味する。このモデルにより，モダリティ適切性仮説により説明される現象，さらには当該仮説を逸脱するような現象についても柔軟に説明できると考えられている。

■多感覚統合が生じる条件

多感覚統合が生じる条件は，感覚刺激に起因する条件と観察者に起因する条件に大別される（これらは互いに密接に関連付けられるものであるが）(Welch & Warren, 1980; Spence, 2007; Chen & Spence, 2017)。前者の最たるものとして長年検討されているのが，時空間的な近接性である。すなわち，多感覚情報が時間的かつ空間的に近いところで発生すると統合されやすいということである。事実，本章で紹介した現象はいずれも一定の時空間窓（範囲）の中で近接した形で刺激が与えられなければ生じないことが知られている。他方で，例えば飼い犬とその独特な声といった特定の感覚情報の組み合わせ等に関する観察者固有の経験や，各感覚情報が共起しやすいか否かといったより一般的な経験もまた多感覚統合の生じやすさに影響すると考えられている。特にこれらの経験によって観察者の**一体性の仮定**とよばれる複数感覚からの情報が得られたときに1つのイベントによるものか否かの仮定の強さが変わり，多感覚統合に影響するとされる。

一体性の仮定 (unity assumption)

■単一の感覚刺激から生じる多感覚統合：共感覚

共感覚 (synaesthesia)

共感覚とは，ある1つの感覚が刺激されることで，別の感覚までもが刺激され，2つの感覚に関する主観的体験が得られる状態をいう。もっとも多いとされる共感覚現象としては色字共感覚が知られている。実際には黒字で書かれた文字であるにもかかわらず，その文字に色がついて見えるという具合である。多感覚に関連した有名な共感覚現象としては色聴があげられる。ある音を聞くだけで，すなわち聴覚が刺激されているだけにもかかわらず色

が見えるというように色覚までもが刺激されるわけである。ただし，色字や色聴にしても，個々人で現れ方はまちまちであり，また個人内でも色と文字，色と音の組み合わせがその時々で変化するという場合もある。このような共感覚の仕組みは現状よくわかっていないが，非共感覚者にはない神経回路が共感覚者にはあるとする説 (Ramachandran & Hubbard, 2001)，誰しも複数感覚が刺激されていると考えるものの，付随する感覚に対する抑制回路が十分に働いていないとする説 (Grossenbachner & Lovelace, 2001)，刺激により活性化される高次の概念が関与するという説 (Chiou & Rich, 2014) などが提案されており，ニューロイメージング研究も進んでいるが，現時点ではまだ統一的な見解は得られてはいない。また共感覚の機能的意味についても記憶成績が向上する等，種々述べられているもののわからないのが現状であり，今後の研究が待たれている。

まとめ

　多くの場合，時空間的に近接した視聴覚刺激は，各々の感覚に関する信頼性に基づいて重みづけされた上でまとめ上げられる。その際にはしばしば上述のような錯覚現象が生じうる。一方で，時空間的な近接性がやや乏しい場合，例えば花火等であっても視聴覚情報はまとめ上げられる。花火では，視覚情報として多くの光点がある種のパターンを形成しながら提示されるとともに，数秒の時間差の後に大きな爆発音が生じる。光の移動速度に比べて音の移動速度は遅いため，時空間的なタイミングは物理的に大きくずれている。しかしながら，光に比べて音は遅れて到達することを一般的な経験として知っている我々は花火の光と音に関する強い一体性の仮定をもつことで多感覚統合を実現し，まとまりのあるイベントを感じているものと思われる。このように多感覚統合は1つの要因だけで説明できるものではなく，要因が複数組み合わさることで説明できるものと考えられる。

参 考 図 書

Bertelson, P., & De Gelder, B. (2004). *The psychology of multimodal perception.* In C. Spence, & J. Driver (Eds.), Crossmodal Space and Crossmodal Attention (pp. 151–177). Oxford University Press.

Calvert, G., Spence, C., & Stein, B. E. (Eds.). (2004). *The handbook of multisensory processes.* MIT Press.

浅野倫子・横澤一彦 (2020). 共感覚: 統合の多様性（シリーズ 統合的認知). 勁草書房

sensation, perception, and cognition

第7章 注意の仕組みと働き

河地 庸介

注意をすることはいつもよいことか

§7. 注意の仕組みと働き

本章で解決する謎
「注意をすることはいつもよいことか」

多くの人々が様々な場面で「注意しなさい」と言われる。もちろんこれは何らかの危険があるからこそ言われているのであり，極力従うことが望ましいと思われる。反面，何かに注意することは何かに注意できないことを意味しないだろうか。この章では，代表的な注意研究の紹介を通して注意の働きを学ぶとともに，注意の裏側についても考える。

■注意とは

ジェームズ
(William James)

ジェームズ (William James) は，「誰でも注意が何かは知っている。」と述べた (James, 1890)。たしかに日常的な意味では分からない人は少ないだろう。とはいえ，学術的な意味での定義は簡単ではなく，現代の認知心理学の中でも種々の議論（特に注意と意識は同じものか否か）はあるものの (Iwasaki, 1993; Tsuchiya & Koch, 2007)，概ね，**注意**とは，環境内の様々な情報の一部を選び出して，その情報を優先的に処理することとされている。我々に備わっている種々の感覚器官には多くの刺激が与えられ，我々は様々な体験をするが，その刺激の全てを感じ取ることはできないため，注意によって一部の情報を選び出すことは非常に重要な適応戦略といえるだろう。

注意 (attention)

また注意は単に知覚すること（ここでは，見ること）と同じかというとそうではない。図の十字マークを凝視していても，その

図7-1　注意することと見えることの違い

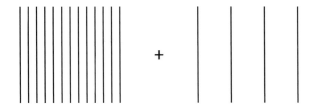

注）中央の十字をみながら左右の線分の数を数えてみよう。

マークの左右にある複数の線分ははっきり見えると思われる（図7-1）。しかしながら，左側の線分が何本あるかを答えることは1本1本に注意を向けなければ（目を動かしながら1本1本数えなければ）難しい (He et al., 1997)。このように，注意はその定義，そして他の心的機能との区別について様々な検討がなされながら，認知心理学の中でも大きな研究領域として現在発展している。

■注意に関わる代表的な研究

両耳分離聴実験　カクテルパーティー等のように複数の話者が話をしている環境下であっても，特定の話者の話に注意を向けることで，聞き分けることができる現象を**カクテルパーティー効果**という。チェリー (Cherry, 1953) は，実験参加者の両耳に異なる人の異なる話を同時に聴かせて，その内容を再生するように求めた。その際，いずれかの耳の内容に注意を向けてもらうようにした。刺激提示後に注意を向けた側の内容を確認するために，実験参加者に**シャドウイング**，**追唱**してもらった結果，注意を向けた側はシャドウイングできるが，注意をしていない側の内容はシャドウイングできないことがわかった。このように特定の情報を選び出して処理する心の働きを**選択的注意**という。**ブロードベント** (Donald Eric Broadbent) はこのような注意の働きをフィルター（濾過器）に例えて考えていた (Broadbent, 1958)。上述の知見か

両耳分離聴実験
(binaural hearing)

カクテルパーティー効果
(cocktail party effect)

シャドウイング
(shadowing)
追唱

選択的注意
(selective attention)
ブロードベント
(Donald Eric Broadbent)

早期選択説
(early-selection theory)

後期選択説
(late-selection theory)

先行手がかり法を用いた実験
(cueing method)

空間的注意
(spatial attention)

ら，選択的注意による情報の選択は意味処理よりも前の段階で行われているとする**早期選択説**が唱えられた。しかしながら，その後の研究で，注意をしていない側の耳であっても，参加者の名前が提示された場合には，3割程度の参加者が自分の名前に気がつくことが示された (Moray, 1959)。このことから，情報の選択は全ての刺激情報の意味処理がなされた後に，刺激の重要性に基づいて生じるとする**後期選択説**が唱えられた (Deutch & Deutch, 1963)。現在では，注意は情報処理過程の様々な段階に影響を及ぼすと考えられ，二者択一的な議論はされなくなり，早期・後期選択される状況を予測できるモデルの提唱へと議論が移行している。

　先行手がかり法を用いた実験　コンピューターディスプレイの左右のいずれかに提示する標的をできるだけ速く正確に検出し，対応するボタンを押すという課題を行うとする。このとき，標的に関する情報（例えば，標的の位置）を手がかりとして標的の前に提示する。図7-2のように中立条件では手がかり画面中央に十字図形が提示され，テスト画面における左右の枠のいずれに標的刺激（＊）が提示されるかは予測することができない。他方で，一致条件では手がかり画面中央に矢印が提示され，その後の標的刺激が提示される位置を正しく予測するものとなっている。不一致条件では手がかり画面の矢印が標的刺激の位置とは逆方向を指すものとなっている。ここで3条件のボタン押しまでの反応時間を比較すると，中立条件に比べて一致条件では反応時間が短くなり，不一致条件では反応時間が延長する (Posner et al., 1978)。このような注意は選択的注意の中でも**空間的注意**と呼ばれ，スポットライトに例えられる。すなわち，空間内を移動させることが可能な注意のスポットライトが特定の空間位置に向けられると，当該位置の情報の分析が促進されるという具合である。

　ただし，手がかりが提示されてから標的が提示されるまでの間

図7-2　先行手がかり法

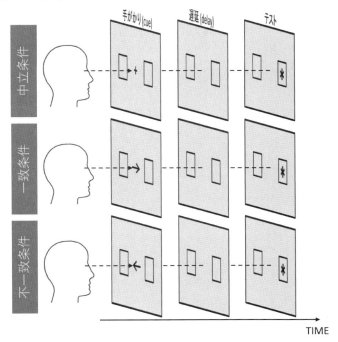

注）破線は実験参加者の視線方向を示す。3つの条件の違いは手がかり部分にあることに注意してほしい。

図7-3　単一特徴・結合特徴に基づく視覚探索

単一特徴（輝度）　　　結合特徴（輝度と傾き）　　　単一特徴（傾き）
による探索　　　　　　による探索　　　　　　　　による探索

注）一般に単一特徴に基づく視覚探索は注意を必要としないとされるが，結合特徴に基づく視覚探索は個々の刺激に対して空間的注意を移動させる必要があると考えられる。

復帰抑制
(inhibition of return)

に200ミリ秒以上の時間間隔が空くとかえって反応時間が遅くなる現象も知られている。これを**復帰抑制**という (Klein & Ivanoff, 2008)。すなわち、一度注意を向けて優先的に処理が行われた領域には、その後標的が提示されたとしても再度注意を向けるのにやや時間を余計に必要とするということである。

フランカー課題
(flanker task)

　フランカー課題　実験参加者に「ＨＨＨＨＨＨＨ」あるいは「ＨＨＨＳＨＨＨ」のような刺激が瞬間提示される。そして実験参加者は中央に提示されたアルファベットが何であるかをできるだけ速く正確に同定する課題を行う。すると、すべてのアルファベットが同一である場合に比べて、周囲と中央のアルファベットが異なる場合に反応時間が延長する (Eriksen & Eriksen, 1974)。この課題によって、中央の必要な情報にのみ注意を集中させてノイズとしての周囲のアルファベットを無視する能力を測定することができる。また、アルファベット間の距離を広げて反応時間の延長効果がみられる空間範囲を特定することで空間的な注意のスポットライトの大きさを推定することもできる。

視覚探索実験
(visual search)

　視覚探索実験　標的刺激と複数個の妨害刺激を同時に提示し、探索に要する時間を測定する実験課題である。図7-3のように標的刺激が単一の特徴（輝度もしくは傾き）のみによって定義されている場合は、注意を要さずに探索できると考えられ、探索時間が刺激数に関わらず一定となる。特に、標的刺激が瞬間的に目に

ポップアウト (pop-out)

とびこんでくるように感じる現象を**ポップアウト**という (Treisman, 1985)。他方で、標的刺激が複数の特徴（輝度と傾き等の組み合わせ）によって定義されている場合は、個々の刺激に注意を向ける必要があると考えられ、探索時間は刺激数に応じて遅延し、正答率が低下する。

トリーズマン
(Anne Marie Treisman)

　関連して、**トリーズマン** (Anne Marie Treisman) は、物体に属する複数の特徴は脳内ではばらばらに処理されるものの、特定の空

特徴統合理論
(feature integration
theory)

間位置に注意を向けることでそれらの特徴を適切に結び付けて知覚することができると考える**特徴統合理論**を提案した (Treisman &

Gelade, 1980)。この理論は様々な指摘はありつつも，現在でも有力な理論の1つとして研究動向に影響を与え続けている。

連続遂行課題
(continuous performance test)

連続遂行課題　この課題では1秒間に1つ程度の刺激（アルファベットや数字）を連続的に提示し，標的刺激（アルファベットのXなど）が提示された時のみボタン押し等の特定の反応をするということを数分にわたり行う (Rosvold et al., 1956)。本課題で測定される注意は，上述までの課題で測定される一過的な注意

持続的注意
(sustained attention)

とは対照的に**持続的注意**と呼ばれている。

■注意を向けられる対象と注意の種類

先に空間内の特定の範囲に向ける注意として空間的注意を紹介したが，この他にも注意を向けられる対象として特徴や物体があげられる。

特徴ベースの注意　様々な視覚情報のうち，特定の特徴だけを

特徴ベースの注意
(feature-based attention)

優先的に選択し，処理することを**特徴ベースの注意**という。

特徴ベースの注意は視覚探索課題を用いた研究で検討されることが多い。古典的な研究として，トリーズマン (Treisman, 1988) の研究が挙げられる。提示される刺激の中で1つだけ異なる色のものを探索するように求められたとき，または提示される刺激の中で1つだけ色，方位，あるいは大きさのうちの1つだけ異なるものを探索するように求められたとき，後者では反応時間が長くなる。つまり，標的の特徴に関する先行知識によって特定の特徴にだけ注意を向けることができるのであれば（空間的注意はどちらの探索でも同様と考えられる），前者において成績が向上し，反応時間が短くなるということである。

物体ベースの注意　注意は空間，特徴のみならず，物体にのみ向けることも可能である。**カーネマン** (Daniel Kahneman) らの

カーネマン
(Daniel Kahneman)

研究が最も顕著にその効果を表している (Kahneman et al., 1992)。図7-4のように2つの物体（正方形と三角形）の中にアルファベットを提示し，アルファベットのみを画面から消し，物体を別な空

図7-4　Kahnemanらによる Object Reviewing パラダイム

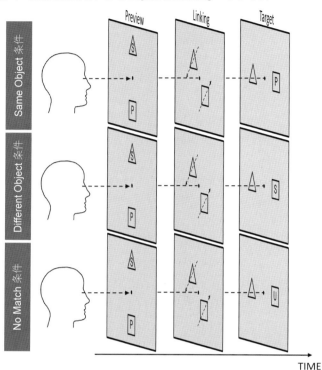

注）Preview 画面において複数の物体とその中の情報（アルファベット）を提示し，Linking 画面において物体の位置を動かす。Target 画面において，実験参加者は提示された情報の同定をできるだけ速く正確に行う。一般に same object 条件で反応時間が最も短くなるという結果が得られる。

間位置へと移動させる。そして移動した先にある物体のいずれかに初めと同じアルファベット，異なる物体に提示されていたアルファベット，あるいは初めには提示されていなかったアルファベットを提示する。参加者はできるだけ早く正確にアルファベットを呼称するように求められた。すると，先に提示されていたのと同じ物体の中に同じアルファベットが提示されていると反応時間が短くなることがわかった。単純に空間的注意というだけであ

れば，異なる物体に提示されていたアルファベットに対しても同様の反応時間となるはずである。結果，物体の移動に併せて注意が移動したと考えなければ説明できないわけである。このように様々な視覚情報のうち，特定の物体に追従する形で優先的に処理することを**物体ベースの注意**という。

物体ベースの注意
(object-based attention)

■注意を向けることはいつもよいことか

両耳分離聴実験でも示されているように，片側の耳の情報に注意をして聞き取る課題を行っている最中に，もう一方の耳の情報を聞き取るという**二重課題**を行うことは難しい。すなわち，環境内のある情報にだけ注意を向けることは，同時に他の情報には注意を向けにくい状態になることを意味するともいえる (Chun & Marois, 2002)。このことを如実に表す現象として，**非注意による見落とし** (Simons, 2007) が挙げられる。非注意による見落としとは，注意が別の課題や事象や対象に向けられていると，はっきりと見ることができるものの，予期していなかった対象物には気が付かないという現象をいう。背景にあるメカニズムは異なると考えられているが，通常であれば容易に気がつくであろう大きな環境の変化に気がつくことができない**変化の見落とし**も関連する現象と考えられる。他方で，注意の時間的な側面に着目した見落とし現象として，**注意の瞬き**という現象もよく知られている。この現象では複数の標的刺激が短い時間の中で経時的に提示されると，1つ目の標的は正しく検出して報告することができるが，2つ目の標的刺激を正しく報告できなくなる（河原，2003）。このように，何かを意識的に体験するには注意が必要である場合が多いとともに，何かに注意を向けて体験することは同時に何かを見落とすことになる場合が多いこともわかる。

二重課題 (dual task)

非注意による見落とし
(inattentional blindness)

変化の見落とし
(change blindness)

注意の瞬き
(attentional blink)

まとめ

　両耳分離聴，先行手がかり法，視覚探索等，種々の巧みな実験計画により注意の有り様はつまびらかにされてきた。なかでも初期の選択的注意の研究を発端として，注意がある空間に，ある特徴に，ある物体にのみ選択的に向けられることが示され，環境からの情報を効率よく処理し，適応的な行動を促すためにいかなる影響を与えるのかが検討されている。このように注意は我々の日常生活に欠かせない有益なものであるという側面が強い。一方で復帰抑制，二重課題による課題成績の低下，種々の見落とし現象に見られるように，何かに注意を向けているからこそ注意を向けられなくなる例が多くある。以上のように，注意をすることは同時に何かに注意しない・できない状況を作りうるということを心に留めておくことは，研究のみならず，適応的な日常生活を送るためにも重要なことと思われる。

参 考 図 書

河原純一郎・横澤一彦 (2015). 注意　勁草書房

原田悦子・熊田孝恒・篠原一光（編）(2013). 第3部　注意　日本認知心理学会（編）認知心理学ハンドブック　有斐閣ブックス

sensation, perception, and cognition

第8章 心理物理学

河地 庸介

見え方や聞こえ方を数値で表すには

§8. 心理物理学

本章で解決する謎
「見え方や聞こえ方を数値で表すには」

　光や音をどのように感じるかは人それぞれであって，感じ方を数値化することはできないと多くの人は思うかもしれない。実際そういった側面はあるだろう。反面，光や音を感じたらボタンを押すという課題は誰でも同じように行うことができ，光が強く，あるいは音が大きくなったと感じれば，人によって多少の差異はあっても同様に光や音が強くなったと答えることができる。この章では，個々人に共通な見え方や聞こえ方の特徴を利用して刺激の感じ方を数値化する方法を紹介する。

■見え方や聞こえ方を数値で表すことはできるのか

　心を研究するとき，直接的に心を見たり，聞いたり，触ったりして測定することができるわけではない。そのため，実験参加者に刺激を提示し，その結果得られる行動・反応を測定することで，心の仕組みや働き方について理解を進めていく。

　種々の物理量（例えば，光の強さ等）を操作しながら，我々の感じ方がどのように変化するかを主として内観法を用いて検討したのが**ヴント**であった。そしてこのヴントによる1879年の実験心理学研究室の創立が実験心理学の始まりとされる。しかしながら，我々が刺激を感じた大きさや強さなどを実験的かつ定量的に扱いはじめたという意味では，むしろ**フェヒナー**の**心理物理学**が先駆けである。

　フェヒナーは心理学者ではなく物理学者であるが，療養生活を

ヴント
(Wilhelm Maximilian Wundt)

フェヒナー
(Gustav Theodor Fechner)

心理物理学
(psychophysics)

送っていた1850年10月22日の朝，感覚の強さの等差数列的増加
は，物理的エネルギーの等比数列的増加に対応するという後述す
る**フェヒナーの法則**のもととなる着想を得たという。これこそが
心理物理学の始まりである。

フェヒナーの法則
(Fechner's law)

■閾という概念と心理物理関数

物理刺激（強度）と感覚の強さとの数学的関数関係の解明を目
指して確立された心理物理学では，生体の情報処理システムの基
礎として閾というものが仮定されている。閾とは，境界値の意味
であり，この境界値を超える強度の物理量が入力されれば，主観
的な体験が生じると考える。図8-1Aのように，横軸に刺激強度，
縦軸に刺激に対する特定の反応（「刺激が見える」や「ある刺激
よりも他の刺激の方が明るい」等）が生じる確率をとったグラフ，
心理物理関数を作成することを考えてみる。古典的な心理物理学
では，閾は刺激検出・弁別の可能と不可能という2つのレベルが
急激に（ステップ関数のように）切り替わる境界を示すと考えら
れていた。

閾 (threshold)

心理物理関数
(psychometric function)

しかしながら，日常生活においていつもと同じ刺激がいつも同
じように感じられるわけではない。ある時は閾に満たない非常に
弱い刺激強度であっても検出できるかもしれないし，ある時は閾
を超える非常に強い刺激強度でなければ検出できないかもしれな
い。しかしながら概ね平均的に検出ができるようになる刺激強度，
すなわち閾というものがある。現在では，閾値の測定に伴う種々の
変動も閾値を変化させると考える。このようにして測定された生
体の情報処理システムの閾はある程度変化しており，その変化は
正規分布に従って確率的に変化すると考えられる（図8-1B）。物理
刺激量が閾値を超えれば反応が変わる，そして閾は確率的に変動
する，ということを考え合わせると，最終的な心理物理関数はS
字曲線のようになり，概ね累積正規分布関数で表すことができる
（図8-1C）。

図8-1　古典的閾理論と心理物理曲線の導出

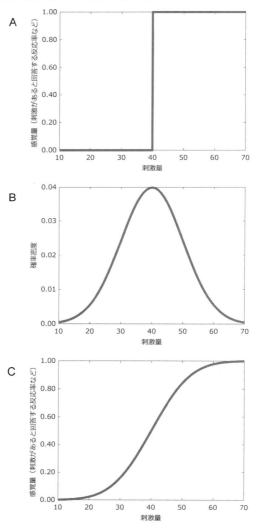

注）A）古典的閾理論では，ある瞬間に閾以上の刺激が与えられると急激に感覚量が変化するとされていた。B）閾はその瞬間毎に正規分布に従ってその位置が変化する。C）AとBを考え合わせた結果としてS字型の心理物理関数が得られる。

この心理物理関数から，刺激の存在を検出できる場合とできない場合の境目となる刺激強度である**絶対閾**，2つの刺激の強度が異なると判断するのに最低限必要となる刺激強度の差異である**弁別閾**，2刺激の強度が等しいと判断するときの刺激強度である**主観的等価点**等の情報処理能力の限界を表す物理量が推定される。

絶対閾
(absolute threshold)

弁別閾
(differential/
discriminative threshold)
主観的等価点
(Point of Subjective
Equality, PSE)

■心理物理学的測定法

フェヒナーが考案し，その後改良が施されて確立された心理物理学的測定法は3つに大別される。**恒常法**では，実験者が事前に決めた4〜7段階程度の刺激強度の刺激をランダムに選んで，各刺激につき20〜100回程度実験参加者に提示し，参加者はその都度刺激が「見える」もしくは「見えない」，右の刺激は左の刺激よりも「明るい」もしくは「明るくない」等の「Yes」か「No」の形で回答する。横軸に刺激強度，縦軸に反応率をとった心理物理関数から閾値を推定する。推定の詳細は成書にて確認されたい（村上，2011; Kingdom & Prins, 2010; Wichmann & Hill, 2001）。

恒常法
(method of constant
stimuli)

調整法では，提示された刺激の強度を実験参加者が自ら変化させて刺激をかろうじて検出できる強度にすることで刺激閾を，異なる強度をもつ2つの刺激のいずれかを変化させて同じ強度に揃えるといった形で主観的等価点を測定することができる。調整法は最も簡便かつ，実験参加者自身が何を行っているのかの状況を把握しやすい測定法といえる。

調整法
(method of adjustment)

極限法では，実験者は試行ごとに強度が徐々に増加または減少していく刺激（系列）を提示し，強度が変わるたびに実験参加者は恒常法と同様に「Yes」か「No」の形で回答する。そして，実験参加者の反応が変化したところで当該刺激系列の提示を終了するという形で閾値を測定する方法である。閾値が存在していそうな強度に集中して刺激提示できるため，効率のよい測定法である。

極限法 (method of limits)

以上のように，調整法と極限法は恒常法より効率よく閾値測定ができるが，閾値近辺の刺激が提示されるまで実験参加者は同じ

慣れの誤差
(errors of habituation)

期待の誤差
(errors of expectation)

Yes/No法
(Yes/No method)

強制選択法
(alternative forced choice method)

反応を繰り返すことになり，結果閾値に達しても同じ反応を数試行にわたって続けてしまうという**慣れの誤差**が生じる可能性がある。また実験参加者は刺激がどのように変化するかを容易に予測できるため，閾値に対応する刺激に到達する前に反応を変化させてしまう**期待の誤差**が生じる可能性がある。近年，これらの誤差の問題を解決してより精度の高い閾値推定を可能にするための適応法（実験参加者の反応履歴をもとに次に提示する刺激強度を変えて測定する方法）が開発されている。詳細は成書にて確認されたい（村上，2011; Kingdom & Prins, 2010）。

■測定上の歪み（バイアス）と強制選択法

　上述までは，提示された刺激が見えたか否かや2つの刺激間に違いがあるか否かについてYesかNoで答える**Yes/No法**と心理物理学的測定法を組み合わせる形で述べてきた。このYes/No法では，実験参加者が刺激は見えるはず等の予見をもっていると，その予見がYes反応の増加という形で結果に反映されてしまう。すなわち実験参加者の予見や判断基準によって結果が歪められやすいことを意味する。他方で，**強制選択法**では，1試行につき2つの刺激（標的刺激とブランク刺激の場合もある）が時間的もしくは空間的にずらして提示され，いつ（前後），もしくはどこ（左右・上下）に標的が含まれていたかを選び出す。このとき，実験参加者が刺激は見えるはず，違いはあるはず等の予見や判断基準をもっていたとしても，時間的な前後の判断や空間的な左右上下にあるか等の判断では，前とばかり答えたり，左とばかり答えるといった状況にはならない。実際に見えていない，違いが判らない場合は当て推量で答える他ないため，反応が正答になる確率はコインを投げて表になる確率と等しくなる。このため強制選択法は判断基準非依存の方法と考えられる。ただし，強制選択法であっても，特定の場所や時刻の刺激を選ぶという反応バイアスはありうるため注意は必要である。

■ウェーバー＝フェヒナーの法則

　フェヒナーは，主観的な感覚の大きさと感覚刺激の物理的な量を数式の形で結び付けることを考えた。この試みは，主観的な感覚の大きさに対応する物理的な量・数値を割り当てることができるものさし・基準を作ることをも意味する。そこで生まれたのがフェヒナーの法則である。フェヒナーの法則は，弁別閾に対する標準刺激の比が一定となる**ウェーバーの法則**を拡張したものである。このウェーバーの法則は，$\triangle x$ を弁別閾とし，標準刺激を x としたとき，$\triangle x/x=c$（この c を**ウェーバー比**という）と表され，c が一定となるとするものである。ここで考えたいのは，弁別閾はわれわれの主観的な感覚の大きさを反映する値の1つであるが，物理量であるため，ウェーバーの法則は物理量についてのみ記述したものともいえることである。そこでフェヒナーはウェーバーの法則を拡張して，物理量と主観的な感覚の大きさとの関係を説明することを考えたわけである。弁別閾を単位として，弁別閾の大きさ（標準刺激が大きくなれば弁別閾も大きくなる）に関わらず，弁別閾に対応して得られる感覚量（**丁度可知差異**）の増加は一定であると考えた（ただし近年は，弁別閾と丁度可知差異は区別なく用いられている）。ある標準刺激 (std) に弁別閾（$\triangle x_1$）分だけ刺激量を増大させることで，一定の感覚量の増大が生じる，言い換えれば1単位分の丁度可知差異が増えるという状況を考える。そして今度は std+$\triangle x_1$ を新たな標準刺激と仮定すると，ウェーバーの法則に基づき，刺激量が増加した標準刺激（std+$\triangle x_1$）の分だけ弁別閾（$\triangle x_2$）も大きくなる。そしてこの標準刺激 std+$\triangle x_1$ に $\triangle x_2$ を加えることで感覚量が増えるが，この感覚量の大きさである丁度可知差異は std に $\triangle x_1$ を加えて得られる丁度可知差異と変わらないとフェヒナーは考えた（図8-2）。この仮定から，感覚量は刺激強度の対数に比例する関係にあるとするのがフェヒナーの法則である。なお，現在では，この法則は中程度の刺激範囲でしか成立しないことが知られているが，フェヒナーの感覚量と物

ウェーバーの法則
(Weber's law)

ウェーバー比
(Weber's fraction)

丁度可知差異
(just noticeable
difference, j.n.d.)

図8-2　フェヒナーの法則

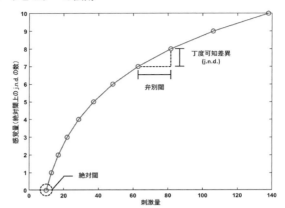

注）ウェーバーの法則を拡張したものであることから，ウェーバー＝フェヒナーの法則とも呼ばれる。

理量を関連づけるという研究の方向性は現代の心理学でも多大なる影響力をもっている。

■新たな心理物理学と信号検出理論に基づく測定

　心理物理学におけるYes/No法や新たに導入された強制選択法のように直接的には感覚量を答えさせることのない測定法とは異なり，人は自分の感覚の大きさを直接，数値表現できるという考えのもと**スティーブンス**は新心理物理学を提唱し，様々な感覚刺激の感覚量を直接数値の形で報告するように求める**マグニチュード推定法**という測定法を考案した。そして感覚量は刺激強度のベキ関数として表現できるとした（**スティーブンスのベキ法則**）。なお，マグニチュード推定法の適用範囲は感覚刺激の感じ方にとどまらず，社会的事象（例えば，犯罪の重大さ）の感じ方にまで及び，現実場面での様々な体験を定量化するために現在も活用されている。

　他方で，実験参加者の検出・弁別課題のデータについて，刺激

スティーブンス
(Stanley Smith Stevens)
マグニチュード推定法
(magnitude estimation method)
スティーブンスのベキ法則 (Stevens's power law)

に対する検出・弁別感度に加えて，参加者が特定の反応をするように傾いている程度である反応バイアスの2つを仮定して理解しようとする**信号検出理論** (Tanner & Swets, 1954) に基づく測定が

信号検出理論 (signal detection theory, SDT)

新たに登場した。SDT においては，刺激を検出する課題における「刺激あり」という反応は必ずしも感覚量の大きさや感度の高さを表すとは限らないとする。そして感覚量が小さくても参加者がもっている判断基準を超えてさえいれば「刺激あり」反応が生じると考える。実験においては標的となる刺激が提示される試行と提示されていない試行を設定し，参加者の反応をヒット Hit（標的あり試行で「信号あり」），誤報 False Alarm, FA（標的無し試行で「信号あり」），正棄却 Correct Rejection, CR（標的無し試行で「信号なし」），ミス Miss（標的あり試行で「信号なし」）の4つに分類する。特に Hit 率と FA 率から，標的あり試行における標的に対する感覚量と標的なし試行における標的に対する感覚量の確率分布を推定し，両分布の距離が離れているほど感度が高いとする。この両分布の距離の測度を d'（ディープライムと読む）という。他方で反応バイアス指標 (C, Criterion) は，FA 率から求められた判断基準の位置から，上記の両確率分布の交点（d' を2で割った値であり，反応バイアスがない状態）を引いた差分として求められる。これら分布の推定および評価方法については成書にて確認してほしい。なお，この信号検出理論は知覚実験にとどまらず，記憶実験を始めとして様々な心的過程に関する研究に多用されている。

まとめ

　人の見え方や聞こえ方は光や音の物理的な量が大きくなるにつれて大きくなるという一般的な特性を生かして，刺激の感じ方を数値で表す代表的な方法として心理物理学的測定法があることを紹介した。フェヒナー由来の心理物理学的測定法では，参加者は様々な強度の刺激についてYes/No法，強制選択法で刺激の有無や弁別を行うのみであり，感覚量を直接的に表現することはない。心理物理関数を描き出す等して感覚量を物理的な刺激の量（閾値など）の形で間接的に表していく。他方で，同様の一般的特性に基づきながらもスティーブンスのマグニチュード推定法のように感覚量を直接的に数値表現できると考える測定法もある。いずれにしても研究目的に合わせて適切な測定法を選び，また測定には種々の測定上の歪みが生じることを考慮して利用していくことが重要である。

参 考 図 書

Fechner, G. T. (1966). *Elemente der Psychophysik.* (Translated by H. E. Adler), *Elements of psychophysics volume 1.* Holt, Rinehart and Winston.

Gescheider, G. A. (1997). *Psychophysics: The fundamentals.* Lawrence Erlbaum Associates.（ゲシャイダー，G. A. 宮岡　徹（監訳）(2002)．心理物理学　方法・理論・応用　北大路書房）

鹿取廣人・鳥居修晃（編）(2005)．心理学群像1　アカデミア出版

Lu, Z. L. & Dosher, B. (2014). *Visual psychophysics: From laboratory to theory.* The MIT Press.

learning and memory

第9章 学習と経験

「学習」とは何を意味するか

坂井 信之

§9. 学習と経験

本章で解決する謎

「「学習」とは何を意味するか」

　この章では「学習」を扱う。「学習」という言葉に対して，あなたはどのような印象を持つだろうか？「せっかく大学に入ったのに，また勉強の話か」と思われる方もいるかもしれないし，「自分は体を動かすことは不得意だが，知識は豊富にあるため，それでなんとか自信を持つことができた」など人それぞれ学習に対するイメージは異なるかもしれない。しかしながら，ここで扱う「学習」とは，「勉強して知識が増えること」だけを指すのではなく，「目の前にあるシャープペンシルを手に取る」という一見単純なことから，年齢を重ねて「おばあちゃんの知恵」を身につけていくことまで，関わっている。

■知覚学習

　ワインのソムリエ，香水の調香師など，非常に洗練された専門の職は，多くの人が憧れる一方で，「どうせ私にはなれない」という諦めの対象でもある。もちろん，ごく一部の天才と言われる人の中には，生まれ持った才能で，非常に簡単に，また卓越した技能を身につけることのできる人もいるだろう。しかしながら，安心してほしい。感覚機能に障害を持っていなければ，多くの人は学習することによって，ある水準までの感覚能力を身につけることは可能なのである。ではどのような学習をすればよいのだろうか。答えは**知覚学習**である。例えば，香りの例で述べると，多くの種類の

知覚学習
(perceptual learning)

香りを嗅いでいくうちに，香りの識別能力は高まる。もちろん，ただ単に香りにさらされているだけで良いのではなく，積極的にその香りを覚えるようにする必要はある。例えば，ソムリエがワインの香りを「草原を走る馬のたてがみのような香り」という表現をすることがある。香りの情報を香りのまま記憶するのは，記憶容量の限界上非常に難しいため，言語に置き換えて，たくさんの香りを記憶するという彼／彼女なりの工夫なのである。このように，感覚刺激を経験していくことで，知覚学習が進んでいき，識別能力が高くなるという事例は他にも多くの感覚で知られている。

■運動学習

子どもに「自転車ってどのようにして乗るの？」と聞かれると，言葉で説明するのは非常に難しい。また，プロ野球やサッカーなどでも，名選手が必ずしも名コーチにはならないことも周知のことであろう。このように，いわゆる体で覚える学習もある。この学習には大脳新皮質は余り関わらず，**大脳基底核**や**小脳**などで司られていると考えられている。この学習で習得された技能を蓄えておき，必要なときに思い出せれば，**手続き記憶**が獲得されたと見なすことができる。

大脳基底核
(basal ganglia)
小脳 (cerebellum)
手続き記憶
(procedural memory)

■古典的条件づけ

しわしわの梅干しを想像してほしい。思わずよだれがでてきただろう。梅干しを生まれて初めて見る人にはこのようなことは生じないが，梅干しの酸っぱい味を経験したことのある人では，意識しなくともこのような反応が生じる。このように過去の経験に基づき，ある刺激（感覚を引き起こすもの）に対して新しい反応が無意識のうちに形成されることを**古典的条件づけ**（レスポンデント条件づけとも）という。この現象を初めて記述した研究者の中に，**イワン・パブロフ**(Pavlov, I.P.)がいる。パブロフは胃液分泌機構の解明の業績が認められ，1904年にノーベル医学・生理学賞を授与されたロシアの生理学者である。彼は，胃液の分泌の

古典的条件づけ
(classical conditioning)

イワンパブロフ
(Pavlov, I.P.)

実験のために飼育された犬が，飼育者が入室しただけで唾液を分泌するという現象に気づき，研究対象とした。

　パブロフ（Pavlov, 1927 川村訳 1975）がイヌを対象におこなった実験を例にして，古典的条件づけについて説明しよう（図9-1）。実験者は最初にイヌにエサ（肉粉）を与えた。イヌはエサを与えられると，唾液を分泌することがわかった。次にイヌにメトロノームの音を聞かせた。するとイヌはその音に対して，耳をそばだてるような反応（定位反応）を示した。

図9-1　パブロフがおこなった古典的条件づけの概略

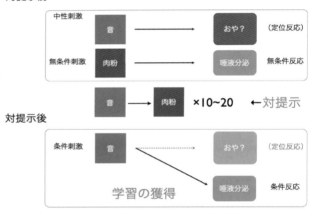

　それから，実験者はメトロノームの音を鳴らしながらエサをイヌに与えること（**対提示**）を何度もおこなった。すると，そのイヌはメトロノームの音を聞いただけで，唾液を分泌するようになった。

　イヌにとっては，肉粉は生まれつき唾液分泌を引き起こす重要な意味を持つ刺激であった。このように何らかの反応を生まれつき引き起こすような刺激を**無条件刺激**といい，無条件刺激によって引き起こされる反応を**無条件反応**という。一方，メトロノームの音は最初，定位反応を引き起こす刺激（中性刺激）でしかなかった。このように意味のある反応を引き起こすことのできない

対提示 (pairing)

無条件刺激
(unconditioned stimulus)
無条件反応
(unconditioned response)

刺激は，中性刺激と呼ばれている。

　ところが，メトロノームの音と肉粉とが対提示されると，メトロノームの音によって，肉粉が提示されたときの反応，すなわち唾液の分泌が引き起こされるようになった。このように，対提示によって，中性刺激だったものが，無条件反応と同一の，あるいは類似した反応を引き起こすことができるようになることを「条件づけられた」と定義している。メトロノームの音によって引き起こされる条件づけられた唾液の分泌を**条件反応**と呼び，条件反応を引き起こすようになったメトロノームの音を**条件刺激**と呼ぶ。

条件反応
(conditioned response)
条件刺激
(conditioned stimulus)

般化 (generalization)

分化 (differentiation)

　条件反応は条件刺激そのものでなくとも，類似している刺激によっても引き起こされる。このことは**般化**と呼ばれている。例えばパブロフの実験では，ある周波数のメトロノームの音や，ある音域の音叉を条件刺激とした場合では類似した別の周波数のメトロノーム別の音域の音叉によっても，条件反応が引き起こされている。一方，高音域の音叉ではエサがもらえるが，低音域の音叉ではエサがもらえないという区別を学習することを**分化**と呼んでいる。般化や分化によって事物をグループ分けすることは，条件づけの文脈に留まらず，概念形成や対人印象形成などでも見られる一般的な事象である。

　上に書いた条件づけが形成されたイヌに，エサを与えずにメト

図9-2　条件づけの獲得と消去の過程

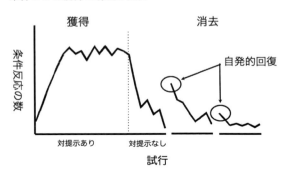

ロノームの音のみを聞かせたらどうなるだろうか。しばらくは音を聞く度に唾液を流すが，流す唾液の量は徐々に減っていき，最終的には音を聞いても唾液を流すことはなくなる。このように一度形成された条件づけがなくなることを**消去**と呼んでいる（図9-2）。ところが一度消去されたように見える条件づけが，しばらくすると再び見られるようになることがある。このことを**自発的回復**と呼んでいる。自発的回復については，後ほど述べる。

消去 (extinction)

自発的回復 (spontaneously recovery)

■オペラント条件づけ

　古典的条件づけは，学習の主体の意図とは関係なく，与えられた任意の二つの事象を結びつける学習である。一方，ヒトや動物は試行錯誤(trial and error)しながら，状況に応じた行動の修正を行なうこともある。このような学習はソーンダイク(Edward L. Thorndike)によって最初に研究された。その後，この学習はスキナー (Burrhus F. Skinner)によって体系化され，**オペラント条件づけ**（operant conditioning；道具的条件づけとも呼ばれる）と名付けられた。オペラント条件づけとは，学習の主体の意図的な行動の生起率を，**報酬**(reward)や**罰**(punishment)によって，変化させることを指す。ペットの犬のしつけを例にとって簡単に説明しよう（表9-1）。あなたの飼っている犬が無駄吠えをするので困っている。そこで，あなたの父親は犬が無駄吠えをする度に「うるさい」と叱ることにした。犬が望ましくない行動をとったときに，犬にとって嫌なことを与えるということを正の罰と呼んでいる。理論的には，このしつけで，犬は無駄吠えをしなくなるはずである。

オペラント条件づけ (operant conditioning)

報酬 (reward)
罰 (punishment)

表9-1　オペラント条件づけの報酬と罰の分類

報酬あるいは罰	行動の生起率が上昇	行動の生起率が下降
与える	**正の強化** （いいものを与える）	**正の罰** （嫌なものを与える）
取り除く	**負の強化** （嫌なものを取り除く）	**負の罰** （いいものを取り除く）

　一方，あなたの母親は，犬が大人しいときに「えらいね」とほめてご褒美のおやつをあげるようにした。犬が望ましい行動をとったときに，犬にとって好ましいものを与えるということは正の強化と呼ばれる。この場合，理論的には犬は大人しい行動を取るようになると考えられる。よく「アメとムチ」ということばでしつけが語られるが，それぞれアメは正の強化を起こすもの（正の強化子），ムチは正の罰を起こすもの（正の罰）の代表的表現だと考えることができる。

　さて，やんちゃなあなたの弟（妹）は，犬と一緒に遊んでいるときによく犬が嫌がることをする。特に犬が無駄吠えをしているときには，犬の首輪を引っ張ったり，犬の口を強く握ったりする。ところが，犬が大人しいとき（かつ弟や妹の気分が向いたとき）には，このような嫌な行動をすることはない。これも犬にとっては一つの条件づけとなり，負の強化と呼ばれている。犬が望ましい行動をしたときに，犬にとって嫌なことを取り除いてあげるということは，犬のその行動の生起率を上げることにつながる。

　ところがあなたの犬はこれらのしつけを受けても，いっこうに無駄吠えをやめなかった。心理学を勉強しているあなたが取った方法は，いつも仲良く遊んであげて，無駄吠えをしたときにのみ，遊びをやめるという方法であった。これも，オペラント条件づけの文脈から説明すると，犬が望ましくない行動をした場合，犬にとって好ましいものを取り上げるという負の罰に相当するしつけ方といえる。今，多くの動物病院などで採用されている無駄吠えや無駄咬みに対するしつけ方の多くは，この負の罰形式を採用している。

■学習の生物学的制約

　我々ヒトは，生存を脅かす事態に関する学習は速やかにおこなわなければならない。例えば，ある食べ物を食べたあとに，嘔吐をしたとしよう。そうすると，ヒトや他の雑食性の動物も同じよ

味覚嫌悪学習
(conditioned taste
aversion)

うに，その食べ物の味を記憶し，二度と食べようとはしない。このような学習を**味覚嫌悪学習**という。味覚嫌悪学習は基本的に古典的条件づけの特徴を備えているが，以下に示す独特の特徴も備えている。

一試行学習：他の古典的条件づけでは，数十〜数百の対提示が必要なのに対して，食物の味と嘔吐の対提示は一度で，強力な学習が獲得することができる。

長時間の遅延学習：古典的条件づけの多くは，条件刺激が持続する中で無条件刺激が提示されたときに，獲得されることが多い。しかしながら，味覚嫌悪学習では，条件刺激（食物）が提示された数時間後に無条件刺激（嘔吐）が生じても，強い学習が獲得される。

連合選択性：基本的に古典的条件づけでは，二つの独立する刺激の間に連合が生じる。しかしながら，味覚嫌悪学習では，条件刺激は食物の味で，無条件刺激は嘔吐などの内臓不快感である場合にのみ，獲得される。**ガルシア** (John Garcia)がおこなった実験 (Garcia & Koelling, 1966)では，視覚刺激や聴覚刺激と内臓不快感の連合，あるいは食物の味と痛覚の連合などは，味覚嫌悪学習と

ガルシア (John Garcia)

図9-3　ガルシアらによる味覚嫌悪学習実験の結果

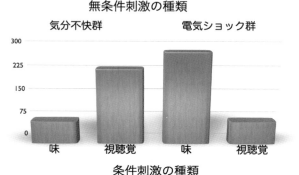

98

異なり，獲得されないことが証明されている（図9-3）。

　味覚嫌悪学習のこれらの特徴は生態学的に妥当である。食物を摂取したあとに，食物が消化・吸収されるが，毒物はこの消化・吸収の過程で現れてくることが多い。そのためには，摂取した味覚を消化・吸収が終了するまで覚えておく必要がある。そのため，味覚嫌悪学習には長期遅延の特徴が必須である。また，ある食物を摂取したあとに内臓不快感が生じるという経験を何度も経験しないと学習できない動物は，学習が完成するまでに死んでしまうこともあるだろう。そのため，一回の経験だけでも，十分に強い学習が獲得される必要がある。さらに，食物の持つ最大の特徴は味や香りであるし，食物摂取の結果に生じるのは満腹感や嘔吐などの内臓感覚である。そのため，味と内臓感覚の連合に特化しているのであろう。これらのことから，味覚嫌悪学習は生まれつき，その仕組みが備わっていると考えられる。考えてみれば，これらの特徴は生態学的に非常に理にかなっている。

■トラウマ

　先に述べた味覚嫌悪学習と同じように，恐怖の学習も比較的少ない試行で形成される。例えば，交通事故に遭ったことのある人は，しばらく時間が経った後でも，その場所の写真をみるだけでも，恐怖の感覚を思い出す。このようなことを一般的にはトラウマと呼んでいるが，正確には**PTSD**と呼ばれる。

PTSD
(post-traumatic stress
disorder)

ワトソン
(John Broadus Watson)

　PTSDの形成には古典的条件づけが関わっていると考えられる。今から約100年前に活躍したアメリカの心理学者の**ワトソン**(John Broadus Watson)が子どもを対象としておこなった恐怖の古典的条件づけを例にして説明しよう (Watson & Rayner, 1920)。ワトソンは，生後約 6 ヶ月のアルバート坊やに白ネズミを見せた。アルバート君は初めて見た白ネズミに興味津々で，積極的に触ろうとしていた。そのときに，アルバート君の後ろで，鉄の棒をハンマーで打ち付ける大きな音を鳴らした。するとアルバー

ト君は音にびっくりして泣いてしまった。白ネズミと大きな音の**対提示**を何度か繰り返すと，アルバート君は，白ネズミを見ただけで泣き出し，逃げるような行動をみせるようになった。アルバート君の白ネズミに対する恐怖は，毛のふさふさしたものに**般化**をみせ，熊のぬいぐるみやウサギ，ワトソンがつけた白ひげのお面などを見せられただけで，泣き出すようになった。

　PTSDにおいても，基本は同じような仕組みで，事故や事件に遭遇したときの場所や周りにいた人，状況などが**条件刺激**となり，そのときの恐怖がそれらに条件づけられてしまっているので，次に条件刺激を提示されたときに，強い恐怖が**条件反応**として生じると考えられる。

　PTSDは時間を置いたからといって自然に忘れられるものではない。そこで，上記の古典的条件づけで述べた**消去**の手続きをとることで，形成されたPTSDをなくす試みがたくさんおこなわれてきた。確かに一時的には消去が見られるが，多くの場合**自発的回復**も見られ，PTSDを持つ人の悩みを低減させることは難しい。現在では，症状や原因に合わせて**系統的脱感作**や**認知行動療法**などの方法を複合的に用いた治療がおこなわれることが多い。

系統的脱感作
(systematic
desensitization)
認知行動療法
(cognitive behavioral
therapy)

■しつけ

　学習現象の応用の一つに，子どもやペットのしつけが挙げられるだろう。このときに応用されるのが，し続けてほしいことをしたあとに報酬を，してはいけないことをしたときには罰をそれぞれ与える**オペラント条件づけ**である。

　ヒトは，自分で経験しなくとも学習することができる。例えば，子どもが二人いるとしよう。一方の子どもがよいことをしたのでほめると，もう一人の子どもも同じような行動をみせる。実際にほめたのは一人だけであるのに，もう一方の子どもは「このような行動をするとほめてもらえる」ということを学習したわけである。このような学習を**観察学習**という。観察学習については

観察学習
(observational learning)

バンデューラ (Albert Bandura) による実験が有名である。バンデューラはボーボードールと呼ばれる起き上がり風船人形を使って，ボーボードールに暴力を振るっている大人の映像を見た子どもは，ボーボードールと遊んでいる大人の映像を見た子どもに比べて，ボーボードールにより暴力的な行動を見せたと報告している (Bandura et al., 1961)。この実験から，ヒトは直接強化を与えられなくても，モデルの行動を観察するだけで，その行動の模倣をするようになることが理解できる。よく暴力的あるいは下品な番組や映画が，子どもを暴力的あるいは下品にさせるといったことが言われるが，これは観察学習の理論に基づいている。

まとめ

本章で述べたように，学習は身の回りで日常的に生じている現象である。学習は「頭を使う」ものばかりではない。体で覚える運動学習や二項目間の連合が自動的に獲得される古典的条件づけなど，むしろ無意識のうちに獲得されていることが多い広い現象である。この学習はこれからも形成され続ける。友人や家族，恋人との日常の一つ一つのやりとりが，あなたに学習を生じさせ，あなたの性格や行動を変化させるもととなっていることを理解してほしい。

参 考 図 書

今田　寛 (1996). 学習の心理学　培風館
木山幸子・大沼卓也・新国佳祐・熊可欣(2022). ライブラリ心理学の杜=7学習・言語心理学　サイエンス社
実森正子・中島定彦 (2000). 学習の心理　サイエンス社

learning and memory

第10章 記憶の仕組み

スマホに依存することの何が問題か

坂井 信之

§10. 記憶の仕組み

本章で解決する謎
「スマホに依存することの何が問題か」

　今手元にスマホがある人も多いだろう。もしそれを一日使わないでいるとしたら，どのようになるだろうか。「外部との連絡を取ることができない」「今日のスケジュールを確認することができない」「街中で迷子になってしまう」など，多くの問題が容易に想像できるだろう。ではそのスマホに頼ってしまっているあなたはどのようになってしまうだろうか？スマホに頼らない生活に戻ることができるだろうか？これらの問題について，本章では記憶を手がかりとして考えたい。

■記憶とは

　最初に心理学の分野での用語を整理しておこう。第9章「学習と経験」で述べたが，心理学では，普段の言葉使いとは異なり，「行動が変化する」ことを全て**学習**と呼ぶ。そのため，自転車に乗ることができる，ワインの味の違いがわかるようになる，犬を見ると怖くなる，など多くの行動の変化を全て学習と表現する。同じように，心理学で使う**記憶**は，普段私たちが使っている「もっと頭が良かったらなあ＝記憶力があったらなあ」ということではなく，学習したことを，覚え，貯めておいて，必要なときに思い出すことと規定する。この意味で使う時には，皆さんのような大学生の場合，個人による大きな違いはない。もし大きな個人差があるとすれば，認知症や脳の損傷などが原因の病的症状で，普通

学習 (learning)

記憶 (memory)

104

図10-1　記憶の形成過程

の生活を送ることが難しいほどの記憶力を無くした場合か，サヴァン症候群などのように極端に記憶力が良いという場合である。

記銘 (memorization)
符号化 (encoding)
保持 (retention)
貯蔵 (storage)
想起 (recall)
検索 (retrieval)
再生法 (recall)

再認法 (recognition)

　先ほど，覚える，覚えておく，思い出す，という記憶における3つのセットを紹介した。心理学では，覚えることを**記銘**（あるいは**符号化**），覚えておくことを**保持**（あるいは**貯蔵**），思い出すことを**想起**（あるいは**検索**）と呼ぶ（図10-1）。これら3つがセットとなって記憶が形成される。記憶できているかどうかをチェックするためには大別すると，記憶した内容そのものを思い出す**再生法**と記憶した内容と記憶していない内容が混合されたリストの中から，記憶した内容を選び出す**再認法**がある。

TOT現象
(tip-of-tongue phenomenon)

メタ記憶 (metamemory)

　記憶していることが思い出せない，けれども覚えていることは思い出せるという現象を**喉まで出かかる現象**（あるいは**TOT現象**）と表現する。「そのことを記憶している」ということは記憶している（**メタ記憶**と呼ぶ）けれども，その記憶が想起されない時に生じる現象である。

■記憶の分類─時間的分類─

感覚記憶
(sensory memory)
短期記憶
(short-term memory)
長期記憶
(long-term memory)
ワーキングメモリー
(working memory)

　記憶はその時間的特徴によって3つに分類される。**感覚記憶，短期記憶，長期記憶**の3つである。なお，時間的には感覚記憶と同等である**ワーキングメモリー**（作業記憶あるいは作動記憶とも呼ぶ）がある。しかしながら，ワーキングメモリーには，時間的特徴に加えて，その機能性についても詳細に記述されるような概

念である。本章では詳しく触れないため，興味を持った読者はより詳しい書籍（Baddeley, 1990など）にあたって欲しい。

　私たちは世界の出来事を感覚器官を通じて脳内に取り込むが，それらの情報の多くは意識に上ることなく1秒以内に消える。しかしながら，これらの情報もごく短い間脳内に貯蔵される。このことをよく経験できるのは，パラパラ漫画である。小学生の頃，教科書やノートの右隅にパラパラ漫画を書いた人も多いだろう。パラパラ漫画のコツは一枚前と動かしたい場所だけを少し変えて描くことだ。前の絵と出来るだけ違いを少なくする方がスムーズな動きを表現できる。この一枚一枚の絵のわずかな違いを脳は動きと捉える。例えばテレビやPCのムービーなども1秒に30〜60枚の写真が映し出されているだけである。人はそれを写真とは認識せず，滑らかに動く動画として知覚する。この時に利用されているのが**感覚記憶**である。音楽や香りなどでも感覚記憶が活用されていることが知られている。

　多くの感覚記憶は意識に上らないまま減衰するが，自分自身にとって重要な事柄や変化が著しいなど**注意**が向いたものは**短期記憶**に移動する。短期記憶の保持時間は数秒〜数時間だとされている。いわゆる「一夜漬け」はこの短期記憶である。短期記憶にはある程度の容量が決まっていると考えられている。

注意 (attention)

　短期記憶の中で，繰り返し経験したり，意味付けて（語呂合わせ）記憶されたり，図表化するなど視覚化されたものは，数日以上保持される**長期記憶**へと転送される。長期記憶の保存容量は無限だと考えられているため，生まれてから現在までの経験が蓄積可能なのである。

　記憶に注意が必要ということは以下の事例からもよく理解できる。例えばある人は，車や電車の種類をよく見分けることができ名前を覚えるけど人の名前を覚えるのは苦手だと言う。一方，乗り物を覚えるのは苦手だが，服やカバンのブランドならいくらでも知っているという人もいるだろう。もちろん，性別や年齢・世代などの要因でこのような個人差が決まるのではないが，一つ言

えることは，人によって覚えやすい（知識が多い）ものは違っているということである。これはその人の注意の方向が異なるというだけで，どちらが頭が良いとか悪いというのではない。このように，自分にとって必要な情報は多く記憶し，必要でない情報はあまり記憶しないことを**記憶の経済化説**と呼ぶ（仁平，2012）。

記憶の経済化説
(the theory of memory economics)

■記憶の分類—内容による分類—

　長期記憶はその内容によって分類できる。何かの記憶を思い出してほしい。それを図10-2に示したダイアグラムで分類してみよう。まず，その記憶は言葉で表現できるようなものであろうか？多くの場合は言葉で表現できる記憶だろう。そのような記憶は**宣言的記憶**と呼ばれる。宣言的記憶はさらに二つに分けられる。宣言的記憶のうち，**エピソード記憶**とは自分自身に起こった出来事についての記憶である。例えば何年生まれだとか何市の出身だとかのような自分についての情報から，昨日何を食べたかということなどを含んでいる。

宣言的記憶
(declarative memory)
エピソード記憶
(episodic memory)

　一方，自分に直接関係するものではなく，教科書に書いてあることや人から見聞きした情報などについての記憶は**意味記憶**という。例えば仙台市は伊達政宗が作ったとか，コロナウイルスには表面にコロナ（光環）のような棘がある等。

意味記憶
(semantic memory)

図10-2　内容による記憶の分類

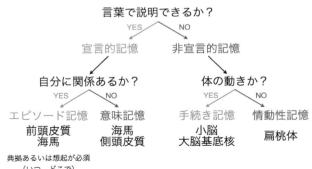

また，言葉で説明できない記憶もある。例えば，自転車に乗るときのバランスや野球でカーブを投げるときの握りや投げ方など，体の動きに関する記憶は**手続き記憶**と呼ばれる。また，犬を見ると足がすくんで体が震えることや津波で流された実家のあった場所に戻ると懐かしいような温かい気分になるなど，感情についての記憶は**情動性記憶**と呼ばれる。情動性記憶は，意識に上る想起のされ方ではなく，直接自律神経系や体の反応を引き起こす。

手続き記憶
(procedural memory)

情動性記憶
(emotional memory)

後述するように，これらの記憶は内容が違うだけでなく，記憶される脳部位も違うことが知られている。そのため，宣言的記憶に障害を持つ方でも，手続き的記憶が正常な場合，技術的な職業に就いて活躍するなどの例が知られている。

■プライミング

比較的最近，上述のような種類の記憶に加えて，無意識の記憶とも呼ぶべき記憶が存在することがわかってきた (Tulving & Schacter, 1990)。中でもよく調べられているのは**プライミング**という現象である。古典的なプライミング実験では，最初の試行でいくつかの刺激（ターゲット）を参加者に提示し，一定の遅延後に，そのターゲット刺激と新しく加えられた刺激を含む複数の刺激を提示する。それぞれの刺激に対する反応潜時や再認率を比較することによりプライミングの効果を測定する。多くのプライミング研究から，提示時間が数ミリ秒という短い時間でターゲット刺激が提示され，参加者はそれを見たという顕在的な記憶はなくとも，潜在的に反応に影響を与えることが報告されている。ここに挙げた例は直接プライミングと呼ばれる現象である。

プライミング (priming)

プライミングには間接プライミングと呼ばれる実験もある。ある実験 (Zhong & DeVoe, 2010) では，大学生の参加者にファストフードのロゴを0.012秒だけ見せた。見せた時間が非常に短かったため，参加者は何を見たかについては意識していなかった。しかしながら，その後，「3ドルを今もらう」のと「3.5ドルを1週

間後にもらう」ことのいずれが望ましいか選ばせると，前者を選

**時間割引率
(time discounting)**

ぶ参加者が多かった。この結果は，「実験参加者の**時間割引率が大きくなった**」と表現される。時間割引率とは，貯金など時間が遅延する代わりに幾分か大きな価値のあるものを得られることを期待するよりも，現金払いのように比較的安価でも今すぐ手に入れたいと思う気持ちのことを指す。

　また，この参加者の行動はせっかちになり，リンスインシャンプーや1本で3役をこなすスキンケア商品のように時間の節約となる商品を好むようになった。ファストフードのロゴを極短時間見せられると，時間割引率のような認知だけでなく，行動の面でもせっかちになるのである。この現象を行動プライミングと呼ぶ。

■文脈依存記憶

**文脈依存記憶
(context-dependent memory)**

バデリー(Alan Baddeley)

　皆さんの生活に応用できる例として，**文脈依存記憶**という概念を紹介しておこう。元々はダイバーを対象とした研究に始まる。1975年に記憶の研究で有名な**バデリー** (Alan Baddeley) は，ダイバーの一部に地上で単語を覚えさせた。また別のダイバーには水中で単語を覚えさせた。テストの時に，さらにそれぞれのグループを半分に分けて，片方には水中でテスト，もう片方は地上でテストをおこなった。その結果，地上で覚えたダイバーは地上でのテスト結果が良く，水中で覚えたダイバーは水中でのテスト結果が良いことがわかった（図10-3: Godden & Baddeley, 1975）。つまり記銘時と同じ場所や状況だと想起しやすくなるが，場所や状況が違うと想起しにくくなるということである。

　そうすると，自宅のコタツの中で音楽を聴きながら勉強していても，静かで皆がいる教室でテストを受ける場合には良い成績は期待できないことがわかる。しかしながら，試験の状況と全く同じ状況で常日頃から勉強をすることは難しい。

　そこで我々は学習時と想起時における香りの文脈依存学習について調べた。その結果，香りによって程度の差はあるけれども，

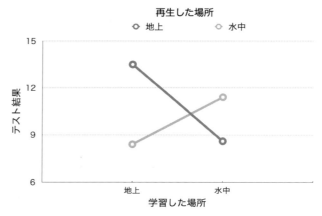

図10-3　文脈依存記憶の実験例

注）学習した場所と再生した場所が同じ方が再生率が高いことがわかる。Godden & Baddeley (1975) の研究結果を元に作図した。

単語を覚える時に，**記銘**時と**想起**時に同じ香りを嗅ぐと，テスト成績が上昇する可能性があることがわかった（大沼他，2018）。つまり，香り付きのマーカーやシャーペンの芯，消しゴムなどの香りを嗅ぎながら自宅で勉強し，同じ香りを嗅ぎながらテストを受けると成績も上昇する可能性が示唆される。ぜひ試してみて欲しい。

■記憶の障害

　記憶の障害については時間軸に従った分類がある。例えば図10-4をご覧いただきたい。この図においては時間が左から右に流れており，左が過去，右が未来となる。過去のある時点（×）で脳に何らかの障害が起こったとしよう。その時点から過去に遡って記憶が障害されることを**逆向健忘**（私は誰？ここはどこ？）と呼ぶ。よく小説や漫画で取り上げられるような話題である。

　一方，障害が起こった時点から前のことは覚えているが，それから先のことが記憶できないということを**前向健忘**と呼ぶ。新しい記憶を形成することができないという症状である。これらの健

逆向健忘
(retrograde amnesia)

前向健忘
(anterograde amnesia)

図10-4　健忘と時間軸についての模式図

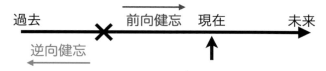

注）×印の時点で脳などに何らかの障害が生じた。その時点から遡って過去の記憶が失われることを逆向健忘，その時点以後の記憶が形成できなくなることを前向健忘と呼ぶ。

海馬 (hippocampus)

忘では，多くの場合宣言的記憶が損なわれるという症状を示し，**海馬**への入出力路に損傷が見られることが多い。

全健忘 (total amnesia)

　また，過去の記憶も思い出せないし，新しい記憶も形成できないという状態を**全健忘**と呼ぶ。認知症の患者は最初前向健忘から症状が始まり，徐々に逆向健忘が進行していく。この症状については「私の頭の中の消しゴム」という映画が有名であるので，各自でご覧になられることをお勧めする。

　記憶障害の分野で最も有名な患者にH.M.がいる（Corkin, 2013 鍛原訳 2014）。H.M.は子どもの頃の自転車事故が原因でてんかんの発作を起こすようになった。重篤な意識喪失などが繰り返されたため27歳の時に，てんかん発作の原因部位（焦点）の切除手術を受けた。その切除手術によって，てんかんの発作は無くなったが，副作用として，回復の見込みのない記憶障害を抱えることになった。H.M.が切除を受けたのは，海馬を含む側頭葉内側部であった。

コルサコフ (Sergei Korsakoff)

　似たような記憶障害は19世紀のロシアの精神科医**コルサコフ** (Sergei Korsakoff) によって報告されたコルサコフ症候群の患者にも見られる。コルサコフ症候群の患者の脳では，海馬からの出力路（視床の乳頭体）に障害が生じていた。実際のコルサコフ症候群の患者の行動（症状）については，神経科医のオリバー・サックスが書いた『漂う船乗り』（Sacks, 1985 高見・金沢訳 1992）に詳細に記述されているが，記憶障害は，単に「物覚えが悪い」ということに留まらず，人生自体の喪失に繋がるような大きな影響

を受けると言えよう。

　H.M. もコルサコフ症候群の患者も，宣言的記憶の前向健忘の症状が見られるが，手続き記憶や情動性の記憶，プライミングは獲得できることが報告されている（高橋・厳島，2020）。このことから，記憶（宣言的記憶）の形成には海馬が必要であること，宣言的記憶と独立した脳の仕組みによって手続き記憶や情動性の記憶，プライミングが支えられていることがわかる。

■偽の記憶

　このように人生に重要な記憶だが，今覚えている内容が正確で不変のものとは必ずしも限らない。このことは我々の直感に反する。「見えないゴリラ」の研究で有名なアメリカの心理学者**サイモン** (Daniel Simons) と**チャブリス** (Christopher Chabris) の調査 (Simons & Chabris, 2011) によると「ヒトの記憶はビデオカメラのように，我々が見たり聞いたりしたことを，後で振り返ったり検証することができるように，正確に記録している」ことに一般のアメリカ人回答者の半数以上が「その通りだ」と回答した。一方，心理学の専門家たちの90％以上は「全く違う」と回答している。皆さんの記憶に対するイメージはどちらであろうか？

　アメリカの心理学者**ロフタス** (Elizabeth Loftus) は，記憶の変容に関する心理学を専門としている。交通標識や事故車両の窓などの記憶が問い方によって想起される内容が異なってしまうこと，実際にはなかったはずの子どもの頃の記憶を刷り込むことができてしまうことなど，センセーショナルな実験 (Loftus, 1979 西本訳 1987) も多いので，その名を聞いたことのある人も多いだろう。最近では，フロイトなどの流れを汲む精神分析によって，なかったはずのネガティブな記憶（例えば幼児の時に親から虐待を受けたなど）をセラピストに「刷り込まれた」結果，さらに心の問題が大きくなってしまうクライエントがいることも問題になっている (Loftus, 2002)。

　このような記憶の変容を良い方向に利用する方法もロフタスら

サイモン (Daniel Simons)
チャブリス
(Christopher Chabris)

ロフタス
(Elizabeth Loftus)

偽の記憶 (false memory)

によって示されている。例えば，ラムやウオッカなどを飲み過ぎて気分が悪くなったという**偽の記憶**を植え付けられた参加者は，実際にはそのような経験をしたことがなくても，その後アルコールの摂取量が低下する (Clifasefi et al., 2013)。しかしながらこのような偽の記憶は全ての参加者に獲得させることができるわけではない。多くの実験の平均では23％の人がその偽の記憶を獲得し，食物嗜好や摂取が変化するが，大半の人はその偽記憶を獲得することができないと報告されている (Bernstein et al., 2011)。さらに，このような偽記憶を植え付ける実験は倫理的な問題も孕んでいるため，簡単には追試したり，展開したりすることは難しいだろう。

まとめ

　冒頭で現代社会に生きる我々はスマホに依存して記憶していることを紹介した。NHKスペシャルという番組で，脳損傷により前向健忘になったジェレミー（仮名）が，失った自分の記憶の代わりにシステム手帳，アラーム時計，テープレコーダーを駆使して，なんとか一人で生活を続けようとしている様子が紹介された（NHK取材班，1994）。今の時代では，これらの機能はすべてスマホ一台でできる。ということは，予定やメモ，写真をスマホにどんどん「覚えさせる」生活をしていると，自分の記憶能力を使わずに生活していることと同じことである。第12章「脳と心」で述べるように，神経細胞は筋肉と同じように鍛えれば鍛えるほど強くなる。自然に生活していると神経細胞のトレーニングを行えるが，スマホに依存しすぎると，記憶の神経細胞のトレーニングはできなくなってしまう。スマホは便利だが，使い方には留意していきたい。

参 考 図 書

榎本博明 (2009). 記憶はウソをつく　祥伝社

コーキン，S.（著），鍛原多恵子（訳）(2014). ぼくは物覚えが悪い――健忘症
　　患者H.Mの生涯　早川書房

ラリー R スクワイア・エリック R カンデル（著）小西史朗・桐野　豊（訳）
　　(2013). 記憶のしくみ　上・下　講談社ブルーバックス

learning and memory

第11章 スリップ

なぜ自分の手が意図を裏切るのか

仁平 義明

§11. スリップ

本章で解決する謎
「なぜ自分の手が意図を裏切るのか」

　人は自分が行おうと意図したことは，その通りに自在に実行できると考えがちである。しかし，自分が言おうとした言葉とは違うことを言ってしまったり，書こうとした文字とは違うものを書いてしまったりすることも，しばしば経験する。ときには，自分の手がエイリアンのように意図に逆らって違う行為をしてしまうと感じることもある。

　なぜ，自分の手なのに自分の意図を裏切るようなことが起こるのか。本章は，この謎に答える。

■書字のスリップ

　最初に，試してみよう。ひらがなの「お」という字を，できるだけ速く繰り返し書いていってほしい。「おおおおおおおおおお…」と書いていく。

　さて，何が起こっただろうか。1つは，書いているうちに自分が書いている文字が意味のない記号のような感じになってきて，これが「お」という文字でよかったのか自信がなくなってきただろう。「お」というひらがな一字は固定した意味を持たないが，それでも「尾」だったり，「男」だったり，あるいは「おかあさん」「おにぎり」の一部だったりして，意味と結び付いている。同じ文字を書き続けていると，その意味らしさが感じられなくなる現象が起こる。これが「**意味飽和**」と呼ばれる現象である。日本語で意味飽和は，同じ1つの文字を見続けることによっても起こ

意味飽和
(semantic satiation)

116

る。もともとは，意味飽和は日本語の漢字のように一文字ではなく，英語の単語について研究されてきた現象で，英語の単語を見続けたり，声に出して言い続けたりすることで意味飽和が生じることが知られている (Lambert & Jakobovits, 1960)。

　もう1つは，自分で書こうとしていた文字「お」ではなく，別な文字を書いてしまうエラーが起こることである。「あ」，「す」あるいは「む」，「み」，「よ」，「か」を書くエラーも起こる（**図11-1**）。このように「意図した行為とは違う行為を行ってしまったエラー」，分かりやすくいえば，「やろうとしていたこととは違うことをしてしまったエラー」は，心理学では**スリップ**と総称される (Norman, 1981)。この現象の場合は，文字を書く行為「書字」過程で起こるスリップなので，「書字のスリップ」(slips of the pen) である。また，上記のように同じ文字をできるだけ速く書き続けることで書字のスリップを誘発する実験的操作は，「**急速反復書字**」と呼ばれる操作である (Nihei, 1986; 仁平，1990)。急速反復書字によるスリップは，他のひらがなでも，漢字でも起こる。また，このスリップは，間違うまいと注意していても，どんな間違いをするかを知っていても止めることができない (仁平，2004)。エラーは"不注意"だけで起こるとは限らない。

■行為の理論とスリップ

　スリップには，いろいろな心理学的理論があるが (Norman, 1981; Reason, 1984; Heckhausen & Beckmann, 1990)，ほとんど同じ

図11-1　「お」の急速反復書字で起こるスリップ例

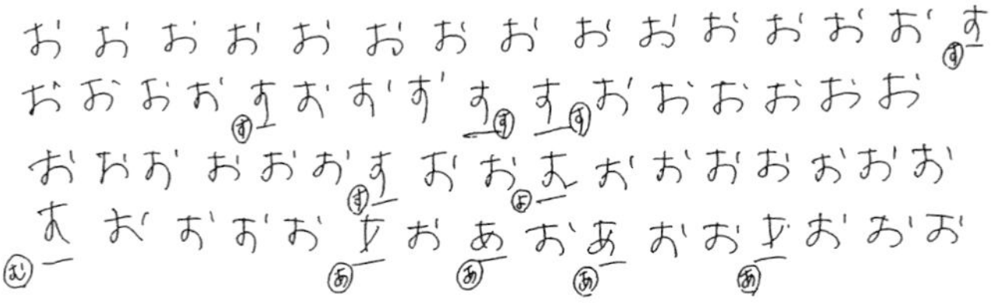

スリップ (slips)

急速反復書字 (rapidly repeated writing: RRW)

117

考え方に基づく理論である。中でもノーマン (Donald Arthur Norman) の理論が最も明解なので，ここでは，ノーマンの理論からスリップがどのようにして生じるかを考えていくことにする。

　ノーマン (Norman, 1981) は，およそ1,000例のスリップを分析して，行為がどのような過程を経て実行されていくかの理論を提案した。「スキーマ–活性化–トリガー・システムモデル」，短くは「**ATSシステムモデル**」と呼ばれる理論である。このモデルの基本的な概念は，「スキーマ (Schema)」，「活性化 (Activation)」，「トリガー (Trigger)」の3つの概念で，次のような仮定に立っている：われわれが行為，とくにやり慣れた行為を行うときには，その都度，行為の細部まで新たに企図する不経済なことはしない。やり慣れた行為のためには，行為に必要な運動系列を生み出して制御する記憶である「**スキーマ**」がつくられている。

　行為は，その状況に必要なスキーマが呼び出され，活動準備状態に置かれ（活性化），引き金をひかれるように始動（トリガー）されることで実行される。

　詳しくは，以下のような考え方である。

> (1)　熟練した行為は認識と運動のための知識の集合体であるスキーマによって生成，制御される。

　ノーマンは，「スキーマは，構造化された記憶の集合体であり，それによって運動が順序よく行われていくような手続き的知識（行為の知識）から成り立っている」と定義をしている。よく行われる行為は，スキーマを長期記憶貯蔵庫から呼び出してくることで作り出される。

> (2)　スキーマは階層構造になっている。

ATSシステムモデル (Activation-Trigger-Schema System Model)

スキーマ (schema)

スキーマは2種類に区別される。1種類は，行為の全体的でおおまかな計画を受け持つ概略的，抽象的なスキーマ「親スキーマ」である。もう1種類は，行為系列の各部分を受け持つ，細部的，具体的なスキーマ「子スキーマ」である。行為系列の各部分もさらに下位の細部に分解されるので，子スキーマは，それより下位の子スキーマにとっては相対的に親スキーマであるという階層関係がある。親スキーマ–子スキーマは，あくまでも相対的な関係である。

> (3)　意図の形成は，最高次のスキーマの活性化である。

活性化 (activation)

意図を形成するというのは，最も上位にある抽象的なレベルの「親スキーマ」を活動状態にさせること（**活性化**）である。

自動車を発進させるとき，われわれがしているのは，単に，「車を発進させよう」と考えるだけである。

ただし，この意図の形成が必要以上に漠然として，その行為を指定するのに最低限度の詳しさにも達していないと，意図の記述不足によるスリップが起こる（後述の"記述エラー"）。

また，その意図を達成するとき（たとえば自動車で変速しようとするとき），ほかの状況なら適切だが，その状況に合っていないモード（行動様式）のスキーマが選択される（たとえば，オートマ車で，マニュアル車のつもりで変速動作をしてしまう）と，スリップが起こる（後述の"モード（様式）エラー"）。

> (4)　熟練行為では，最高位のスキーマ（親スキーマ）が活性化されると，その下位部分のスキーマ（子スキーマ）はすべて同時に自動的に活性化される。

多数の下位の行為要素から成り立っている「自動車を発進させる」行為では，自動車を発進させようというおおまかな意図が形成される，すなわち最高次の親スキーマが活性化されると，行為

系列に必要な子スキーマ群が自動的に活性化される。

　たとえば「自動車を発進させる」とき，ふだん運転しなれている者は，車を発進させるときに何をしているかを聞かれると自分でも思いだせないで，さてと考え込んでしまうのが普通である。実際にその動作をやってみたりする。ふだんは，自動的に行為の系列が進行するからである。

　車の発進では，まず「キイを差し込む」，「左足でクラッチを踏む」，「足でアクセルを少し踏みこむ」，「キイを回してエンジンを始動させる」，「安全を確認する」，「ウインカーで発進の合図を出す」，「左手でサイドブレーキをはずして」，「クラッチから少しずつ足を上げながら」，「アクセルを踏み込んでゆく」。これでもまだ何か抜けているかもしれない。

　行為系列のうち，最初の「キイを差し込む」という部分も，さらに下位のいくつかの行為部分に分解される。「キイの適当な部分を，右手の親指，人差指，中指で適当な力，鍵穴にあう適当な角度で持ち」，「その先端を鍵穴にフィットさせ」，「ある適当な力を加えて，適当な深さまで差し込み」，「手にキイが十分なところまで差し込まれたという抵抗感のフィードバックがあったところで力を加えるのを止める」。同様にして，「キイを持つ」という部分も，さらに下位の部分に分かれ，その下位の部分の1つ1つもそれを構成する部分的行為に分かれていく。

　車を発進させようとするとき，こういう細部まで，いちいち考えることはない。たんに，「車を発進させよう」と抽象的に考えるだけである。その抽象的な「車発進」の親スキーマが活性化される（意図が形成される）ことで，必要な細部の子スキーマは，自動的に同時に活性化される。

> (5)　ある行為のスキーマが活性化されると，記憶のネット
> 　　　ワークの中でそれとリンクしている別な行為のスキー
> 　　　マも活性化される。

　1つの行為のスキーマが活性化されると，そのスキーマと結び付いている別なスキーマにも活性化が波及する。連動して活性化されるのは，その行為のスキーマと一部共通する部分を持つスキーマだったり，連想関係にあるスキーマだったりする。この意図しないスキーマへの活性化の波及が，スリップの原因の1つになると考えられる（"囚われエラー"，"連想的活性化エラー"）。

　また，たとえば「髪をとかす」という行為では，そのスキーマの要素になる「櫛」など外部刺激が目に入るとスキーマが活性化され，ついとかしてしまうような，意図しなかった行為が行われることがある（"外部活性化エラー"）。

> (6)　活性化されたスキーマを作動させるのに必要な引き金
> 　　　になるトリガー条件が整うと，下位のスキーマ群が実
> 　　　際に順次トリガーされ，行為が実行される。

　スキーマはトリガーされたときに初めて行為として実行される。そうなるためには，状況がスキーマのトリガー条件をある程度満足することに加えて，スキーマの活性化水準の十分な高まりが必要である (Norman, 1981)。

　スキーマが活性化されただけでは，行為は実行されない。その活動状態になったスキーマが行為として実行されるための条件が整ったとき（たとえば，実行にふさわしい外側の状況が出現したり，その順番になったり，そのタイミングが来たりしたとき）引金をひかれるように始動（トリガー）されることで行為は遂行される。

　　　ただし，行為を構成する下位のスキーマ群のすべてが同時に活性化されているために，トリガーされる順序が誤ったとき，スリップになる（後述の"スプーナリズム"）。

> (7)　ある行為が実行されるためには，トリガーされる条件が完全である必要はなく，スキーマの活性化値とトリガー条件の満足度には，トレード・オフ関係がある。

　　　つまり，活性化が高ければ条件の適合度が少々低くても（ふさわしい状況ではなくても）行為が始発されてしまう。その逆も起こる。これは，競走や競泳のスタートで緊張が高まっていると，ピストルの合図に似たちょっとした物音でフライングを起こしやすいのに似ている。

　　　まとめれば，熟練行為は，①〈意図が形成される〉，②〈その行為系列を構成する下位のスキーマ群が活性化される〉，③〈活性化されたスキーマ群が順次トリガーされる〉，三段階から構成

表11-1　行為の段階に応じたスリップの分類 (Norman, 1981) と例

（例は，仁平によるスリップの未発表集成から）

I　行為の第一段階「意図を形成」するときの問題に起因するスリップ	
スリップの名称	例
〈モード（様式）エラー〉 　その状況には適合しない行動の様式（モード）を選んでしまったエラー。	◆ふだんマニュアル車を運転している人が，オートマチック車を運転したとき，クラッチがないのに踏もうとしてしまったり，ギアのシフトレバーに手をやろうとしたりしてしまった。 ◆アルファベットモードなのに，カナモードのつもりで入力をしてしまった。
〈記述エラー〉 　意図が漠然としすぎている場合（意図の記述の明細化が足りないとき）に起こるエラー。その結果，行為の対象が誤ったり（実行対象の誤り），表現の選択を誤ったりする（記憶からの選択の誤り）。	◆窓と言おうとしてドアと言ってしまった。 (*ばくぜんと，部屋の外への出口のようなものとしか指定していない) ◆卵を茶わんに割り入れようとして，カラを三角コーナーに捨てるつもりだったのに，間違って，流しの三角コーナーに中身を割り入れてしまった (*どこに，という対象の記述不足)

されているという考え方である。ノーマンは，この段階のどの部分にエラーの原因があると考えられるかに応じて，スリップの分類を行った。

表11-1　つづき

II 行為の第二段階「スキーマの活性化」の問題に起因するスリップ		
問題の下位分類	スリップの名称	例
〈意図しない活性化によるエラー〉 「意図していない行為のスキーマ」が活性化した（活動準備状態になった）ために起こるエラー。	〈囚われエラー〉 　意図した行為と部分的に共通している（類似している）別な行為のスキーマが，活動状態になり，その別な行為が，意図した行為より頻繁に行われる行為，あるいは，最近行われたばかりの行為だったりするとき，後者のスキーマに行為が支配されてしまう（とりこになる）エラー。	◆バイクでスーパーへ行こうとしてアパートを出たが，学校へ行く道を進んでしまった。（*アパートを出てから初めの部分の道は学校への道と共通） ◆"高校"と書こうとして，自分の名前の"高橋"を書いてしまった。（*最初の部分「高」は共通）
	〈外的活性化エラー（データ駆動エラー）〉 　その行為のスキーマを構成するような要素が外部にあると，その刺激によって，自分で行おうと意図していなかった行為のスキーマが勝手に活性化することで，行為をしてしまうエラー。	◆洗面所に化粧水をつけに行ったはずなのに，ブラシが視界に入ったとたん，意味もなく，髪をとかしてしまった。
	〈連想的活性化エラー〉 実行しようとした行為や言葉と連想関係にあるものが活性化され，後者がトリガーされ，表に出てしまったエラー。	◆"よっちゃん"という友人に"みっちゃん"と呼びかけてしまった。（"みっちゃん"は"よっちゃん"と，いつも一緒にいる）
〈活性化の消失や減衰によるエラー〉 　行為のスキーマの活性化が失われると，行為全体が忘れられたり，一部のステップが抜けたりする。	〈意図の忘却〉 行為の目的は忘れられるが，その行為は部分的に続けられ，何かすべきことがあったという感じは残る。	◆冷蔵庫にものを取りにきてドアをあけ，何を取りにきたんだっけと考えていた。
	〈ステップ脱落・ステップ反復エラー〉 行為のステップを抜かす，行為のステップを繰り返す，あるいは行為のステップを戻す。	◆靴下をはいたその上からまた靴下をはいてしまった。 ◆朝，ニュースを見ながらパジャマのボタンをいったん外したのに，外したばかりのボタンをまたとめてしまった。

■スリップの分類と例

　具体的な例で，スリップの分類をみていくことにしよう。行為の3つの段階がスリップの3つの大分類に対応しているが，大分類のさらに下位の分類も考えられている。

　最初に例としてあげた，急速反復書字によるスリップは，この分類では〈意図しない活性化によるエラー〉である。書こうと意図していた文字を書くための記憶の活性化が，運動記憶のネットワークのつながり（リンク）を通じて，書こうと意図していなかった文字の記憶に波及したといえるからである。さらに，書こうと意図していた文字「お」とスリップとして出現した文字「あ」，「す」，「む」などは，共通な運動の部分を含んでいる。し

表11-1　つづき

III　行為の第三段階「活性化したスキーマのトリガー」に起因するスリップ 行為の各部分を担当する行為の記憶（スキーマ）群が活性化された後，それぞれを順次トリガーする（スタートさせる）際に起こるエラー。	
スリップの名称	例
〈スプーナリズム〉(Spoonerism) 　単語の頭の音（音素あるいは音節）どうしが入れ替わるエラー。オックスフォード大学のカレッジの長ウィリアム・スプーナー（W. Spooner）がしばしば行ったと伝えられ，その名前にちなんでこう呼ばれるようになった。頭音転換。	◆"この椅子ちょっと低い"と言おうとして，"このひくちょっといすい"と言ってしまった。 ◆"健さんのポスター欲しい"と言おうとして，"ポンさんのケスター欲しい"と言ってしまった。
〈融合〉 　活性化された2つの行為要素が混じり合って一緒になるエラー。	◆友人にどこへ行くのか尋ねられ，"むこう"というか"あっち"というか迷い，"むっち"と言ってしまった。 ◆"でけど"と言ってしまった。"でも"と"だけど"が頭に浮かんで，選ぶときに合わさった。 ◆"今日"と"今週"というのがまざって，"きょんしゅう"，といってしまった。
〈予期エラー（思考の行為化）〉 　頭の中に思い浮かべただけで（活性化されて）実行するつもりのなかった行為（や言語）のスキーマが実行されてしまうエラー。	◆ピアノの発表会で，自分の演奏順番を待っていたとき，はじめの音（左手の伴奏の音）は"ラ"で絶対"ド"を弾いちゃいけない，絶対"ド"を弾いちゃいけないと思っていたら，弾きだした音は"ド"だった。

たがって，このスリップは，〈意図しない活性化によるエラー〉のうちでも，"意図した行為と部分的に共通している別な行為のスキーマが活動状態になり，その別な行為が意図した行為より頻繁に行われる行為，あるいは最近行われたばかりの行為だったりするとき，後者のスキーマに行為が支配されてしまう（とりこになる）エラー"，すなわち〈囚われエラー〉である（仁平，1990; Norman, 個人書簡 1985）。

まとめ

　人の行為や言語活動は，繰り返しによってつくられた行為の記憶，言葉の記憶のユニットとその間をつなぐネットワークを使って実行される。人は，行為のための記憶ネットワークを広く活性化して，順次必要なものを使い，不必要なものを抑制するというバランスをとりながら行為をしている。しかし，ときに活動状態になった不必要な記憶ユニットが行為を支配してしまうことで，意図が裏切られる感覚が生じるのである。

mind and body

第12章 脳と心

脳＝心か

坂井 信之

§12. 脳と心

本章で解決する謎
「脳＝心か」

　心とは何か。心理学の究極の目的は心をきちんと定義することにあるともいえる。もちろん，古くからこのことについては哲学的に議論されてきた。有名なものとしてはこの世には物しか存在しないため，心などは存在しないとする唯物論，そうではなく，心があることで初めて物が認知できるので心が存在しなければ意味がないとする唯心論，この世には脳という物と心の二つの次元があるという心身二元論などの考え方に基づく議論がされてきた。異色なものとしては物と心の対応は神のみが保証できるため，神の存在なくしては物も心も存在しないという唯神論，外界の事物を認識するのも，それを解釈するのもどちらも脳であるから，脳が一番重要であるという唯脳論という考え方などもある。

　あなたは心と脳の関係をどのように考えるだろうか？本章では，脳についてこれまで分かっていることの中で，心と関係がありそうな点についてごく簡単に説明する。

■神経系の構造
□神経系

　私たちの体には隅々まで神経が張り巡らされている。その神経は外界の情報を私たちに伝え，外界への反応を生じさせる。神経の集まりを神経系と呼ぶが，この神経系は，外界の情報を伝える

感覚神経系
(sensory nervous system)
運動神経系
(motor system)

中枢神経系
(central nervous system)
末梢神経系
(peripheral nervous
system)
自律神経系
(autonomic nervous
system)
ニューロン (neuron)

細胞体 (cell body)
軸索 (axon)
樹状突起 (dendrite)

活動電位
(action potential)

シナプス (synapse)

神経伝達物質
(neurotransmitter)

感覚神経系と外界への反応を引き起こす**運動神経系**に分類される。

　また，神経系は場所によっても分類され，脳や脊髄などに存在する**中枢神経系**と体の末端に存在する**末梢神経系**とがある。さらに，意識に関係なく（例えば寝ているときにも）働いている**自律神経系**と呼ばれる神経系が存在し，その自律神経系は**交感神経**と**副交感神経**とにさらに分類される（本書第14章を参照）。

　これらの神経系を構成する最小単位は**ニューロン**と呼ばれる構造体である。ニューロンは別のニューロンから情報をもらい，その情報を取捨選択するなどの処理をおこなった上で，次のニューロンに伝達するという役割を担っている。

　典型的なニューロンは，図に示すように独特の形をしている**細胞体**とそれから長くのびた一本の**軸索**，細胞体から枝のように伸びている**樹状突起**とからなる（図12-1）。ニューロンを流れる信号は一方通行で，樹状突起を通して前のニューロンからの情報を受け，細胞体で**活動電位**を生じさせる。そこで生じた活動電位は軸索を一方向に伝導する。軸索の末端部は次の細胞に情報を伝達する場所である。多くの場合，軸索の末端と次の細胞の樹状突起は，**シナプス**と呼ばれるつながり方をしている。シナプスでは，ニューロン間に非常に細かい隙間があり，活動電位はその隙間を飛び越えることはできない。そのため，活動電位は軸索の末端で，**神経伝達物質**という化学分子に情報のたすきを渡す。神経伝

図12-1　典型的なニューロンとシナプスのイラスト

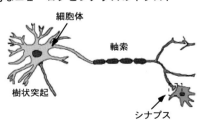

棘 (spine)

受容体 (receptor)

達物質は軸索の末端部分（シナプスボタン）から細胞外に放出され，次の細胞の樹状突起上に存在する**棘**と呼ばれる構造体の表面に存在する**受容体**に吸着することによって，次のニューロンに情報が伝達される。

　神経細胞は基本的に生後の一時期に最多になり，加齢とともに減少するといわれてきた。最近，脳のいくつかの場所で，神経細胞が新しく作られることが確認されており，この知見は脳損傷後の機能回復（例えば脳卒中後のリハビリ）などに応用可能であると考えられている（Shors, 2009 日経サイエンス訳 2009）。それらの研究によれば，成長期の子どもだけでなく，私たち成人の脳でも，**海馬**を中心に，新しい神経細胞が日々作られている可能性が示されている。しかし新しく作られた神経細胞は，周りの細胞とのつながりを持てずにいると，1週間程度で消失してしまうことが報告されている。つまり，誰でもできる簡単なことをやっていても，脳のトレーニングはできない。一方，これまで経験のない新しいことを覚える，新しい動作を獲得するなど，積極的に周囲の細胞とつながりを形成することによって，新しい神経細胞が生き延びると考えられている。つまり，脳は筋肉と一緒で，鍛えれば「裏切らない」のである。

□脳

　中枢神経系を構成する要素の一つに脳がある。脳は脊髄の末端が肥大したものであり，人の脳はさらにいくつかの部分に分けられている。大きな構造としては，深部にあり脊髄とつながっている**延髄**，延髄と**小脳**および**中脳**を結んでいる**橋**，**大脳辺縁系**，**大脳基底核**，**大脳皮質**が挙げられる。延髄は呼吸制御や内臓性反射などを司っている。小脳は運動学習に，中脳は眼球の運動と痛覚の伝達にそれぞれ深く関わっている（図12-2）。これらの構造体の機能を自覚することは難しい。

　一方で，大脳辺縁系は情動や記憶に関わっているし，大脳基底

延髄 (medulla oblongata)

小脳 (cerebellum)

中脳 (midbrain)

橋 (pons)

大脳辺縁系
(limbic system)

大脳基底核
(basal ganglia)

大脳皮質
(cerebral cortex)

図12-2　脳の大まかな分類

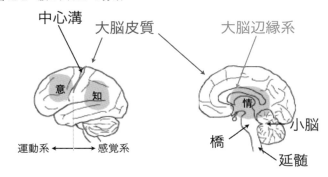

図12-3　大脳辺縁系の主な部位のイラスト

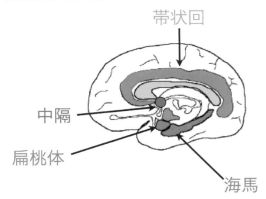

核は主に運動の細かな制御や行動の開始・停止に関わっている。ただし，これらの構造体はそれぞれさらに細かな部分に分けられており，それぞれの部分の機能が明らかにされつつある（図12-3）。

　私たちが「脳」と聞いてピンとくるのは大脳皮質であろう。大脳皮質は右半球と左半球から構成されており，それらは**脳梁**という部分で連結されている。よく，右脳左脳という言い方がなされるが，普段の脳では左右は脳梁を使って常時連絡を取り合っているため，左右で大きな機能差が見られることはすくない。しか

脳梁 (corpus callosum)

し，てんかんの治療などの目的で，脳梁を切除された**分離脳**患者では，右半球と左半球の機能差が顕著になることが多い。アメリカの心理学者**スペリー** (Roger Wolcott Sperry) は，ハーバード大学の心理学者**ラシュレー** (Karl Spencer Lashley) の下で動物の脳研究に従事した経験をもとに，分離脳研究を行った。その結果，分離脳患者は左視野に提示されたものの名前を言葉で表現することはできないが，そのものを選ぶことはできることを見出した（Sperry, 1983　須田・足立訳 1985）。この研究は脳の機能局在の強固な証拠となり，この業績によってスペリーは1981年のノーベル生理学・医学賞を受賞した。

　大脳皮質も様々な部位に分けられる。大きくは旧皮質と新皮質で，前者は注意や感情などの機能を，後者は言語や思考，知覚などの機能をそれぞれ担っている。

　大脳新皮質には機能の局在が見られる。大きくは中心溝という大きな溝の後ろは感覚・知覚系，溝の前は運動・行動系だと考えてよい。大脳新皮質の後端には視覚の情報が入力し，中心溝の直後には体性感覚の情報が入力している。反対に，中心溝の直前は第一次運動野と呼ばれる体の各部分の筋肉に対して運動の命令を与える神経細胞が，前端には感覚・知覚の結果に基づいて，外界にどのような働きかけをするかという判断をおこなう神経細胞がそれぞれ存在している。よく人の心の機能として，「知情意」と表現されるが，「知」は感覚・知覚を司る大脳新皮質後部，「情」は感情・情動を司る大脳辺縁系，「意」は意思決定や注意を司る大脳新皮質前部であるといえる（図12-2）。

■脳の研究法
□侵襲的方法
　古くからおこなわれている方法は，事故や病気などで脳に損傷を受けた患者の行動を観察する神経心理学と呼ばれるものである。一番有名な例は**ブローカ** (Pierre Paul Broca) がおこなった研

究であろう。脳内出血を起こしたある患者は，他人がいうことも，書かれた文字も認識することはできたが，言葉を発することはできなかった。患者の死後に遺体を解剖し，脳を調べると左の側頭部（中心溝より前方）に損傷を受けていたことがわかった。

ブローカー野
(Broca's area)

現在では，その部分を**運動性言語野（ブローカ野）**と呼ぶようになっている。一方，言語の理解についても同じような経緯で明らかにされており，やはり左の側頭部（中心溝より後方）に**感覚性言語野（ウェルニッケ野）**と呼ばれる領域が存在する。

ウェルニッケ野
(Wernicke's area)

また，爆発事故で前頭部を鉄の棒が貫通した例もある。その患者**フィネアス・ゲージ** (Phineas P. Gage) は事故後数年間生存した。

フィネアス・ゲージ
(Phineas P. Gage)

患者の死後，遺体を調べた結果，左前頭部の25%が損傷していたことがわかった。損傷前後では，患者の人格が大きく変化してしまったと伝えられており，前頭部は私たちの行動制御や意思決定に関わる証拠となった。このような神経心理学研究は現在でも続けられており，毎年，事故や病気などで脳の一部が破壊された患者の行動を細かく観察する方法で新しい脳の機能の局在に関する知見が報告されている。

実験的に脳の損傷を作成し，その経緯を観察するという方法もある。主には実験動物（ラットやマウス）の脳を電気凝固的にあるいは薬物的に破壊する方法が主流であったが，現在では遺伝子組み換えの技術を用いて，特定の神経伝達物質の働きを阻害したり，特定の神経回路を形成できなくしたりして，動物の行動を観察する方法も増えてきている。

さらに，脳に電極を刺し，ニューロンの活動電位を直接的に計測したり，ニューロンを電気的に刺激したりするという方法もある。主な実験対象はラットやサルといった実験動物であるが，ごく稀に，てんかんに伴う治療や手術の一環という形で，人でもおこなわれることがある。カナダの脳神経外科医**ペンフィールド**

ペンフィールド
(Wilder Graves Penfield)

(Wilder Graves Penfield) はてんかんの治療中に開頭手術を受けている患者の脳を刺激することによって，大脳新皮質の機能につい

て詳細に調べた。その結果，体性感覚野や第一次運動野などの局在性を明らかにし，マッピングを行った（Penfield, 1975　塚田・山河訳 1987）。

□非侵襲的方法

古くから人の脳を非侵襲的に計測する目的で使われてきたものに**脳波計**がある。最初は波形によって睡眠と覚醒の違いを測定するというものであったが，最近では人の注意や知覚を調べる**事象関連電位**や気分や感情を調べる周波数解析法という方法が用いられることが多い。

脳波計
(electroencephalograph)
事象関連電位
(event-related potential:
ERP)

同じように経皮的に脳の電気活動を計測する方法に**脳磁計**がある。正確には，脳の電気活動により生じた磁場の変化を読み取る装置である。脳波計に対するメリットは，電気信号の方向まで推測することが可能なことであるが，磁場の変化が非常に小さく，その微細な変化を捉えることのできる装置は大掛かりで高価なため，多くは普及していない。

脳磁計
(magnetoencephalograph)

いずれの方法も，人の脳の表面にあるニューロンの活動を時間的に細かく捉えることができる（時間分解能が高い）という利点を持っている。その一方で，脳の深部や溝の内側にある活動は捉えられず，さらに信号の発生源がどこかを推定するのは非常に難しい（空間分解能が低い）という欠点も存在する。

機能的核磁気共鳴画像法
(functional magnetic
resonance: fMRI)

最近の研究で最も良く利用されているのは**機能的核磁気共鳴画像法**である（図12-4）。この方法は通常病院などにあるMRIの装置を利用して，ある出来事に相関を見せる脳の場所を特定するという方法である。fMRIは脳の深部の働きまで調べることができ，比較的空間分解能も高い。その反面，時間分解能が低い（神経細胞群の活動から数秒以上の遅れが生じる）ため，活動部位の活動の順番（情報の伝達経路）を調べることは難しい。また，fMRIはEPI画像を元に信号の変化を捉えているが，EPI画像は解剖画像に比べて不鮮明で，撮影できない場所（側頭部や前頭部などの

図12-4　fMRIの実験風景と結果の例

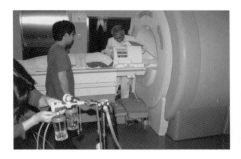

Menthol Retronasal

一部）も多い（坂井他，2007）。

**近赤外分光法
(near-infrared
spectroscopy: NIRS)**

　日本で開発・製品化されて，世界中に普及しようとしている技術が近赤外線を利用した**近赤外分光法**である（図12-5）。この方法を用いると，近赤外線をプローブと呼ばれる部分から照射した反射光をディテクターと呼ばれる部分で検知することにより，脳の血流の酸素飽和度などを推測することができる。見ている現象はMRIと同じで，ある場所の神経細胞群が活動すると，遅れてその場所に過剰な酸素の供給がおこなわれるというものである。つまり，NIRSやfMRIは，よく誤解されているのだが，神経細胞群の酸素消費そのものを測定しているわけではない。そのため，実際の神経細胞群の活動とNIRSによって検知できる信号変化との間には数秒程度の遅延が生じる。また，MRIとは異なり，NIRSは脳表層の血流の変化しか測定できないという欠点もある。しかしながら，MEGやMRIに比べて非常に低コストで導入できること，MRIのように実験対象者を高磁場に晒す必要がないことなどから，子どもや高齢者，一般消費者などを対象にした研究に導入されている。

　上に挙げたいずれの測定方法を用いても，それだけでは不十分であり，複数の手法を組み合わせる（例えば**NIRS**と**fMRI**で同

図12-5　NIRSの装置と結果の例

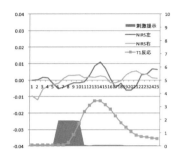

じ実験をおこない，結果を組み合わせる）必要がある。さらに
は，時間分解能や空間分解能の制限のため，どのような応答を計
測したいのかについて予めしっかりした仮説を立てておくといっ
た準備が必要とされる。

経頭蓋磁気刺激法
(transcranial magnetic
stimulation: TMS)

　また，人の脳に強い電気や磁場を与えることで，脳の機能を一
時的に停止させる**経頭蓋磁気刺激法**もある。例えば，言葉を話し
ている間に，左側頭部に一時的に強い磁場をかけると，その間は
言葉が出なくなってしまう。この方法には，空間分解能が低く，
また人の脳に対して全く侵襲性がないかよくわからないという問
題が存在しているため，人の脳機能研究には頻繁には利用されて
いない。現在はリハビリテーションなどの分野で使われるように
なっている。

■学習の脳機能

　本書第9章や第10章で述べたように，私たちの知識や経験は学
習という形で獲得され，記憶として脳に蓄えられる。現象論とし
てはよく知られているが，その脳の仕組みについては長くわから
なかった。古くは脳の機能はどこも同じで，記憶は脳の広い部分
に散らばっていると考えられたこともあった。例えば，アメリカ
の心理学者**ラシュレー**は今から約100年前にラットの記憶に関わ

る脳部位を調べる目的で，破壊行動実験を多く行った。その結果，大脳には部位による機能差がほとんどなく，破壊された量によって記憶障害の程度が決まると考えた。しかしながら，スペリーやペンフィールドの研究から，脳には局在性があることが分かってきた。さらにアルコールの過剰摂取や脳卒中などで，記憶に障害を持つようになった患者の脳や記憶機能を詳しく調べた研究から，記憶を司るのは**海馬**であることがわかった。

ヘッブ
(Donald Olding Hebb)

　学習を支える脳の仕組みとして，ラシュレー門下の**ヘッブ**(Donald Olding Hebb) は「学習は神経細胞同士のつながりの変化によって生じる」という考え方を提唱した（Hebb, 1958　白井他訳　1964）。例えば簡単に説明すると，AとBの二つの神経細胞から入力をうける細胞Cがあるとする。細胞Bからの入力が頻繁におこなわれるほど，細胞Bと細胞Cのつながりは強化される一方で，細胞Aと細胞Cのつながりは弱まっていく。最終的に，細胞Cの細胞Aと細胞Bに対する重みづけが変わるというものである（図12-6）。現在ではヘッブの考え方は，心理学だけではなく，神経科学や計算科学などの学問領域でも，学習に関する原則論として採用されるに至っている。

　ヘッブの考え方を初めて実験的に示したのは**ブリス** (Timothy Bliss) と**レモ** (Terje Lømo) である。彼らはラットの海馬付近を取

シナプス長期増強
(long-term potentiation: LTP)

り出し，その神経細胞を使って**シナプス長期増強**という現象を見つけた (Bliss & Lømo, 1973)。また，モリス (Richard G. Morris)

図12-6　ヘッブにより提唱された学習の神経メカニズム

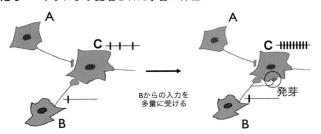

アンタゴニスト
(antagonist)

は，場所（空間）を記憶する海馬の役割を使って，LTPが記憶に関係することを証明した。モリスは神経伝達物質の一つであるグルタミン酸受容体の機能を阻害する薬（**アンタゴニスト**）を海馬に注入した。すると，そのネズミは泳ぐ時間を短くすることはできない，つまり場所を覚えることができないことがわかった。この結果から，実際の生体においても，海馬においてグルタミン酸を神経伝達物質とするLTP現象が，海馬を使った記憶に重要な役割をすることが明らかとなった。

カンデル (Eric Kandel)
シナプス長期抑制
(long-term depression:
LTD)

　さらにアメリカの生化学者**カンデル** (Eric Kandel) らは**シナプス長期抑制**時にどのように神経細胞が変化するかということを調べた。LTDはLTPとは反対に，あるシナプスの利用がなされないとそのシナプスの経路が一時的あるいは長期的に抑制されるという現象である。その結果，短期記憶に相当する比較的短時間持続のLTDでは，シナプスの形態学的な変化は生じないが，長期に渡るLTDではシナプスの数が減少するという形態学的な変化が見られることを発見した。さらに，短期のLTDでは細胞内の生化学的変化が，長期のLTDではタンパク質の合成が，メカニズムとしてそれぞれ存在することも発見した。これらは先述のヘッブの理論を生物学的に証明したものである。カンデルはこれらの功績により2000年にノーベル生理学・医学賞を受賞した。

■社会脳

　例えば映画のシーンで，体に注射針が入っていく様子をみると，作り物だと分かっていても，あたかも自分が注射をされているかのような表情をみせてしまったり，場合によっては痛ささえ感じてしまうこともある。このような私たちの感情移入の能力については，長い間理解されていなかった。

　最近になってこのような私たちの能力に関係すると考えられる非常に興味深い知見が得られた。サルの脳の電気活動を計測している実験中に，そのサル自身は何の行動もしていない（実験のた

めにイスに座っていた）のに，あたかも自分が行動をしているかのように応答をみせる神経細胞が運動野付近にみつけられた。この発見をした**リゾラッティ** (Giacomo Rizzolatti) らはこの現象を細かく調べ，サルの手の動きに関わる神経細胞群は，別のサルや人の手が出てきてものをつかむシーンのビデオ映像をみるだけで，応答することなどを見いだした。このような現象は**ミラーニューロン（物まねニューロン）**と名付けられた (Rizzolatti & Sinigaglia, 2006 柴田訳 2009)。

リゾラッティ
(Giacomo Rizzolatti)

ミラーニューロン
(mirror neuron)

　ミラーニューロンはサルだけにみられるものではなく，例えば人においても，誰かが言葉を話しているシーンをビデオでみるだけで，実際には音声が聞こえたり，自分自身が発話をしている訳でもないのに，運動性の言語野に相当する部分の神経細胞群が活動を見せることが明らかにされている。さらに，体の動きだけでなく，感情に関連する顔面表情の変化についても，ミラーニューロンが発見されている。

　社会脳という言葉を最近よく聞くことになった。ミラーニューロンを中心とする脳機能は我々が社会的な動物であるために備わっていると考えられるため，これらの機能を総括して名付けられたものである。

■おわりに

　脳と心に関係する知見は日々蓄積され，私たちの脳と心に対する理解は深まりつつある。例えば，私たちが行動しようとする意図が生じるよりも前に脳の運動野が活動を始めるという報告（Libet, 2004 下條訳 2005）がある。つまり，私たちが自然に感じているように，「手を伸ばして物を取ろう」という意図が生じてから，筋肉を動かす運動野の神経細胞が活動するのではなく，筋肉を動かす運動野の神経細胞が活動を始めたことから，その行動を「手を伸ばして物を取ろう」というように解釈しているというわけである。この現象は神経科学の分野に留まらず，心理学や

哲学の分野においても，非常に詳しく調べられたり，討論されたりしている。同じことは感情においても議論されている。私たちは，「悲しいから泣く」「嬉しいから笑う」と考えがちである。しかしながら，そうではないという証拠も出てきている。例えば，吊り橋理論では，吊り橋を渡るというドキドキ感が，目の前にいる人の魅力のために自分がドキドキしたのだと**誤帰属**されたと解釈されていた。また，割り箸を口にくわえると，口角が上がり，笑ったときと同じような口元になる。このようにした状態では，悲しみよりも幸せに気分一致効果がみられる。さらに，脳の活動を細かく調べると，感情をコントロールする部分（大脳辺縁系）が活動してから，感情が生じるといえる結果が多く得られている。**ダマシオ** (Damasio, 2010　田中訳　2010) はこれらの知見に基づいて，**ソマティック・マーカー仮説**を提唱している。ソマティックとは体という意味で，体の反応が最初に生じてから，その体の反応を脳が解釈したときに感情が生じるというわけである。

　本章で述べてきたように，最近の神経科学および心理学の進歩により，その境界はなくなりつつある。心理学の現象を解釈するには神経科学の知見を用いるとスムーズに行くこともあるし，神経科学の研究の進歩には心理学の知見が不可欠である。また，これらの知見を統合し人間を総合的に理解しようとする神経哲学，これらの知見を応用し人間の経済活動の理解に応用しようとする神経経済学などの分野も近年になって飛躍的に発展してきている。つまり，脳を抜きにしては心を考えられないという風潮になっている。

誤帰属 (miss attribution)

ダマシオ
(Antonio Damasio)
ソマティック・マーカー
仮説
(somatic marker
hypothesis)

まとめ

　最初の問いに戻ろう。あなたは脳と心の関係について
どのように考えるだろうか？脳こそが心である（唯物論），
心と脳は全く独立したものである（心身二元論），実はこ
の世は私の心だけが存在し，脳や心理学は私の心が生み
出した幻である（唯心論）など，様々な意見があるかも
しれない。しかしながら，現代科学では，心は脳の機能
として理解できうるものであり，現在神秘的な心の部分
は，まだ脳機能として十分に説明できていないだけであ
ると考えている。そのため，脳の研究手法が十分に発展
した暁には，心が解明できると信じている研究者も多い。
あなたはこの考えに，どのような意見を持つだろうか？

参 考 図 書

イアコボーニ，M.（著），塩原通緒（訳）(2009). ミラーニューロンの発見――
　　「物まね細胞」が明かす驚きの脳科学―― 早川書房
村上郁也（編）(2010). イラストレクチャー認知神経科学，オーム社

mind and body

第13章 感情の基礎理論

泣くから悲しいのか，悲しいから泣くのか

阿部 恒之

§13. 感情の基礎理論

本章で解決する謎
「泣くから悲しいのか，悲しいから泣くのか」

　感情研究の初期において，感情の実感は身体変化の自覚である…つまり，悲しいから泣くのではなく，泣くから悲しいのだという主張が行われた。これは，悲しいから涙がこぼれるという一般常識に反する主張である。

　泣くから悲しいのか，悲しいから泣くのか，この謎を巡る論争を振り返る。

■感情の３要素

　「いづれの御時にか，女御，更衣あまた候ひ給ひける中に，いとやむごとなき際にはあらぬが，すぐれて時めき給ふありけり」…有名な，『源氏物語』（桐壺）の書き出しである。ここに登場する「時めき」は，時勢に乗って栄えるという意味の「時めく」という動詞の連用形である。この「時めく」は，現代においては，「今を時めく」という慣用句として使われることが多い。

　一方，「これは必ずさるべき使ひと思ひ，心ときめきして行きたるは，ことにすさまじきぞかし」という『枕草子』（すさまじきもの）の一文における「心ときめき」は，感情の高鳴りに伴う心臓の鼓動の高進の自覚に由来する名詞である。

　現代における「ときめき」は，後者の「心ときめき」のニュアンスを引き継いでいるものと思われる。調査によれば，現代日本人は，「ときめき」を，心臓活動促進の自覚を伴うポジティブな方向への気分の変化としてとらえており，ときめいている人の

表情を区別できるという実験結果が示されている（河島他, 2011）。

　この「ときめき」に見るように，感情とは，ときめき特有のワクワクして高揚した気持ち（主観的な変化の自覚）である**感情経験**，心臓の高鳴りという**生理反応**，ときめき特有の表情という**感情表出**の3つの要素を持つものである。

感情経験
(emotional experience)
生理反応
(physiological
response)
感情表出
(emotional expression)

　日常的に「感情」と言う場合，感情経験を指すことが多いだろう。生理反応は心臓の鼓動のような自覚可能なものばかりではなく，ホルモン分泌など，自覚を伴わない変化も生じる（第14章参照）。また，感情表出は顔の表情だけではなく，しぐさ・姿勢の変化なども含まれる。

■感情の位置づけ：知情意

　伝統的に，心の働きを知・情・意に3分することがある（図13-1）。「知 (cognition)」とは，外部からの情報を取り入れる入力を担い，「意 (conation)」は外部への働きかけを行う出力に相当する。この入力と出力の働きに伴って生体内の環境は変化する。これが「情 (affect)」であり，感情はここに含まれる。

　コンピュータに例えるなら，スキャナーで情報を取り込んで処理し（知），出力信号を生成してプリンターに送る（意）。この時，

図13-1　心の働きの3分類

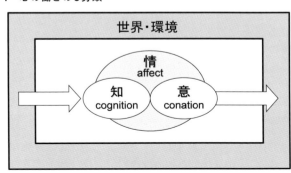

コンピュータは発熱し，ファンが作動して冷却しようとする。このコンピュータ内部の変化が「情」であり，「情」の状態が「知」や「意」に影響する。

感情を考えるとき，この大局的な見方が重要だと思われる。

■感情の基礎用語

ここまで，感情という用語を使ってきたが，類似した用語として，情動・情緒・気分・情操・情熱などがある。英語でも emotion, feeling, mood, affect, sentiment, passion など多彩な用語があるが，日本語と英語の対応は必ずしも定まっていない。

多くのテキストで一致しているのが，気分を mood とする対応である。天気が良くて朝からなんとなくうきうきしているといった比較的弱く持続する心的状態が気分＝mood である。

これに対して，顔の色が変わったり，心臓の動きが激しくなったりする怒りや恐れのような強い感情には，日本語で情動，英語では emotion が用いられてきた。感情研究の中心課題がこの強い感情であることから，英語論文では emotion が多用され，その和訳として情動を用いるテキストが多かった。しかし，「日本感情心理学会」の英語表記は，"The Japan Society for Research on Emotions" である。最近は，emotion に対応する日本語として，感情が用いられるようになってきた。以降，感情は，いわゆる「感情の総称」として用いるが，emotion（強い感情）を念頭において話題を進める。

■ジェームズ–ランゲ説

感情研究の大きなテーマの一つは，感情経験が何に由来するかという問題である。この問題を最初に提示したのは**機能主義・機能的心理学**の主導者としても知られる**ジェームズ**である。彼は感情における身体の変化（生理反応・感情表出）を重視した。そし

機能主義 (functionalism)
機能的心理学
(functional psychology)
ジェームズ
(William James)

て，身体的変化のない感情はありえないという主張を行った。その主張は次の言葉に要約される (James, 1884, pp. 189–190)。

> 興奮する事実を知覚した直後に身体変化が生じる。この変化を感じること。それが感情*である。
>
> ＊この文中の感情 (emotion) は，感情経験を指すとみなされる。

さらに，財産を失って悲しくなって (sorry) むせび泣く，クマに出会って恐怖を感じて逃走する，ライバルに侮辱されて腹が立ったから殴るという一般常識に即した感情経験と身体変化の順序関係を例示したうえで，この一般常識的順序は間違っていると指摘し，こう続けている。

> 泣くから悲しくなり，殴るから腹が立ち，震えるから恐ろしくなるのであって，悲しい・腹が立つ・恐ろしいから泣いたり殴ったり震えたりするのではない。

ランゲ
(Carl Georg Lange)

この論文発行の翌年，デンマークの**ランゲ**（実際の発音は long と同じ (Cornelius, 1996, p. 66)）が血管の活動が感情経験の元であるという説を発表し，ジェームズ没（1910年）後の1922年には，ランゲ・ジェームズの連名で著作が発刊された。以降，二人の主張は**ジェームズ–ランゲ説**と呼ばれるようになった。

ジェームズ–ランゲ説
(James–Lange theory)

この説の要諦は，感情経験は，身体変化（生理反応・感情表出）をモニターした結果である，という点にある。すなわち，感情経験の起源を身体という末梢（⇔中枢）に置いたのである。ゆえに，**末梢起源説**とも呼ばれている。

末梢起源説
(peripheralist theory)

なんとなく常識とは逆の主張のように感じられるが，この主張は，感情を環境適応のためのシステムとみなす機能主義の立場に立てば，当然の帰結である。上の文章の2段落下には，次のように記されている。

> 神経装置とは，体外の事柄の特定の組合せと，器官内で抑制と開放を行う特定の神経発火との間を結ぶハイフンに過ぎない。

　　文脈を踏まえると，感情とは，進化の過程の中で獲得された，環境変化に即した身体変化を自動的に生成する機能であるという意見である。よって，感情の主役は身体変化であって，感情経験は主役ではないということになる。

ダーウィン
(Charles Robert Darwin)

　　ダーウィンが表情の進化について論じた「人間と動物の表情について」という著作が，3名の感情研究者に寄贈された。その3名とは，オーストラリアのサザーランド (Alexander Sutherland)，そして，ジェームズとランゲだったという (Dunlap, 1922/1967)。この二人が進化論の影響を受けた機能主義的感情論を提唱したのは，この1冊の本の影響だったのかもしれない。

■キャノン–バード説

キャノン
(Walter Bradford Cannon)
バード (Philip Bard)
キャノン–バード説
(Cannon–Bard theory)

　　キャノンは博士課程の学生として彼に師事する**バード**とともに，**キャノン–バード説**を主張した。

　　キャノンは，ハーバード大学で，ジェームズの哲学講義を受けていた学部生であった。ジェームズの感情理論に対する批判と擁護の議論を網羅した102ページのリポートを書くほどに傾倒し，ジェームズの元で哲学を学びたいと申し出たが，「霞を食って生きることになるからやめなさい (Don't do it, you will be filling your belly with the East wind)」と言われたという (Benison et al., 1987, pp. 314–315)。このジェームズの忠告によって，ジェームズの講座への進学を諦めて生理学の道に進んだキャノンであったが，交感神経–副腎髄質系（第14章参照）の研究で多大な実績を上げて，生理学的立場から感情に迫った。その知見を総合して提唱したのがキャノン–バード説である。

　　この理論の要諦は，感情経験は末梢の反応のフィードバックを必要とせず，中枢系の視床で形作られる生理反応の指令パターンを起源として生じるというものである。それゆえ，末梢起源説と対比的に，**中枢起源説**，あるいは**視床起源説**と呼称される。

中枢起源説
(centralist theory)
視床起源説
(thalamic theory)

　　キャノン–バード説はジェームズ–ランゲ説との間に明確な対

立軸を提供し，以降，感情研究はこの二説をめぐって展開して
いった。

■二つの説をめぐる論争

　ジェームズが逝去して17年後の1927年，キャノンは5つの観
点からジェームズ–ランゲ説を批判した (Cannon, 1927)。

(1) 内臓を中枢神経系から完全に分離しても，感情行動は変化
　　しない。

(2) 全く異なる感情状態，あるいは感情のない状態であって
　　も，同じ内臓変化が生じる。

(3) 内臓は比較的鈍感な構造である。

(4) 感情経験の起源となるには，内臓の変化は遅すぎる。

(5) ある強い感情の典型的な内臓変化を人為的に誘発させて
　　も，その感情経験は生じない。

　例えばこのうちの (2) は，内臓の変化は自律神経系の作用に基
づいた興奮と鎮静の単純なものであり，豊かな感情経験のバリ
エーションの起源とはなりえないというものであった。ジェーム
ズ自身は内臓や血管反応のフィードバックをランゲほどには重要
視していなかったことから，主としてランゲに向けた批判であっ
たとみることもできる。

　ジェームズ–ランゲ説の支持者サイドからは，この5点に対す
る反論が行われたが (Newman et al., 1930)，これに対して，さら
にキャノンの反論が行われた (Cannon, 1931)。この論文におい
て，キャノンが自説とジェームズ–ランゲ説の違いを図示して整
理している。これを見やすく整理して図13-2に示した。

　ジェームズ–ランゲ説とキャノン–バード説の論争は，「体が先
か心が先か」という問題設定で論じられることがあるが，後先の
問題ではなく，感情経験の起源は身体か視床か（末梢か中枢か）
の議論であった。つまり，図13-2における太い矢印の起点がど
こかの問題である。さらに言うと，感情経験に身体は必要か，と

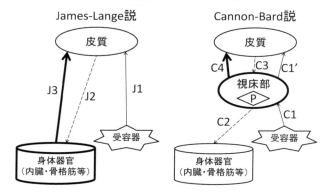

図13-2　ジェームズ–ランゲ説とキャノン–バード説

注）実線は求心経路，点線は遠心経路。Pはパターン。太い矢印J3とC4が，それぞれ
の説の感情経験の起源。阿部 (2019)より改変・許可を得て転載。

いう問題と言い換えることもできる。

■感情経験の起源論争のその後1： シャクター説

シャクター
(Stanley Schachter)
シンガー
(Jerome Everett Singer)
覚醒 (arousal)

　　以上の論争から30年ほどたった後，**シャクター**は**シンガー**と共
に，「感情の状態は，生理学的な**覚醒**とこれにふさわしい認知，この
両者の状態の関数であると考えられる」という説を発表した
(Schachter & Singer, 1962, p. 380)。後にシャクターが単独でより包括

シャクター説
(Schacter's theory)

的な主張と証拠を発表したので，シャクターの名のみを冠して**シャ
クター説**と呼ばれることが多い (Cornelius, 1996, p. 79)。

　　この説の要諦は，生理反応の知覚と，状況の認知という2つの
情報が比較参照されることで固有の感情経験が生じるというもの

二要因説
(two factor theory)
被験者 (subjects)
参加者 (participants)
エピネフリン
(epinephrine)

である。よって**二要因説**とも呼ばれる。

　　彼らは，**被験者**（あるいは**参加者**）に**エピネフリン**（第14章
で述べるアドレナリンの異称）を注射してその主観経験の自己報
告と，行動観察のデータを採取することで，感情の変化を観察し
た。但しこの際，エピネフリンによって生理的覚醒を生じるという
正しい情報を与えた群と与えない群を設けた。また，この2群をさ

らに分割し，同席したサクラが怒る群と愉快にふるまう群を設けた（実際はもう少し複雑な群分けを行ったが，説明の都合で簡略化）。

　その結果，エピネフリンによる生理的覚醒水準の変化が等しく生じても，エピネフリンの正しい情報のあるなし，及びサクラの言動によって結果は異なっていた。覚醒がエピネフリンの作用だと認知されると感情経験は生起せず，サクラの言動によって怒る場面か愉快な場面かの手がかりが与えられると，その手がかりに同調した感情経験が生起していたのである。すなわち，生理的覚醒の原因が状況の認知によって意味づけされることによって感情経験や感情表出が生じることが示されたのである。興奮と鎮静しかないゆえに，豊かな感情経験のバリエーションを生み得ないとされた単純な自律系の知覚が状況認知とセットになることで，感情経験のバリエーションを説明することが可能になったのである。ジェームズ–ランゲ説の弱点であった感情経験の豊かなバリエーションの説明を，状況認知という要素を取り入れることで解決したのである。身体変化を感情経験の要件とするという点では，ジェームズ–ランゲ説の発展形とも考えられる。

　感情経験と身体変化の関わりについては，シャクター説以外にも，様々な説が提唱されている。

■感情経験の起源論争のその後2： 感情表出のフィードバック

顔面フィードバック仮説 (facial feedback theory)

　シャクター説と同じ1962年には，Tomkinsによって**顔面フィードバック仮説**が提唱された (Tomkins, 1962)。これは感情経験のバリエーションを顔の表情に求めた説である。顔の表情は，感情経験に匹敵するほど豊富であり，かつ迅速である。ジェームズは内臓活動のみならず姿勢や行動を含む，広範な「身体変化 (bodily changes)」を想定していたことから，これもジェームズ–ランゲ説 (特にジェームズの説) の展開としてとらえることができよう。

　表情操作が感情経験に影響するかどうかについては，怒りスラ

イド＋怒り表情，怒りスライド＋幸福表情，幸福スライド＋怒り表情，幸福スライド＋幸福表情の4条件で比較して，表情筋の影響が強く認められたという実験結果 (Laird, 1974) や，ペンを唇でくわえるか（不満表情）歯でくわえるか（笑顔）で漫画の面白さ評価が変わるという実験結果 (Strack et al., 1988) などで支持された。また，顔だけでなく姿勢が感情経験に与える影響も指摘されている (Stepper & Strack, 1993)。

その一方，つくられた表情の影響がないとする実験結果も報告され (Tourangeau & Ellsworth, 1979)，Journal of personality and social Psychology 誌を中心舞台として新たな論争となった。その影響力を過大視すべきではないという意見 (Matsumoto, 1987) はあるが，表情は感情経験に何がしかの影響を与えているようだ。

ザイアンス
(Robert Bolesław Zajonc)

なお，**ザイアンス**は，顔の表情が感情経験に影響するメカニズムを，表情筋の収縮が脳の特定部位に達する血管を収縮させることに求める，**感情導出の血管理論**を提唱したが (Zajonc, 1985)，これは今日あまり顧みられていない。

感情導出の血管理論
(vascular theory of emotional efference)

■感情経験の起源論争のその後3： 1990年代以降

ダマシオ
(Antonio Damasio)
ソマティック・マーカー仮説
(somatic marker hypothesis)
前頭前野腹内側部
(ventromedial prefrontal region)

ダマシオら (Damasio et al., 1991; Damasio, 1994) によって，**ソマティック・マーカー仮説**が提唱された。この説は，リスクを伴う意思決定において，内臓感覚などの身体的な印が自覚的／無自覚的に**前頭前野腹内側部**へ投射されて意思決定を導くとする仮説である。身体情報がフィードバックされて意思決定を導くという点で，ジェームズ–ランゲ説ときわめて親和性が高い。しかし経験の蓄積によって，身体反応がなくても前頭前野腹内側部が扁桃体を賦活させ，あたかも身体反応を生じたかのような中枢内のループ（**あたかもループ**）が起動して感情経験が生ずるとする。すなわち，身体変化の知覚を伴わない中枢起源の感情経験を想定している点では，中枢起源説（キャノン–バード説）を採用しているとも言える。

あたかもループ
(as-if loop)

ルドゥー
(Joseph E. LeDoux)

二経路説
(dual pathway theory)

二重過程説
(dual process theory/two
process theory)
システム1・システム2
(System 1・System 2)

　ルドゥーは，感情学習における扁桃体の機能を重視し，皮質を経由せず素早く身体反応を生じる「視床–扁桃体経路」（直接経路）と，皮質を経由して対象の分析を経る「視床–皮質–扁桃体経路」（間接経路）の**二経路説**を提唱した (LeDoux, 1996)。このモデルは，視床で形成されたパターンが起源となって間接経路で感情経験を生じ，直接経路と間接経路を経て身体変化を生じるという点から，キャノン–バード説の発展形と考えることができる。また，思考・意思決定の**二重過程説**における，**システム1・システム2** (Wason & Evans, 1974) との親和性も指摘できる。

　以上に見てきたように，感情経験を巡る研究は，いずれも身体変化を感情の要件として認めており，感情を環境適応システムとして捉える進化論的・機能主義的な感情観に立脚していると考えられる。

まとめ

1. 「泣くから悲しいのか，悲しいから泣くのか」という謎は，体が先か／心が先かという問題ではなく，感情経験に身体変化のフィードバックが必要かという問題であった。
2. 身体変化のフィードバックは，感情経験の必須要件ではないかもしれないが，環境変化に対する身体的応答をモニターして感情経験が生ずるという点では，多くの研究者が一致している。
3. その背景には，感情という心の働きが，環境変化に対する自動応答であるという，進化論的・機能主義的な感情観の影響があると思われる。

参 考 図 書

日本感情心理学会（編）(2019). 感情心理学ハンドブック　北大路書房

コーネリアス，R. R.（著）・齊藤　勇（監訳）(1999). 感情の科学——心理学は感情をどこまで理解できたか——　誠信書房

mind and body

第14章 感情とストレスの生理学

スポーツがストレス解消になるのはなぜ

阿部 恒之

§14. 感情とストレスの生理学

本章で解決する謎
「スポーツがストレス解消になるのはなぜ」

ストレス解消に何をするか。旅行だとか飲酒だとか，人それぞれのお気に入りがあろうが，運動・スポーツというのは人気の高いストレス解消法である（第15章参照）。しかし，スポーツをするとストレスホルモンが分泌される。これでは，ストレス解消どころかストレス増大ではなかろうか。

本章では，感情とストレスの生理的メカニズムを整理し，なぜスポーツがストレス解消になるのかを考える。

■セリエによるストレスの「発見」

セリエ (Hans Selye) は，1936年7月4日発行の Nature 誌上で「種々の有害作因によって引き起こされた症候群 (A syndrome produced by diverse nocuous agents)」という，1頁にも満たない短い論文を発表した (Selye, 1936)。この研究で実施された実験において，ラットに寒冷暴露，外科的外傷，脊椎へのショック，過度の運動，毒物の準致死量投薬等，様々な**有害作因**を与えた。すると，どの有害作因においても，類似した一連の反応が観察された。

有害作因
(nocuous agents)

セリエは後に，この研究結果を以下のように整理した (Selye, 1956/1978)。最初に起こるのは**警告反応**である。副腎皮質の肥大，胸腺・脾臓・リンパ節等あらゆるリンパ器官の萎縮，胃・腸上部の深い出血性潰瘍の発生などである。この，副腎皮質・リンパ器官・胃腸の3点セットの変化は**三主徴**と呼ばれている。第2

警告反応
(alarm reaction)

三主徴 (triad)

抵抗期
(stage of resistance)

疲憊期
(stage of exhaustion)

汎適応症候群
(general adaptation
syndrome)
ストレス (stress)
ストレッサー (stressor)

糖質コルチコイド
(glucocorticoid)

ホメオスタシス
(homeostasis)

段階では，三主徴は消失し，抵抗力が増大して安定した**抵抗期**となる。しかしさらに侵襲が続くと，警告反応と似た症状を示しながら抵抗不能となる。この第3段階を**疲憊期**という。

この一連の反応，すなわち，刺激の違いに依存しない共通の反応セットをセリエは**汎適応症候群**と名付け，後に**ストレス**と呼ぶようになった。そして当初，有害作因と称した刺激を**ストレッサー**とした (Selye, 1956/1978, p. 51)。

このストレスという用語は，内分泌・生物学的用語から，医学，さらには心理学などの社会科学の用語として多くの研究のキーワードとなって現在に至る。

ストレス状況においては，副腎皮質から分泌される**糖質コルチコイド**が重要な働きをしていることが知られている。

■キャノンによる危急反応の「発見」

キャノン–バード説（第13章参照）のキャノンは，生理学に様々な貢献をしている。その一つが，有名な**ホメオスタシス**という概念の提唱である。ホメオは「似ている」(like or similar) という意味のギリシャ語homoioに由来する。「同じ・均質 (same)」を意味するhomoとは異なり，多少の揺らぎを含むニュアンスが込められている。スタシスは停滞・静止状態を意味する英語stasisに由来する (Cannon, 1929, pp. 400–401)。すなわちホメオスタシスとは，生体内部の環境が，若干揺らぎつつも，おおむね恒常性を維持している状態・現象を指す。

ホメオが含意するところは，ホメオスタシスが頑として動かない静的なものではなく，生命維持に重要な体内環境を保つために，絶えず動的な調整が行われているということである。たとえば野生環境（後述）において，怒りや恐れの感情は，闘争や逃走などのエネルギー消費の激しい行動を伴う。すると血中の糖や酸素が消費されて二酸化炭素が増える。これを補償するために，心拍が早まって肝臓からの糖の補給が迅速に行われ，呼吸が早く

なって血中の酸素・二酸化炭素濃度のバランスが回復される。こうしてホメオスタシスが維持される。

　キャノンは，この興奮が**交感神経**と，副腎から分泌される**アドレナリン**＊によって生じることを見出した (Cannon, 1914a, b)。後にこの反応は**闘争か逃走か**などの危急事態における**危急反応**と呼ばれるようになった。なお，キャノンは危急事態を「ストレスの時 (at times of stress) と表現している (Cannon, 1914b, p. 269)。

交感神経
(sympathetic nerve)
アドレナリン
(adrenaline)
闘争か逃走か
(fight or flight)
危急反応
(emergency reaction)

＊キャノンは，アドレニン：adrenin と呼んでいた (Cannon, 1932, p. 44)。

■HPA 系と交感神経–副腎髄質系

　ストレスという用語はセリエが提唱したものであるが，今日では，危急反応も含めてストレスとされている。

　ストレスは心身の総合的反応である。生理反応だけに的を絞っても，**神経系・内分泌系・免疫系**が関与しあった複雑なメカニズムを形成している。セリエとキャノンが研究対象としていたのは神経系・内分泌系であり，セリエの研究は **HPA 系**，キャノンの研究は**交感神経–副腎髄質系**に関するもので，ストレスの異なる生理基盤に注目していたことになる。

神経系 (nervous system)
内分泌系
(endocrine system)
免疫系 (immune system)
HPA 系 (HPA axis)
交感神経–副腎髄質系
(sympathetic–adrenal–
medullary axis;
sympathoadrenal system)

　以下，ストレスにおいて中心的な役割を担う HPA 系，交感神経–副腎髄質系，それぞれの仕組みと働きを，図14-1に基づいて概説する（主に小澤・福田 (2009) の記述に準拠）。

■HPA 系

　HPA 系は hypothalamic–pituitary–adrenal axis（hypothalamo-pituitary-adrenocortical axis などの異称もあり）の略称であり，視床下部–下垂体–副腎皮質の連絡を指す。ストレッサーによって刺激された視床下部はその**室傍核**から **CRH** を分泌する。CRH は血流に乗って下垂体門脈を通って下垂体前葉に至る。下垂体前葉は CRH の刺激で **ACTH** の分泌を促進する。そして ACTH は血流に

室傍核
(paraventricular nucleus)
CRH
(corticotropin releasing
hormone)
ACTH
(adrenocorticotropic
hormone)

図14-1　HPA系と交感神経–副腎髄質系の概略

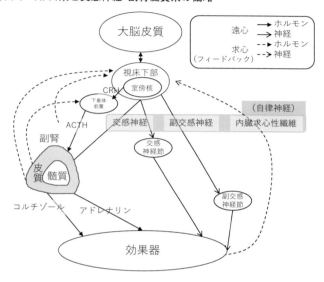

よって副腎皮質に到達し，糖質コルチコイドの分泌を促す。動物によって利用される糖質コルチコイドの組成は異なり，人の場合は**コルチゾール（別名 hydrocortisone）**が主たる役割を担う。このように，この経路はその連絡をホルモンに依存している液性の(humoral) 情報伝達路であり，血液により伝播されるという特徴を持つ。

コルチゾール (cortisol)

　副腎皮質から血中に分泌されたコルチゾールは効果器の受容体に結合・活性化して核内に移動し，標的とする遺伝子の転写調整を行い，遺伝子の発現調節を通じて効果器に作用する。主な生理作用は，糖新生，グリコーゲンの貯蔵，抗インシュリン作用，糖利用の阻害による血糖の維持，電解質作用による昇圧などである。多量に分泌された場合，蛋白質異化，脂肪分解，免疫力の低下，抗炎症作用などを生じる。すなわち，血中にエネルギー源である血糖を供給・維持し，身体のメンテナンス事業とも言うべき免疫作用を抑えて目下の大事であるストレッサーへの対処に集中

させる働きを担う。

サーカディアンリズム
(circadian rhythms)

　　コルチゾールの分泌は，明瞭な**サーカディアンリズム**を有している。早朝にもっとも高濃度に分泌され，正午までには低値となり，以降この状態が続く。但し，食事性の上昇があり，食事後には若干の上昇を見る。

　　図14-2はニューヨークへの出張者の渡航前後におけるコルチゾールのサーカディアンリズムの変化を調べた結果である（阿部，2002）。渡航前は早朝にピークのある典型的なサーカディアンリズムが認められるが，帰国当日と翌日にはピークが夜，すなわちニューヨーク時間の朝に出現している。ニューヨーク時間に順じたサーカディアンリズムになっていたのである。そして帰国5日後には日本時間のサーカディアンリズムに復帰している。つまり，コルチゾールのサーカディアンリズムは堅固に維持される

図14-2　海外旅行がコルチゾール分泌リズムに及ぼす影響

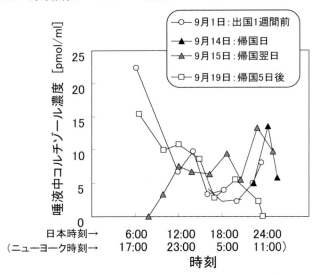

注）36歳男性。1997年9月8日に出国しニューヨークへ。9月14日帰国。阿部
(2002) より出版社の許可を得て改変して転載。

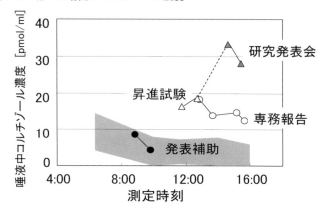

図14-3　様々な場面のコルチゾール濃度

注）データは全て同一被験者（36歳男性）。図中の灰色帯は，唾液中コルチゾール濃度の標準値（男女・勤務日の平均値±1SD）。昇進試験と研究発表会は同日ゆえに点線でつないだ。織田他 (2000) のデータに基づいて新たに作図。

ジェットラグ (jet lag)

ものの，昼夜の生活リズムの変更が5日ほど続くとそれに合わせて調整されるのである。この調整・回復過程が**ジェットラグ**と呼ばれる体調不良の正体であろう。

　このように，コルチゾールのサーカディアンリズムは明瞭であり，時差も数日間で再調整されるほど堅固なものであるが，ストレッサーが加わると一過性に顕著な増大を示す。図14-3は様々なストレス場面のコルチゾール濃度の変化を示したものである（織田他，2000）。

■交感神経–副腎髄質系

中枢神経系 (central nervous system)
末梢神経系 (peripheral nervous system)
体性神経系 (somatic nervous system)
自律神経系 (autonomic nervous system)

　HPA系がその伝達をホルモンに依存するのに対して，この経路では神経（電気）とホルモン（液体）の2種の信号が用いられている。

　そもそも神経系は，大脳や脊髄などの司令塔役の**中枢神経系**と，その指令の伝播役を担う**末梢神経系**からなる。そして末梢神経系は運動機能を担う**体性神経系**と内臓機能を担う**自律神経系**で構成される。このうち自律神経系は，視床下部を中心とする中枢

神経系からの信号を内臓に伝える遠心性繊維である交感神経，**副交感神経**の2種と，内臓からの信号を中枢に伝える**内臓求心性線維**で構成されている。

副交感神経
(parasympathetic nerve)
内臓求心性線維
(Visceral afferent fibers)

交感神経・副交感神経は中枢神経系から発し，一旦，神経節で**シナプス**（神経の接合部のこと）を介して，別の**ニューロン**（神経細胞）に信号を伝播してから心臓などの効果器に連絡している。中枢神経系から神経節までは節前ニューロン，そして神経節から効果器までは節後ニューロンと呼ばれる。神経節のシナプスでは，**アセチルコリン**という神経伝達物質によって連絡している。

シナプス (synapse)
ニューロン (neuron)

アセチルコリン
(acetylcholine)

さて，交感神経–副腎髄質系とは，交感神経と副腎髄質が協調的に働くことからひとまとめにされた呼称である。交感神経–副腎髄質系の興奮により，心拍数の増加，末梢血管の収縮，血圧上昇，呼吸促進，気道拡張，瞳孔散大，発汗，立毛，グリコーゲン分解による血糖上昇，脂肪分解による遊離脂肪酸増加などのストレス反応をもたらされる。

この時，交感神経の節後ニューロン末端，すなわち効果器と接続するシナプスにおいて，**ノルアドレナリン**が分泌されることで効果を発揮する**。副腎髄質は例外的に交感神経の節前ニューロンによって直接支配されており***，交感神経の興奮に応じてアドレナリンを分泌して，血液によって全身にいきわたって作用する。

ノルアドレナリン
(noradrenaline)

こうして，交感神経終末のノルアドレナリンが局所的に，副腎髄質から分泌されたアドレナリンが広範に作用して，上記の変化が生じる。

なお，多くの効果器では，交感神経と副交感神経の二重支配を受けており****，副交感神経は交感神経–副腎髄質系に拮抗した反応をもたらす。いわば，交感神経（と副腎髄質）がアクセル役を，副交感神経がブレーキ役を担っているのである。

アドレナリンとノルアドレナリンは，ともに効果器の**アドレナリン受容体**に結合することで作用する*****。一方，副交感神経

アドレナリン受容体
(adrenergic receptor)

ムスカリン受容体
(muscarinic receptor)

の興奮は，終末部でもアセチルコリンを分泌し，効果器の**ムスカ
リン受容体**に作用する。

ドーパミン (dopamine)

カテコールアミン
(catecholamine)

＊＊アドレナリン・ノルアドレナリンと**ドーパミン**は化学構造の中にカテ
　　コール基を有するので，**カテコールアミン**と総称される。

＊＊＊副腎皮質が，骨・筋肉・血管・造血器・泌尿生殖器系と同じ中胚葉由
　　来であるのに対して，副腎髄質は表皮・神経組織・耳や鼻の感覚上
　　皮・水晶体と同じく外胚葉由来である。副腎皮質は内分泌器官である
　　が，副腎髄質は，節後線維の欠落した交感神経節である（本間，2009,
　　p. 933）。

＊＊＊＊唾液の分泌は交感神経・副交感神経ともに促進的作用。瞳孔散大
　　筋・副腎髄質・立毛筋・汗腺・大半の血管などは交感神経のみ，瞳
　　孔括約筋は副交感神経のみの支配（佐藤，1993）。

＊＊＊＊＊汗腺や骨格筋の一部の血管を支配する交感神経終末ではアセチルコ
　　リンが分泌され，ムスカリン受容体に作用する。

■運動とストレス反応

　ここで運動時の生理反応をご覧いただきたい。図14-4は運動
負荷時の生理的な変化である（阿部他，1997）。運動により，心
拍率と呼吸率は上昇する。特に強運動ではその傾向が顕著であ
る。血漿中アドレナリンも，心拍率・呼吸率と類似した挙動を示
していることがうかがえる。この実験におけるストレスホルモン
とその他の生理反応・運動負荷量の相関係数を表14-1に記す。

　カテコールアミン類は運動負荷・心拍率・呼吸・乳酸と明確な
相関を示しており，心臓や呼吸の活動を高進するホルモンである
ことが確認される。

　コルチゾールは血糖と弱い正の相関を示していた。また，ここ
では示していないが，弱運動–強運動のセッションでは，強運動
が終了した直後に増大し，その後の安静で低下していた。やはり
血糖の減少を補償し，調整するために分泌されるホルモンである

図14-4　運動時の心拍率・呼吸率・血漿中アドレナリンの変化

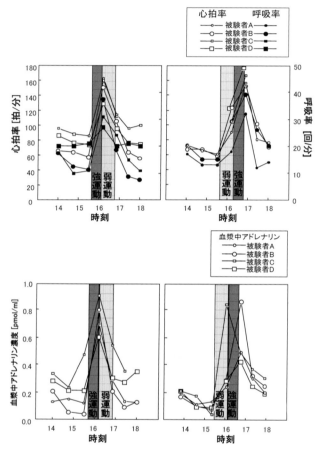

注）20代後半の4名の男性が自転車こぎ運動を行ったときの生理的変化。上段には心拍と呼吸のデータ，下段には血漿中アドレナリン濃度のデータを示した。阿部(2002)より出版社の許可を得て転載。

ことが確認できる。また，アドレナリン・ノルアドレナリンと弱い負の相関も有していたが，これは運動負荷による血糖減少を介した**偽相関**かもしれない。

偽相関
(spurious correlation)

　このように運動時の生理挙動を観察すると，それはストレス反

表14-1　心拍率・呼吸率と，ストレスホルモンの相関係数

	運動負荷	心拍率	呼吸率	乳酸	血糖
コルチゾール	−.01	.10	.04	.07	**.29**
アドレナリン	**.86**	**.81**	**.83**	**.65**	−.33
ノルアドレナリン	**.83**	**.79**	**.88**	**.87**	−.27
ドーパミン	**.73**	**.71**	**.76**	**.70**	−.13

注）太文字は有意な相関

応そのもののように見える。運動によるエネルギー消費を支え，それによって変化した体内環境を補償し，ホメオスタシスを維持するために，HPA系・交感神経–副腎髄質系の活動が活発化する。ゆえに運動によってストレスホルモンは増えるのである。スポーツはストレス解消どころか，ストレス反応を惹起するストレッサーだと見なしえる結果である。スポーツがストレス解消になるというのは嘘だったのだろうか。

■野生環境と文明環境

　　ここで，私たちの来し方を振り返る。私たちの心身の仕組が出来上がったのは，十数万年前，**ホモ・サピエンス**という種としてこの世に現れたときである。すなわち，ホモ・サピエンスを誕生させたのは，このはるか昔の環境の圧力である。人間の生理的な構造のみならず，精神活動の遺伝的な構造も進化の産物であるという考え方に立脚する進化心理学では，このような進化の舞台となった環境を**進化適応の環境**と呼ぶ（長谷川・長谷川，2000）。

　　戸田（1992）は，ホモ・サピエンスが誕生した頃の進化適応の環境を**野生環境**とした。そして現代のように人の手が隅々に加えられた環境を**文明環境**として区別した。古く見積もって農耕が行われるようになった約1万年前が文明環境への移行期だとしても，進化のスケールからすると不十分である。いま世界中に住む多種多様な文化に属する人類が同一の種であるように，野生環境にあったときも文明環境になってからも，同一の種＝ホモ・サピエンスとしての共通の心身機構を備えているはずである。

ホモ・サピエンス
(homo sapiens)

進化適応の環境
(environment for the
evolutionary adaptedness:
EEA)
野生環境
文明環境

戸田はここに問題を見る。私たちの心身は，野生環境において有利な仕組として成立し定着したものであっても，それが現代において同じように有利な結果をもたらすとは限らない。いわば，野生合理性を備えている仕組が，文明合理性を有するとは限らないのである。

■空ぶかし仮説

ストレス反応や危急反応をこの文脈に当てはめて考えてみると，極めて野生合理性の高いものだと気づく。獣を狩る，獣から逃げる，こういった，闘争か逃走かといった場面において，HPA系が賦活して血糖を維持し，交感神経–副腎髄質系が働いて心臓や呼吸の活動を促進し，筋肉に血液を集めるのは適応的な反応である。

しかし，ひるがえって文明合理性があるだろうか。セリエ(Selye, 1973, p. 692) が日常のストレスを説明するにあたって例示した，「取引先と上司の両方から絶え間なくプレッシャーをうけるビジネスマン」や，「わずかな油断が数百人の死に結びつくことを知っている航空管制官」などにおいては，ストレス反応における生理的興奮は意味を持たない。冷静であるべきときに生じた興奮で失敗することは良くあることではないだろうか。

今日のような文明環境の特徴は，問題解決行動が文明の定めた掟に拘束されることである。満員電車で足を踏まれてムカッとしたとき，体内ではストレス反応・危急反応が生じ，闘争・攻撃に備える。しかし，ここで闘争行動をとらないのが現代社会の掟である。文句を言うくらいがせいぜいで，ふつうは黙って耐えるのみである。踏んだほうも，急ブレーキのせいであって文句を言われる筋合いはないと感じたとしても，闘争か逃走かの選択を棄却し，謝るのが筋である。ともに生理的な興奮を抱えながら，その興奮を行動に利用できない状況が生じるのである。危急反応が生じ，生理的な準備ができてもそれに適した行動を取れない。これはちょうど停車中にブレーキを踏んだままエンジンをブンブン回

す自動車の空ぶかしのようなものである。

　野生環境で有利だった反応が，文明環境においては，ふさわしい行動をとれないがゆえに自動車の空ぶかしのように不必要な生理的賦活となり，健康を蝕んでいる。これが現代においてストレスが害悪となる所以なのではないだろうか。

■ストレス解消法としてのスポーツ

　ここでひるがえってスポーツを考える。

　スポーツは，確かにストレス反応と同じような生理変化をもたらす行動である。しかし，それにふさわしい行動が伴うことによって，合目的的である。自動車で言えば，空ぶかしではなく，きちんと走ることである。しかも，スポーツは終了とともに生理的興奮が鎮静化する（図14-4参照）。終了を合図にスイッチが切れるようなものである。

　また，現代社会では，今，目の前で生じている嫌なことだけではなく，過去のこと，将来のことも悩みの種となる。むしろ，勝手に去来する嫌な記憶の自動再生，すなわち**抑鬱的反芻**が重大なストレッサーとなっている。ところがスポーツをしているとき，私たちの関心は目の前のボールの動きやバーベルの重さ，あるいは相手チームの戦術の解読などに集中せざるを得ない。抑鬱的反芻のストレッサーは解除される。自動車のたとえで言えば，踏んでいるアクセルを離すという作用がスポーツには伴うのである。

抑鬱的反芻
(depressive rumination)

　たとえば，仕事の失敗が頭からはなれないというストレス状況にある人がテニスをしたとする。亢進した生理反応は適切に利用されることになる。そして，あと一歩前へ，フォアかバックか，打ったら即座にネットに出る，こういった判断を矢継ぎ早にするとき，仕事の失敗の記憶は反芻されない。そしてテニスを終えてシャワーを浴びるうちに生理反応は鎮静化する。いわゆる，**リラクセーション**がもたらされるのである。

リラクセーション
(relaxation)

　このように，現代社会のストレスを空ぶかし仮説の視点で捉え

たとき，スポーツは確かにストレス解消の妙策であると考えられるのである。

まとめ

1. スポーツをするとホメオスタシス維持のために交感神経–副腎髄質系・HPA系が賦活し，ストレスホルモンが分泌される。
2. その一方で，現代のストレスは，運動を伴わないまま交感神経–副腎髄質系・HPA系が無駄に賦活化し，自動車の空ぶかしのように健康を蝕んでいる。
3. ところがスポーツをすると，無駄に分泌されているストレスホルモンに本来の使い道を与える。
4. また，スポーツに集中することで，ストレッサーへの関心を中断し，記憶のストレッサーから解放する。
5. 現代のストレスは，自動車の空ぶかしにたとえられる。スポーツは，実際に車を走らせ，アクセルを戻すことにつながるので，空ぶかし解消，すなわちストレス解消になるのである。

参 考 図 書

キャノン，W. B.（著），舘鄰・舘澄江（訳）(1981). からだの知恵——この不思議なはたらき—— 講談社

第15章 ストレッサーのパラダイムシフト

阿部 恒之

クリスマスは毒か薬か

§15. ストレッサーのパラダイムシフト

本章で解決する謎
「クリスマスは毒か薬か」

社会再適応評価尺度によれば，クリスマスは配偶者の死の約1/8のストレスになるとされている。しかし，クリスマスは楽しく，むしろストレス解消になるのではなかろうか。

本章では，クリスマスはストレスの促進因子か抑制因子か，つまり，毒か薬かを考えながら，ストレッサー研究で生じたパラダイムシフトについて考える。

■パラダイムシフト

第13章・14章では，心と身体の結びつきについて学んだ。生理反応・感情表出は，感情経験と一体的に感情を構成している。心と身体は，まさに心身一如の関係にある。これは今や常識である。しかし，**デカルトの心身二元論**に立脚した17世紀以降の西洋科学においては，心と身体は明瞭に峻別されてきた。キャノンの危急反応・セリエのストレスの研究は，17世紀以降の心身観に変革を，いわばパラダイムシフトを迫るものでもあった。

パラダイムとは，クーン (Kuhn, 1962) が提唱した概念であり，「科学的研究の共同規範」，「価値理念や認識関心の総体」，「『何をいかに研究すべきか』という研究のオリエンテーションを行う実践的枠組み」のことである（Kuhn, 1962 中山訳 1971, p.23, 48, 48）。野家 (2007, p.23) によれば，「目の背後の眼鏡」のようなものである。

太陽が天を巡っているという天動説のパラダイムが共有されて

デカルト (René Descartes)
心身二元論
(mind–body dualism)

パラダイム (paradigm)

いた2世紀，エジプトで活躍した天文学者・プトレマイオスは，周転円 (epicycle) という仮定を導入することで，惑星の運動をかなり正確に計算した（Gingerich, 2004　柴田訳　2005）。計算は正確であったが，仮定は誤っていた。コペルニクスは，地球は不動という眼鏡（先入観）を捨て，地球も惑星の一つという眼鏡にかけかえることで，周転円の仮定を置かずに惑星の動きを計算・予測することに成功した。そして1543年，『天体の回転について』を著し，地動説という新たなパラダイムをもたらした。この，天動説から地動説への変化のようにパラダイムが交代することを，パラダイムシフト，あるいはパラダイムチェンジという。

心身問題
(mind-body problem)

　心と身体の関係を問う**心身問題**は，今なお哲学的な関心を呼んでおり，心身二元論からのパラダイムシフトが完成したとは言えない。そもそも，デカルト自身が心と身体の結びつきを論じており，心身二元論というパラダイム自体の堅牢性に疑問がある。ルドゥー (LeDoux, 1986) によれば，デカルトは，感覚器を通じて知覚された外界の変化が脳を経由して無意識的・自動的に身体反応を生じ，その身体反応が脳にフィードバックされ，松果体を介して魂 (soul) に連絡することで感情経験となると主張していたという。

バイオフィードバック
(biofeedback)

　しかし，20世紀になってから，心と身体の密接な関係を裏付ける研究結果が様々に示されている。**バイオフィードバック**という心身調整技法＊もまた，心身の結びつきの新たな視点を提供するものである。例えば，心臓の拍動をランプの明滅などの信号として本人にフィードバックすると，意志の及ばないはずの自律神経系（交感神経–副腎髄質系・副交感神経系）に支配されている心臓の拍動を遅速化させて，リラクセーションに導くことができる。

　次節のマイヤーもまた，生活がもたらす心理的な負担が疾病を招く可能性を高めるという，心と身体の結びつきに注目した研究者であった。

*バイオフィードバックは，皮膚電気反応がオペラント条件づけによって増大するという発見 (Kimmel & Hill, 1960) を発端として発達した。

■精神生物学と生活重大事

マイヤー (Adolf Meyer)

セリエのストレス研究よりも早く，**マイヤー**は，健康・疾病に与える生物学・心理学・社会学的な影響に注目し，生活で生じる様々な出来事を**生活一覧表**で調べて疾病との関連を研究し (Meyer, 1919)，**精神生物学**を提唱した。セリエのストレス研究の文脈に置き換えるならば，これは心理的ストレッサーがもたらすストレス反応の研究である。

生活一覧表 (life chart)

精神生物学 (psychobiology)

この観点での研究は続けられ，生活上の出来事が疾患リスクと関連することが次第に明らかとなっていった。たとえば，サナトリウムで結核に感染・発病した職員は，健康な職員と比べ，最近の2年間に，負担となる出来事を多く経験していたのである (Rahe et al., 1964)。

ホームズ (Thomas H. Holmes)

レイ (Richard H. Rahe)

ホームズと**レイ**は，自らの研究をこの流れの中に位置付け，新たな質問紙の開発を試みた (Holmes & Rahe, 1967)。彼らは，それまでの研究で用いられていた質問紙が，出来事の「数と種類」のみを扱ってきたことに方法論上の問題点を見出し，「重大さ (magnitude)」を考慮したものへの改良を試みたのである。

この研究においては，394名の広範な属性の米国人を調査対象とし，様々な出来事がもたらす重大さの程度について，結婚を基準 (500) とした評定を求めた。このとき評定される重大さの程度とは，その出来事がもたらす生活の変化に再び適応するまでの時間と，その負担の強度の両方を兼ね合わせたものであり，いわば再適応に要する心的コストとみなされる。こうして43の出来事に関して得られた平均評定値を1/10にして整えられた値が**生活変化単位**であり，この出来事と生活変化単位のセットが，表1に挙げた**社会再適応評価尺度**である（表15-1では生活変化単位を「得点」と表示）。

生活変化単位 (life change unit)

社会再適応評価尺度 (social readjustment rating scale)

表15-1　社会再適応評価尺度

	出来事	得点
1	配偶者の死	100
2	離婚	73
3	配偶者との別居	65
4	刑務所への収監	63
5	親しい家族の死	53
⋮	⋮	⋮
42	クリスマス	12
43	ささやかな法律違反	11

注）Holmes & Rahe (1967) より抜粋・和訳。

　表15-1の下から2番目，42番に「クリスマス」とある。はて，クリスマスは楽しいものではないか。なぜストレスの元として挙げられているのだろうか。

　社会再適応評価尺度の特徴は，クリスマスや長期休暇などの楽しく，好ましい出来事をも取り上げたこと，そしてそれら43項目の出来事に比率尺度の得点を与えたことである。彼らは疾病リスクを上昇させる原因として，出来事の良し悪しではなく，その出来事が要求する再適応コストに注目したのである。クリスマスがたとえ楽しい行事であっても，日々の定型的生活に変化をもたらすならば，その変化に慣れるための再適応の努力が必要になる。社会再適応評価尺度においてクリスマスの生活変化単位は12点であり，比率尺度という得点の性格からすると，100点が与えられた「配偶者の死」の，1/8.3の再適応コストが予想されることになる。

　クリスマスは，いかにそれが楽しくても，再適応コストを要求するがゆえにストレッサー，すなわち毒として作用するのである。

　さて，こうして，様々な出来事は，再適応コストというひとつの軸の上で加算されることになった。再適応コストと疾病リスクとの関連性を探る研究は盛んに行われ，このとき重要な鍵となる社会再適応評価尺度そのものの改定も精力的に試みられた。

生活重大事 (life events)

これらの研究で関心を集めた心理・社会的な出来事は，稀にしか遭遇しないものの，大きな再適応コストを要求する，**生活重大事**と呼ばれる出来事であった。

■やっかい事と気晴らし

因果モデル
(antecedent-causal model)

生活重大事の研究方法は，生活重大事を生活から切り出して疾病リスクとの関連を探るものであった。関心の対象となる生活重大事を先行条件，疾病の発症を結果とする**因果モデル**では，その他の出来事は誤差因とみなされることになり，日常の些細な出来事は無視することになる。実際の人間生活と健康の関連を探ろうとした彼らの本来的な視点とは乖離する方法だったのではないだろうか。

ラザルス
(Richard S. Lazarus)
フォークマン
(Susan Folkman)

交流モデル
(transaction model)
刺激 (stimulus)
反応 (response)
評価 (appraisal)
対処 (coping)

ラザルスと**フォークマン**はここに問題を見た (Lazarus & Folkman, 1984)。生活重大事に対し，人は受身であるばかりでなく，自ら働きかける。そして環境は変化する。環境と個人はその因果を逆転させることもあるのである。彼らはこのような環境と個人の交流に重きを置き，ストレスを過程として捉えた。これをストレスの**交流モデル**という。因果モデルでは**刺激**（原因）と・**反応**（結果）に注目が集中するが，交流モデルにおいては**評価**や**対処**の重要性を重視するのである。

さて，交流モデルの立場から生活重大事を重視する研究を振りかえった場合の問題点は，まず，変化だけがストレッサーではないということである。たとえば，いつになっても昇進できないといった「変化のないこと」もストレス過程の端緒となり得る。第2に，生活重大事は常に健康に深刻な影響を与えるわけではない。たとえば更年期，あるいは子供が手を離れることによって生じるいわゆる空の巣 (empty nest) 状況，そして定年後の役割喪失，こういった重大な出来事も，それを予期して備えていた者にとっては深刻なストレッサーとはならない。その出来事の個人的な意味というものを考慮しなければならないのである。生活重大事そ

のものではなく，それによって損なわれた確信や関与 (beliefs, commitments) などの個人的な思惑 (personal agendas) が重要なのである。第3の問題点は，心理的なストレッサーを疾病の要因として過大視していることである。当然のことながら，遺伝的素因や環境条件などの影響も大きいはずである。

そこで生活重大事に代わるものとして注目されるようになったのが，日々生じる些細な出来事，**やっかい事**と**気晴らし**である。やっかい事とは，否定的で困った出来事，気晴らしはその逆で，肯定的で満足する経験である。

やっかい事 (hassles)
気晴らし (uplifts)

稀に生じる生活重大事が直接ストレス反応の原因になるのではなく，それまでの生活を崩壊させることでやっかい事を増やす。しかし生活重大事とやっかい事の間に見出された0.2という低い相関は，日常のやっかい事の大半は生活重大事とは独立な，ふつうの生活から生じるものであることを示す (Kanner et al., 1981)。加えて，この研究においては心理的徴候の予測因子としては生活重大事よりもやっかい事の方が強く寄与していた。生活重大事よりもやっかい事のほうが重要な問題であることを示唆するものである。

また，ラザルスらはホームズとレイが再適応コストに注目するがゆえに，あえて無視した「出来事の好ましさ」の観点を，気晴らしの導入によって強調した。交流モデルにおいて，気晴らしはやっかい事と逆に，ストレス過程の増悪を緩和する出来事とみなされる。やっかい事と気晴らしの多寡のバランスによってストレスが増悪するか緩和されるかが決まるのである。いわば，やっかい事と気晴らしの収支決算が赤字になればストレス増大，黒字になればストレス緩和ということになる。交流モデルの導入によって，ストレスは気晴らしによって緩和可能なものとなったのである（第14章参照）。

フォークマンらは，気晴らしの効果は，ストレッサーから注意を逸らし，人生の肯定的な側面に気づかせることだと述べている

(Folkman et al., 1997)。また，ラザルスらは，ストレス対処過程における日常的な気晴らしの好ましい影響として以下の3点を挙げている (Lazarus et al., 1980)。1つ目が休養（休日・昼寝・コーヒーブレイクのようなもの），2つ目がストレス過程にいる者の対処動機を維持させること，3つ目が個人的資源の再補給と新たな資源獲得の促進である。

　マイヤーやホームズらによって健康の説明要因として持ち込まれた心理・社会的観点は，ラザルスらによって展開され，ストレスを過程として捉える交流モデルを生んだ。この展開において，ストレッサーへの注目が，生活重大事から日常些事へと変化した。そして，日常の気晴らしというストレス緩和因が浮上してきたのである。いわば，ストレッサー研究のパラダイムシフトである。

　この新たなパラダイムに則れば，クリスマスは気晴らしとして機能することが推測される。クリスマスは毒ではなく薬として，安心して楽しむことができるのである。

■実際のやっかい事と気晴らし

　日常生活における実際のやっかい事と気晴らしを調べた調査結果を紹介する。

　まず，やっかい事については，全国の25〜64歳の女性1,476名を対象に，やっかい事31項目について経験の程度を尋ねた（阿部，2002, pp. 162–166）。その結果，40代後半が最もたくさんやっかい事を抱えていた。全体で見ると，「家族の健康が気になる」「出費がかさんで負担を感じる」「自分の健康が気になる」「家族の将来のことで悩んでいる」「自分の容姿や外見に自信が持てない」「コンピュータなどの新しい機械についていけない」「義理のつき合いに負担を感じる」など，やっかい事には幅広いバリエーションがあることがわかる。

　気晴らしについては，全国の15〜69歳の男女1,796名からストレス解消になっていることを自由記述で回答を得て，それをカテ

ゴライズした（阿部，2002, pp. 166–170）。その結果，気晴らしも
バリエーションに富んでおり，「おしゃべり・友人」「運動（第
14章で言及）」「買い物」「カラオケ」「睡眠・休養」「思考的対処」
「飲酒」「家族」などが上位に上げられていた。また，女性のほう
がバリエーション豊かなこと，60代になるとバリエーションが
低下することもうかがえた。

　上記では言及されていないが，家事は，やっかい事にも気晴ら
しにも挙げられていた。同じ行為がストレスの増悪と緩和のどち
らにも受け取られているというのは興味深い。そこで，様々な日
常行為について負担に感じるか（やっかい事），気晴らしに感じる
かを20〜60代の女性500名を対象に調査を行ったところ，図15-1
のような結果となった（阿部，2002, pp. 171–176）。

　やっかい事とする答えの多かった行為は，「食事の仕度」「掃除」，
真ん中が高く極めて両義的なのは「仕事」「育児」「朝の肌（の）
手入れ」「夜の肌（の）手入れ」「通勤等の外出」「洗濯」「メーク」（以
上，図15-1の上図），比較的気晴らしとして感じられていたのは
「飲酒」「歯磨き」「洗髪」，一層はっきりと気晴らしに感じられてい
たのは「テレビ」「買物」「食事」「友達づきあい」であり，特に「入
浴」「睡眠」はその傾向が顕著だった（以上，図15-1の下図）。

　入浴と睡眠についてはやっかい事と感じられることは稀である
が，他の多くの行為は両義的である。やはり現実の生活において
は，評価や対処が重要な意味を持つようである。

　つまり，ある行為が，やっかい事か気晴らしかについては，個
人差があり，状況によっても変わってくる。第14章で言及した運
動というストレス解消法も，運動が嫌いな人には気晴らしではな
くやっかい事になる。逆に，嫌々やっているうちに，楽しくなっ
てくることもある。人を対象とした研究の難しさを痛感する。

図15-1　女性による日常行為のやっかい事／気晴らし評価の分布

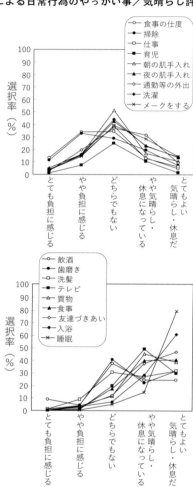

注）項目数が多いので，項目を2分割して掲載。阿部(2002)より出版社の許可を得て転載。

まとめ

1. ストレス研究は，心身二元論に一石を投じるものでもあった。
2. 因果モデルに基づく社会再適応評価尺度によれば，クリスマスは再適応コストを必要とするストレッサーとみなされる。
3. 交流モデルに基づいた，やっかい事と気晴らしという視点によれば，ストレスは緩和可能なものである。そして，クリスマスは気晴らしとして機能することが期待される。
4. すなわち，クリスマスは因果モデルに基づけば毒であった。しかし，交流モデルという新たなパラダイムに基づいたとき，薬として安心して楽しむことができる。

参 考 図 書

池田清彦 (1999/2007). 科学とオカルト　講談社

クーパー，C. L., & デューイ，P.（著），大塚泰正・岩崎健二・高橋　修・京谷美奈子・鈴木綾子（訳）(2006). ストレスの心理学——その歴史と展望——北大路書房

サール，J. R, 山本貴光・吉川浩満（訳）(2006). マインド——心の哲学——朝日出版社

mind and body

第16章 感情の役割

阿部 恒之

ボウリング場で振り返って笑うのはなぜ

§16. 感情の役割

本章で解決する謎
「ボウリング場で振り返って笑うのはなぜ」

第14章でみたように，野生環境において，感情は生存確率を高める機能を有する有益なものであった。しかし現代の文明環境では空ぶかしとなって健康上の不利益を生ずるものとなった。

感情は，もはや盲腸のような存在となったのか，あるいは現代でも機能的役割を果たしているのか，この問題について，ボウリング場においては成功の瞬間ではなく，振り返ってから笑うという謎を通じて考える。

■笑うのはいつ

数人の仲の良い友人とボウリングに行ったとする。自分の順番になる。数歩助走して慎重に投げる。ピンに向かってボールは転がる…ストライク！思わず笑みがこぼれる。

観察法
(observation methods)

さて，この笑顔はどのタイミングで出るだろうか。**観察法**によって，ボウリング場で実際に測定したデータが図16-1である (Kraut & Johnston, 1979)。このデータによれば，微笑が出るのは投球成功の瞬間ではなく，やや間を置いて友人を振り返ったときなのである。さらに言えば，投球に失敗しても，振り返って笑っている。

第14章で見たように，感情は環境に適した行動を準備する自動的なシステムのはずである。この観点からは，投球成功の喜びを我慢して振り返って笑う，失敗したのに振り返って笑うという現象は説明できない。

図16-1　ボウリング投球者の微笑頻度

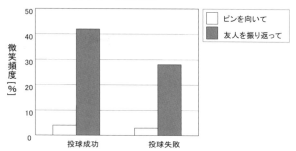

注）ボウリングをしている人たちの微笑を観察。34名の投球者の116投について，投球後まだピンのほうを向いているときと，友人を振り返ったときの2方向から観察が行われた。投球成功はストライクかスペアの場合（26投），それ以外は投球失敗とした（90投）。元になった表には実数は記されていないが，投球成功の26投の場合，ピンが倒れたときにそちらを向いたまま観察された微笑は1回（4%=1/26），友人を振り返ったときに観察された微笑が11回（42%=11/26）となるはずである。そして，観察された微笑の総数は40（17%=40/(116×2)）で，ピンを向いているときに観察された微笑は計4回，友人を振り返ったときに観察された微笑は36回と推定される。Kraut & Johnston (1979) の表を図に改変。

　なぜ，ボウリングでは，友人を振り返って笑うのか。この問題を通じて，現代における感情の役割を考えてみたい。

■ダーウィンの表情研究

　まずは，過去の野生環境における感情の役割を，研究史を辿って整理する。ダーウィンは言わずと知れた進化論の提唱者だが，表情についても進化論的な解釈を加え，「人間と動物の表情について (The expression of emotion in man and animals)」という書籍を残している (Darwin, 1872)。

　進化論の立場に立てば，動物と人間は進化的な連続性を有するものであり，感情表出もこの連続性の中で考えるべきものである。ゆえにダーウィンは表情の起源を，進化的に近縁である哺乳類（特に霊長類）の顔の動きに求めた。

　例えば，見知らぬ犬が近づいてくると猫は警戒態勢をとる。耳

図16-2 犬におびえる猫

Fig. 15. Cat terrified at a dog. From life, by Mr. Wood.

注) Darwin (1872, p. 128) より複写。

を後ろに引いて歯をむき出して背中を高く持ち上げる（図16-2参照）。このスタイルは，耳を噛まれない，攻撃力を示す，大きく見せるという効果を有する。格闘に関わる状況において常にこのような姿勢がとられ，いつしか脅威場面全てに亘って常にこの姿勢が採用されるようになる。つまり，有用な行動は，類似した場面において拡大適用され，次第に本来的な目的と離れて行く。

　人間の表情を，この進化の連続性の上に乗せるとどうなるか，たとえば食べたものが特別苦いとかまずいとかの違和感があったら，吐き出す。猫も犬も人間も同じである。口の中に少しの残りもなくなるよう，顔や舌の筋肉を総動員して必死で吐き出す。毒を摂取しないためには有益な反応である。

　サラダを食べたら青虫がいたとする。同じ反応が生じるはずである。このときの顔を鏡で見たら，おそらく嫌悪の典型的な表情になっていることだろう。そして，この事態を想像しただけで，

私たちは同じ顔になる。あるいは間違って汚いものを踏んづけてしまったとき，口中に毒や青虫はないが，やはり青虫を吐き出すような顔の動き・表情が浮かぶ。政治家の不正を見聞きしても同様である。

　本来，間違って口に入れた害のあるものを吐き出す行動であった顔の動きが，嫌悪の感情経験一般に拡大され，それが今の私たちの嫌悪の感情表出につながったというのがダーウィンの考えである＊。

　ダーウィンの説は表情に限定されたものであり，感情の全体像を考察したものではなかった。しかし，感情の欠かせない要素である表情を進化の立場から捉え，その成り立ちを環境適応的に考察する観点は，後の感情研究の強力な土台となった。

CAD三幅対仮説
(CAD triad hypothesis)
道徳基盤理論
(moral foundations theory)

＊この考え方は，ロジンらの**CAD三幅対仮説** (Rozin et al., 1999)，ハイト (Jonathan Heidt) らの**道徳基盤理論** (Graham et al., 2013) にも継承されている。

■ジェームズ，キャノン，シャクター

　ジェームズはダーウィンの33年後に生まれた，ほぼ同時代人である。第13章で言及したように，ランゲとともに，上記の「人間と動物の表情について」をダーウィン本人から寄贈されている。ジェームズは，単にダーウィンの影響を受けたというよりは，ダーウィンの進化論・表情研究を足掛かりにして，感情研究の基盤をつくったと思われる。目の前の事態に対する迅速な適応行動が感情の本質であり，感情経験は，その身体的変化のモニターに過ぎない。ジェームズ–ランゲ説をこう整理すると，ダーウィンの表情研究のまっすぐな展開と理解できる。

　また，ジェームズ–ランゲ説を批判してキャノン–バード説を唱えたキャノンもまた，危急事態において闘争あるいは逃走を準備する生理反応・危急反応が生じると考えており，野生環境を想定した，進化論に親和性の高い立場である。

さらに，シャクターの二要因説は，環境変化によって生じた生理的覚醒と状況が照合されて生ずる認知的解釈が感情経験のバリエーションを生じるとする。この生理的覚醒は環境の知覚から直接もたらされるものとされており，やはり感情を環境適応・進化の視点で考えていることになる。

■表情の普遍性

　ダーウィンは表情の起源を環境適応的に捉えるという視座を後世に提供したものの，現在の人間の表情に関する適応的な意味を論じてはいない。しかし，哺乳類・類人猿において環境適応的に発生した表情が，種を越えて人間に残っていること，しかも残るどころか人間で最も発達していることを重視すれば，表情自体に環境適応的な価値があったと想像される。そして，それが進化の産物であれば，同一種における普遍性があるはずである。

エクマン (Paul Ekman)
フリーセン
(Wallace V. Friesen)

　エクマンと**フリーセン**は表情の人類普遍性を検討するために，西洋文化とほとんど接触のないニューギニア南東高地のフォア (Fore) 族の人々に西洋人の顔写真を見せ，その表情が識別できるかどうかを実験した。その結果，幸福，悲しみ，怒り，驚き，嫌悪については正しく識別された (Ekman & Friesen, 1971)。恐れについては識別率が低かったが，これは驚きと混同されていたためであり，フォア族ではこの2者が密接に関連していて区別しないのが普通だという理由が示されている。また逆に，フォア族の表情を撮影してアメリカの大学生にその表情識別を求めたところ，やはり恐れと驚きを例外として，それ以外は正しく識別された。

　表情表出-識別の人類普遍性は，その後の研究でも概ね支持されているが，文化による違いも指摘されている。たとえば日本ではオリンピックで優勝した選手が感激して泣くことに選手も観客も違和感を覚えないだろうが，アメリカでは人前で涙を流すことを極力避けるものだと聞く。お葬式の時には笑ってはいけないというマナーも，表情表出が文化的な制約を受けているからであ

る。このような表情表出-識別の文化による差異の影響を，エク

表示規則 (display rules)

マンらはフォア族の研究の前から**表示規則**として認めている
(Ekman et al., 1969)。

■基本感情理論

エクマンは人類に普遍的な基本表情として，幸福，悲しみ，怒
り，驚き，嫌悪，恐れを見出した。そしてこれらの基本表情に対

**基本感情
(fundamental emotions)**

応させた6つの**基本感情**を提唱した。表情の基本形が区別される
ことから基本感情という概念を導くことには飛躍があり，留意す
べきである。しかし，感情が個と種の存続に有利な環境適応とし
て獲得されたならば，そこに適応スタイルの基本形・基本感情を
想定することも，仮説としては検討の余地があろう。

イザード (Izard, 1977) はエクマンの基本6感情のうち，怒り，驚
き，嫌悪，恐れの4つは踏襲し，残る幸福と悲しみについてはそ
れに似た喜びと苦悩・不安を挙げた。この6つにさらに，興味・
興奮，軽蔑，恥，罪悪感の4つを加えて10の基本感情とした。

プルチックは一層進化論的に説を構築した (Plutchik, 1980)。全
ての系統発生レベルで認められる防御（逃走や回避），破壊（引っ
かくことや噛み付くこと），再生産（求愛や性交）の3つが基本
的な適応反応の型だとした上で，取り込み–拒絶（食物など有益
な刺激の取り込み–有害刺激の排除）など4対（8つ）の原型的行
動パタンを想定し，これに対応する8つの基本感情を唱えた（エ
クマンの基本6感情はほぼ踏襲され，期待と受容の2つが加えら
れている）。

**基本感情理論
(basic emotion theory)**

このような基本感情を想定する立場は，**基本感情理論**とされて
いる。

なお，プルチックはパーソナリティを感情の視点で捉えた

**状態不安
(state anxiety, A-state)**
**特性不安
(trait anxiety, A-trait)**

(Plutchik, 1980)。たとえば不安にはその時々の不安（**状態不安**）と，
不安を感じやすいタイプかどうかという個性としての不安（**特性不
安**）の異なる側面があるように，感情を状態，パーソナリティを特

187

性とみなした。すなわち，ある環境に対して生じやすい感情の傾向の個人差がパーソナリティだとするのである。ならば，パーソナリティによって生じやすい感情の傾向は異なる。これを支持する研究として，生涯に亘って怒りの感情が支配的な人は，しわなどになってその表情が顔に刻まれ，怒っていなくても周囲からは怒っていると見られてしまうという実験結果が得られている (Malatesta et al., 1987) のは興味深い。

■感情の次元説

　基本感情理論では，恐れや怒りなど，感情の機能をベースにしたカテゴリーで区別・記述する。それに対して，感情が複数の次元のベクトルで示されるとする**感情の次元理論**の立場もある。基本感情理論と感情の次元理論の関係は，パーソナリティ研究における**類型論**と**特性論**の関係に相当する。

感情の次元理論 (dimensional theory of emotion)
類型論 (typology)
特性論 (trait theory)

　シュロスバーグは表情研究の結果に基づき，「快–不快 (pleasant–unpleasant)」，「注目–拒否 (attention–rejection)」の2軸を提唱した（Schlosberg, 1952；後に「緊張–睡眠 (tension–sleep)」の軸を加えた3次元の説に修正 (Schlosberg, 1954)）。ラッセルは，「快–不快 (pleasure–displeasure)」，「活性–不活性 (activation–deactivation)」の2次元で規定される**コア・アフェクト**という概念を提唱した (Russell, 2003)。「快–不快」は**感情価**，「活性–不活性」は**覚醒**に相当し，普遍的なものである。感情はこの2次元座標上のどこかに位置づけられ，漂うような経験・気分，すなわちコア・アフェクトとして経験される。怒りや怖れといったラベリングは**原因帰属**によるものであり，普遍性はない。コア・アフェクトの自覚と原因帰属によって感情がラベリングされるという考え方は，生理反応の知覚と状況の認知によって感情経験がラベリングされるというシャクター説との類似性が指摘できる。

コア・アフェクト (core affect)
感情価 (valence)
覚醒 (arousal)

原因帰属 (attribution)

　なお，次元論の立場の研究者は，**心理学的構成主義**とされているが，その源流は，ジェームズにあるという（武藤，2019）。また，最初に「快–不快」「興奮–鎮静」「緊張–弛緩」の三次元で感

心理学的構成主義 (psychological constructivism)

ヴント
(Wilhelm Maximilian
Wundt)

情を説明したのは，心理学の祖と謳われる**ヴント**である（Wundt, 1902, pp. 284–291）。心理学の黎明期の二大巨頭の名前が心理学的構成主義の源流に位置づけられているのは興味深い。

■活動傾向

活動傾向
(action tendency)

レディネス (readiness)

　環境と適応行動の結びつきという感情の進化論的解釈をさらに明確にしたのがフライダの**活動傾向**という考え方である (Frijda, 1986)。これによれば，感情は重要な出来事に対してふさわしい準備状態（**レディネス**）をつくるために進化したのである。このときの準備とは恐れに対する心拍の高進や嫌悪に伴う表情の変化など幅広いものである。感情経験とは，殴りたいとか逃げ出したいとかいう活動傾向の自覚のことであり，この活動傾向の違いが感情を特徴付けるのである。すなわち，感情とは環境に応じて生じる活動傾向そのものであって，たとえば嫌悪の感情は対象を注目しないという活動傾向のことである。そして嫌悪という感情は選択という適応的機能を果たすものである。

　ならば，感情は活動のレパートリーを制限するものだということになる。怒りにおいては攻撃，恐れにおいては逃避のように，適応行動のレパートリーの中から適した活動セットが準備され，他の選

特異活動傾向
(specific action tendency)

択肢は抑制される。感情ごとに**特異活動傾向**が対応することになる。

　しかし，怒りや恐れなどの負の感情はこの説明が可能であるが，喜びや満足などの正の感情ではどうだろうか。フレデリクソ

拡大–建設理論
(broaden-and-build
theory)

ンは，**拡大–建設理論**を唱え，正の感情の進化論的位置づけを負の感情と区別した (Fredrickson, 1998)。それによれば，正の感情では活動が制限されるのではなく，逆に注意や思考，活動などのレパートリーが拡大され，身体的スキルや知識などの個人資源の建設に役立つものである。そしてこの個人資源が将来に亘る適応を有利にする。負の感情が活動を制限する特異性，目の前の環境変化への速やかな適応という即時性に特徴を有するとするならば，正の感情は活動レパートリーの拡大という非特異性，個人資

源の増強という長期性・将来性に特徴があるとする考えである。

■進化の遺物 vs. 文化の賜物

　以上に紹介した感情の理論は，いずれもダーウィンの進化論の影響を強く受けたものである。よって，そこで中心となっていたのは，怒りや恐れなど，他の動物との連続性を想定しやすい感情である。そして，感情という機構が獲得され，適応上の貢献をした時代を太古の昔におく。例えば発表場面で不要な緊張が生じて不利益をこうむるのは，太古の昔に合理性を有していた感情の仕組みが現代社会ではズレを生じ，不合理なものになってしまったからである（14章のEEA・野生合理性・空ぶかし仮説を参照）。

　盲腸は本来，消化吸収に有益だったが，次第に退化し，現代では虫垂炎の元になるだけの厄介者になった。同様に，進化論的立場に立てば，感情は盲腸のようなものである。つまり，進化の遺物である。

　一方，**アーノルド**やラザルス（第15章参照）など，認知・評価の重要性を指摘する認知説の影響を受けて発展した**社会構築主義**の研究者は感情をこの立場で捕らえず，まさに今日的意義を強調する。エイブリルは，プルチックが編集した書籍に寄せた自らの論をこう結んでいる (Averill, 1980, p. 337)。

アーノルド
(Magda B. Arnold)
社会構築主義
(social constructivism)

　　　感情はダーウィンが主張したような，過去に役立っていた習慣の残滓ではない。むしろ現在役立っているものである。そして感情シンドロームが現在果たしている機能に光を当てることが私の理論の課題の一つである。この章は，その課題のための序章である。

感情シンドローム
(emotional syndromes)

　ここでいう**感情シンドローム**とは，怒りにおける生理的な興奮や表情，悲しみにおける涙や泣き顔等々の固有の変化を，風邪に伴う症候群（発熱やせきなどの一連の症状）になぞらえたエイブ

リルの感情観である。そしてまた重要な点は，彼が感情を社会行動の調節装置とみなしていたことである。誰かが社会規範を破ったとする。そのとき，私に生じた怒りはその相手の行動に影響し，社会規範を遵守するように仕向ける。一方，私が社会規範から逸脱したとき，私に生じた恐れや羞恥は私の行動を調整し，規範に沿った行動を促す。

　このとき，規範は，極めて文化的なものである。日本で子供の頭をなでることは問題にならないが，それをタブーとする文化もある。社会構築主義とは，文化が感情を決める，あるいは感情で文化が形成される，すなわち感情は文化の賜物であるとする立場である。

■外適応による説明可能性

　「進化の遺物」対「文化の賜物」という，感情に関する立場の違いは，感情成立過程という過去に視点を置くか，現在に視点を置くかという視点の違いである。ここに**外適応**という補助線を引くことで，両者の視点を統合できるかもしれない。

外適応 (exaptation)

　外適応とは，「ある状況で利用される以前に，別の状況の中で生じた特徴」あるいは，「そのような新しい特徴が集団内に受け入れられていく過程」を指す (Tattersall, 2001)。例えば，鳥類が進化の過程で初めて羽毛を獲得した際，何の役にも立たなかったかもしれない。それが後に保温の役割を担い，はるか後になって他の条件が整ったとき，飛行という重要な機能の一端を担うことになった。この羽毛が外適応の好例である。

　太古の昔に環境適応的だった感情は，現代社会においては環境適応的な価値が減じ，場合によっては不適応なものとなり，有害な結果をもたらすことも多い。しかし，社会行動の調整という新たな機能への外適応が生じ，現代社会ならではの価値をもたらしている。こう考えることができるかもしれない。

　このような視点でボウリング場の微笑を考えたとき，ボウリングにおける喜びは，投球の成否そのものではなく，自らの投球の

結果を友人と分かち合う時，つまり，振り返った時に生じるのではないかと思い至る。この微笑は，意図的に作られる偽の笑顔ではなく，嬉しいという感情の自然な発露であって，進化的に獲得されたものである。そして同時に，この笑顔は，友人間のコミュニケーションを深める社会調整的な機能を有する。つまり，ボウリング場で投球後に振り返って生じる笑顔は，進化論的感情解釈と社会構築主義的感情解釈が両立する感情場面であると考えられる。

まとめ

1. 感情は，様々な観点で議論されており，たとえば，基本感情理論と感情の次元理論は対比的な立場にある。
2. ダーウィン，ジェームズ以降の基本感情理論の研究者は，感情を進化論的な視点からとらえており，この視点からは，現代社会における感情は進化の遺物である。
3. 一方，社会構築主義の研究者にとっては，感情は現代の社会調節機能を担う，文化の賜物である。
4. ボウリング場で振り返って笑うことは，外適応という補助線を引けば，進化の過程で獲得された自然な感情であるとともに，コミュニケーション強化という，社会調節機能を担うものでもあり，「進化の遺物」対「文化の賜物」の対立は解消する。

参 考 図 書

日本感情心理学会（編）(2019). 感情心理学ハンドブック　北大路書房
コーネリアス，R.R.（著）・齊藤　勇（監訳）(1999). 感情の科学 ── 心理学は感情をどこまで理解できたか ──　誠信書房

interpersonal relations

第17章 個と個の関係

荒井 崇史

好きなのに…，相手を苦しめるのはなぜだろう

§17. 個と個の関係

本章で解決する謎

「好きなのに…，相手を苦しめるのはなぜだろう？」

　本章では，個と個の関係において他者を好きになる現象を扱う。最終的に，本来，好意に基づいて形成された親密な関係（交際関係や婚姻関係）で，それとは反対に相手を苦しめる行為がおこる理由について考える。

　多くの人にとって，友人や恋人と親密な関係を形成することは関心が高い問題だろう。思い出してほしい。大学入学後，最初に心を砕いたのは新しい関係を始めることだったのではないだろうか。他者への好意や愛情を，心理学では**対人魅力**として扱う。

対人魅力
(interpersonal attraction)

■好意と愛情

　一般に，「○○なのが恋，××なのが愛」という言われ方をするが，友人への**好意**と恋人への**愛情**，何が違うのだろうか。この問題に取り組んだ最初の一人は，**ルビン** (Zick Rubin) である。彼は，恋愛に関する文献から好意と愛情とを表す多くの文を作成し，それぞれを測定する尺度を作成した (Rubin, 1970)。それによれば，好意は相手への好ましい評価，尊敬や信頼，相手との類似性の認知に特徴づけられる。すなわち，相手に好感が持て，相手を尊敬や信頼し，相手を自分とよく似た人物のように感じるのが好意である。一方，愛情は親和欲求，援助傾向，一体感や排他性に特徴づけられる。つまり，相手と情緒的，物理的に緊密な関係

好意 (liking)
愛情 (loving)
ルビン (Zick Rubin)

を求め，世話を惜しまず，相手と一体であるように感じ，排他的な関係を望むのが愛情である。実証研究によれば，これらの二つの尺度で測定された好意と愛情は中程度の相関しかない (Rubin, 1970)。したがって，好意と愛情は，相互に独立的な質的に異なるものと考えられる。

□愛の三角理論

愛の三角理論
(triangular theory of love)
親密性 (intimacy)
情熱 (passion)
コミットメント
(decision/commitment)

　好意と愛情の違いをより精緻にとらえたのが，**愛の三角理論**である。この理論では，愛を**親密性**，**情熱**，**コミットメント**の要素に分解し，これらの組み合わせでいくつかのタイプに分ける（表17-1；Sternberg, 1986）。親密性は，感情的な要素であり，関係において経験する親密さ，相手との絆，相手と結び付いている感覚として経験される。情熱は，動機づけ的な要素であり，身体的魅力やロマンチックな感情，性的満足をもたらす動因を包含する。そして，コミットメントは認知的な要素であり，短期的には「相手を愛する」という決断，長期的には「その愛を貫く」という意思を指す。この理論は必ずしも恋愛に限定されたものではなく，人間関係における愛の構成要素を抽出し，それによって関係性をタイプ分けしたものである。なお，各要素は離散的にではなく，連続的に変化するため，これらのタイプは代表的なケースを表すことに注意が必要である。

■好意に影響する要因

　我々が誰かに好意を持つとき，それは相手の性格（内面）や容姿（外見）のせいと思いやすい。実は，我々が他者に好意を抱くのは，相手の内面や外見のせいだけではない。

□近接性

　大学に進学して最初に友達になったのは，どのような相手だっただろうか。たまたま授業で近くに座った人，アパートが近かっ

表17-1　愛の三角理論

タイプ	要素			特　徴
	親密性	情熱	コミット メント	
非愛	−	−	−	全ての要素がない状態であり，我々の個人的な関係の大部分を特徴づける。つまり，非愛は愛をまったく含まない気軽な交流と同じ。
好意	＋	−	−	親密さだけが高く，情熱やコミットメントが低い状態。この場合の好意は，相手に親近感や絆，感情的に親しみを感じる。
心酔愛	−	＋	−	親密性とコミットメントがない状態で，情熱的興奮を経験する「ひとめぼれ」状態。心拍の増加など生理的な覚醒に特徴づけられる。
空愛	−	−	＋	親密性と情熱の要素がなく，コミットメントが高い状態。以前のような相互の感情的関わりや身体的魅力が失われ，停滞している関係。
恋愛	＋	＋	−	親密性と情熱が合わさったもの。つまり，相手に身体的魅力を感じるだけではなく，感情的にも結ばれていると感じる関係。
友愛	＋	−	＋	親密性とコミットメントが高い状態。本質的には長期的で献身的な友情に近く，身体的魅力（情熱の主な源）が衰えた結婚生活で頻繁に起こる。
愚愛	−	＋	＋	親密性という安定した要素がなく，情熱だけでコミットするため，急激で安定性のない関係（例えば，出会って1か月で結婚，2か月で離婚）。
完全愛	＋	＋	＋	全ての要素が完全に揃った状態。完全愛は，その関係を育み，維持する状況によって，達成が容易であったり，困難であったりする。

注）−は要素が低いことを，＋は要素が高いことを表す。

近接性 (proximity)

た人かもしれない。**近接性**とは，言葉の通り，近くに存在するということである。我々は，物理的に近接している者に好意を抱きやすい。例えば，大学の寮における調査では，入学10か月間後，自分の住む部屋に近いほど友達になる可能性が高かった (Festinger et al., 1950)。より最近の研究では，大学の最初の授業で，偶然，近くに座った人を1年後により好意的に評価することが報告されている (Back et al., 2008)。

　ただし，隣人同士でけんかをしていたり，お互いを嫌っていたり，近接性が逆効果になる場合もある。ある研究では，交流の

「質」と「距離」を操作し，これらが交流相手の魅力に及ぼす影響を検証した。その結果，快適な交流では相手が近くにいるほど好ましく思い，不快な交流では相手が近くにいるほど相手を嫌いに思っていた (Schiffenbauer & Schiavo, 1976)。すなわち，近接性は最初の反応の強度を増加させたのである。

□親近性

親近性 (familiarity)

単純接触効果
(mere exposure effects)

ザイアンス
(Robert Bolesław Zajonc)

　なぜ近接性は好意を生むのだろうか。その理由の一つは，近接性による反復接触が**親近性**を高めることにある。反復接触によって相手の好意度が増える現象を，**単純接触効果**という。単純接触効果を検証した研究として，**ザイアンス** (Robert Bolesław Zajonc) は，記憶の実験と伝えて顔写真を参加者に提示し，好意度を評価する実験を行った。この際，刺激ごとに提示する回数を変えたのである。その結果，頻繁に見た写真ほど好意的に評価された。これらの結果から，ザイアンスは，相手を見慣れることが相手への親しみを生じさせ，好意度を高めると考えた (Zajonc, 1968)。

　ザイアンス以降，単純接触効果に関する研究は数多くなされてきた。いくつかのユニークな研究を紹介しよう。ある実験では，女子大学生の写真を撮影し，元の顔と鏡像の写真を用意した。そして，その写真を学生本人，学生の友人や恋人に見せ，どの写真が好ましいかを評定してもらった。その結果，学生本人は鏡像を好み，友人や恋人は（反転していない）元の顔を好んだ (Mita et al., 1977)。我々が自分を見るときには，当然，鏡像を見るが，友人や恋人は反転していない顔を見ている。したがって，本人と友人や恋人では鏡像と元の顔で接触回数が異なり，それが好意に影響したと考えられる。

　また，接触刺激の知覚的，感情的多様性も単純接触効果に影響する。ある実験では，知覚面の多様性として同一対象の角度の異なる写真を，感情面の多様性として同一対象の異なる表情の写真を複数枚用意した。そして，単一の写真に接触した場合と，同一

対象の多様な写真に接触した場合とで，対象への好意度を測定した。その結果，写真に接触しないより単一の写真に接触する方が，単一の写真に接触するよりも同一対象の多様な写真に接触する方が，好意度が高かった（川上・吉田，2011）。我々は対象に反復接触するだけで好意を感じ，さらに対象の多様性によって情報量が増えるほど，好意がより高まるのかもしれない。

□類似性

類似性 (similarity)

類似性−魅力効果 (similarity–attraction effect)

潜在的エゴティズム (implicit egotism)

対人魅力の文脈では，**類似性**は好意度を高めることが知られている（**類似性−魅力効果**）。これまでの研究では，性格や態度，身体的魅力，社会経済的地位や教育などにおいて類似性−魅力効果が生じるようである (Berscheid & Reis, 1998)。また，**潜在的エゴティズム**という現象が示す通り，我々は自分を意識させるような人，場所，物に無意識的に惹かれる (Pelham et al., 2005)。例えば，自分の生年月日の数字を含む数を割り当てた相手の方が，全くでたらめな数字を割り当てた相手よりも好意度が増す (Jones et al., 2004)。

類似性は関係初期よりも，長期的関係で重要になる。135組の夫婦を対象とした縦断的研究によると，性格が似ている夫婦は，友人を訪ねる，食事に出かけるなど，同じような日常活動を楽しむ程度において互いによく似ていた。また，これらの夫婦は，似ていない夫婦に比べて対立が少なく，親密さや関係満足度が高かった (Caspi & Herbener, 1990)。

合意的妥当化 (consensual validation)

認知的不協和 (cognitive dissonance)

なぜ類似性は好意度を高めるのだろうか。その理由は，**合意的妥当化**によって説明できる (Byrne & Nelson, 1965)。合意的妥当化とは，自分と同じ意見の他者によって，自分の考え方の妥当性を確認することである。価値や態度において類似性が高ければ，合意的妥当化によって安心感が得られやすい。このように，好みや価値観が似ている相手とは快適な均衡関係を維持しやすく，**認知的不協和**が生じる機会が減少する。結果的に，そうした相手に好意を抱くようになるのである。

　逆に，我々は自分の欲求を最大限に満たすために，自分の特性
を補完する反対の特性を持つ相手を選ぶ傾向もある。これは**相補性への欲求**と言われる。これまでの研究では，特にパーソナリティのレベルで，相補性への欲求が生じやすいことが知られている (Winch et al., 1954)。例えば，主導的な人に対して，依存的な人はお互いを気に入りやすい。なお，類似性に比べて，相補性の方が魅力度に及ぼす効果は弱いようである。

相補性への欲求 (complementary needs)

□身体的魅力

　従来の研究では，容姿などの身体的魅力も対人魅力に影響することが知られている。有名な研究として，コンピュータ・ダンスの実験がある (Walster et al., 1966)。この実験では，ダンスを行う最適な相手をコンピュータが選ぶという名目で，男女大学生のランダムなペアが作られた。そして，休憩時間に全員が自分のダンス相手を評価する調査に回答した。その結果，知能や社会的スキル，パーソナリティなどは好意度と関係がなく，唯一，相手の身体的魅力だけが好意度と関連した。この実験は，何度も再現され，いずれも同様の結果が示されている。ただし，永続的なパートナーを選ぶ場合，身体的魅力の重要性は低下するようである (Stroebe et al.,1971)。

　身体的魅力はなぜ重要なのだろうか。その理由の一つは，身体的に魅力的な相手と一緒にいるところを他者に見られると，社会的地位や**自尊心**が高まるからである。魅力的な相手と一緒にいることで，周りからうらやましがられ，優越感に浸れる。また，魅力的な相手にアプローチされるほど，自分が魅力的な人物であることのアピールにもなる。もう一つの理由は，身体的に魅力的な相手は，性格も良いという評価がなされやすく，好意度が高くなる。このように，ある面で望ましい特徴を持つと，その評価を人物全体にまで広げてしまう現象を**ハロー効果**という。

自尊心 (self-esteem)

ハロー効果 (halo effect)

199

□ステレオタイプ

ステレオタイプ
(stereotype)

　ステレオタイプとは，我々が特定の社会的カテゴリに属する人々に対して持つ共通したイメージである。例えば，血液型，人種や国籍などに我々が持つ一般的イメージはステレオタイプである可能性が高い。ステレオタイプは，その集団に属する人を単純化したもので，それが本当にあたるとは限らない。

　我々は，外見的魅力が高い人物はそうでない人よりも，社会的に望ましいパーソナリティを有すると捉える**美人ステレオタイプ**を持つ。美人ステレオタイプが活性化すると，相手が望ましいパーソナリティを持ち，職業的地位や配偶者としての能力が高いと推測され，好意的な評価がもたらされる。ただし，過去に行われた研究の**メタ分析**では，外見的魅力が高い者に好ましいパーソナリティを付与する傾向はみられるが，その効果は予想されるほど頑健でないと指摘される (Eagly et al., 1991)。

美人ステレオタイプ
(physical attractiveness stereotype)

メタ分析 (meta-analysis)

　また，美人ステレオタイプが逆効果になることもある。模擬裁判に関する研究 (Sigall & Ostrove, 1975) では，被告人の外見を，写真によって魅力的に見せる群とそうでない群，写真を見せない群に分けた。そして，その人物が，窃盗か詐欺のいずれかの犯罪を行ったとして量刑判断を求めた。その結果，外見に関係のない窃盗では，美人ステレオタイプが生じて魅力的に見せた群で最も量刑が軽く判断されるが，外見に関係する詐欺では，魅力的に見せる群で最も量刑が重くなった（図17-1）。つまり，美人ステレオタイプは状況の影響を強く受け，自分の魅力を利用したり，鼻にかけていたりする様子が伝わると好意度が急激に減少する。

□心理状態

　心理状態の一つとして，自尊心の低下は相手への魅力度を高める (Walster, 1965)。これを示した実験では，女性参加者が実験室に到着すると性格検査が実施された。そして，次の課題までの待

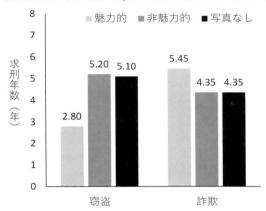

図17-1　模擬裁判での求刑年数（Sigall & Ostrove, 1975 の Table 1 より作成）

ち時間にハンサムな実験助手に，個人的に連絡先を交換したいと言われ，デートに誘われた。その上で，自尊心の操作として，最初の性格検査に関するフィードバックを受けたのである。ある群には素晴らしい性格であると伝えて自尊心を高め，別の群にはネガティブな性格であると伝えて自尊心を低下させた。そして，先の実験助手に対する好意度を測定した。その結果，良い結果を伝えられた群と比べ，悪い結果を伝えられた群（自尊心が低下した群）で，実験助手をより好意的に評価した。何かに傷つき，自尊心が低下している時こそ，我々は自分に優しくしてくれる相手に好意を抱きやすいようである。

　生理的覚醒の誤帰属が好意度を高めることも知られている(Dutton & Aron, 1974)。ある実験では，恐怖を喚起する吊り橋か，恐怖を喚起しない橋で，魅力的な女性実験者が男性通行人に研究への参加を依頼した。男性通行人はいくつかの心理検査を受け，結果を知りたければ連絡を欲しいと女性からメモを渡された。この時，どのくらいの男性が実際に連絡してくるかを測定した。その結果，恐怖を喚起する吊り橋で依頼を受けた男性は，恐怖を喚起しない橋で依頼を受けた男性よりも，女性実験者に連絡する

割合が多く，心理検査の性的得点が高かった。つまり，吊り橋を渡ることで生じる生理的覚醒（ドキドキ状態）を，女性の魅力のせいと勘違いして，相手に好意を感じたと考えられる。

□転移

転移 (transference)

転移とは，対象者が幼少期から持ち続けてきた両親などの重要な相手に対する感情を治療者に向ける現象である（第3章参照）。近年の社会心理学では，この狭義の転移を一般化し，自分にとって重要であった人物を思い出させるような新しい相手に出会うと，過去に重要であった人物への認識が新しい人物への知覚や認識に影響すると考える (Andersen et al.,1995)。このことは，

社会的認知
(social cognition)

社会的認知の考え方とも整合的である。我々は，ある事象に出会った際に，経験などを通して獲得する対象に関する一群の知識

スキーマ (schema)

構造（**スキーマ**）を活用して，その理解を進めたり，反応を決めたりしている。これは他者を理解する際にも用いられ，過去の重要な人物を思い出すだけで，その人に関するスキーマが自動的に活性化する。スキーマが活性化すると，それは記憶や推論など情報処理の様々な側面に影響を与える。つまり，新しい知人が過去の重要な人物に似ている場合，重要な人物に関するスキーマが誘発され，重要な人物に対する態度に応じて，その人を好きになったり，嫌いになったりする。

■親密関係が始まる理由

次に考えるのは，我々はなぜ恋愛をするのかという点である。これにはいくつかの理由が考えられるが，その一つは，恋愛は心地よいからである。

□自己拡張理論

自己拡張理論
(self-expansion model)

このような視点から展開された理論として，**自己拡張理論**がある。この理論は，二つの原理から構成される (Aron et al., 2013)。

一つ目は，**動機づけ原理**である。つまり，我々は，自己の目標を達成するために，資源や視点，あるいは価値観を拡大したいという自己拡張動機を持つということである。二つ目は，**他者の自己への内包原理**と言われる。これは，自己拡張動機を満たすために，我々はしばしば親密な関係を利用するということである。なぜならば，親密関係では，他者の資源や視点，あるいは価値観などが他の関係性以上に自分のものとして経験されるためである。つまり，親密関係では，自己の中に他者が内包されると考えるわけである。二つの原理から導き出されるのは，我々は自己を拡張したいという根本的な動機づけを持ち，この動機づけを満たすために，親密関係において他者を取り込んで自己を拡張しようとするということである（図17-2）。そして，恋愛によって自己拡張が急速に進み，それがポジティブな感情を生み出すために，恋愛は心地よいと感じられるのである。

**動機づけ原理
(motivational principle)**

**他者の自己への内包原理
(inclusion-of-other-in-
the-self principle)**

□恋愛と脳

　恋愛が心地よいのは，脳科学からも言える。恋愛初期の高揚感には，**ドーパミンやノルアドレナリン**，そして**フェニルエチルアミン**などの神経伝達物質が関与する。ある実験では，恋愛初期にある人に，恋人の写真と身近な人の写真を交互に見せた。この時

**ドーパミン (dopamine)
ノルアドレナリン
(noradrenaline)
フェニルエチルアミン
(phenylethylamine; PEA)**

図17-2　他者の自己への内包尺度（Aron et al., 1992 から著者作成）

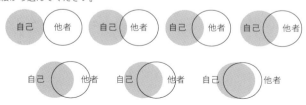

あなたとパートナー（恋人など）の関係に最も近いと思われるものを，下の絵から選んでください。

注）自他が接している段階（図左上）が最も親密ではなく（自己拡張していない），自他の重なりが大きいほど親密である（自己拡張している）ことを表す。

に，脳活動を調べたところ，恋人の写真を見ている間，ドーパミンに富む右腹側被蓋野や内側尾状核などが活性化していた (Fisher et al., 2006)。**報酬系回路**と言われるこれらの領域がドーパミン伝達によって刺激されるために，我々は恋愛によって快感や高揚感を経験する。また，ノルアドレナリンの増加は，交感神経系の活動を高め，体を活動に適した状態にする。つまり，ノルアドレナリンは高揚感，爽快感，エネルギーをもたらし，夜通し愛を語らったり，恋人の些細なことまで記憶したりする原動力となる。そして，PEAはドーパミンやノルアドレナリンを放出する作用のほか，麻薬に含まれるアンフェタミンと同様に身体的，感情的なエネルギーを増加させる (Sabelli & Javaid, 1995)。

報酬系回路 (reward system)

より長期的関係には，**オキシトシン**や**セロトニン**などが関与している。オキシトシンは，視床下部室傍核と視索上核の神経分泌細胞で合成される。もともと出産や授乳にかかわるホルモンとして知られていたが，近年では，他者を信頼したり，密接な心理的つながりを感じたりする際にも作用することが知られている (Campbell, 2010)。セロトニンは，視床下部や大脳基底核，延髄の縫線核などに高濃度に分布する。セロトニンは，ドーパミンやノルアドレナリンを制御し，精神の安定をもたらす。また，例えば，一日中，最愛の人のことを考えるような場面にはセロトニンが関与する (Langeslag et al., 2012)。

オキシトシン (oxytocin)
セロトニン (serotonin)

■親密関係の維持と終結

親密な関係の維持・終結を説明する有力な理論の一つが**社会的交換理論**である。この理論は，人間関係を貨幣や物，情報の交換の過程と捉えるものである。すなわち，我々が長期的関係を維持するのは，関係を形成する当事者双方に利益があるからであり，どちらか一方の利益しかなければ，関係は長期的には維持されない。

社会的交換理論 (social exchange theory)

□公平理論

公平理論 (equity theory)　　恋愛関係の維持において，公平さの重要性を指摘したのが，**公平理論**である (Walster et al., 1973)。公平理論では，恋愛関係において，人は自分の利益とコストを相手の利益やコストと比較すると仮定される。この時，自分の方が損であれば怒りが生じ，自分の方が得であれば罪悪感が生じる。関係を長期安定的に維持するには，自分と相手の利益とコストがほぼ同じである必要があり，この場合に最も幸福感や満足感が生じる。実際，大学生カップルを調査した研究によれば (Walster et al., 1978)，コストが利益よりもあまりにも大きい場合，逆に利益がコストよりもあまりにも大きい場合には，関係への満足度が低くなることが示されている。一方，利益とコストがほぼ同じ（もしくは，利益がコストよりわずかに大きい）場合に，関係への満足度が最も高くなる。

□投資モデル

投資モデル
(investment model)　　恋愛の長期的関係にかかわる要因を示した別の理論が，**投資モデル**である (Rousbult, 1983; 図17-3)。このモデルでは，我々が人間関係を維持（終結）することを決めるには，関係にどれだけコミットしているかが重要であり，関係へのコミットの深さは，関係への満足度，代替となる関係，そして投資量によって決まると考える。関係への満足度は，関係にどのくらい満足しているかであり，満足度が高いほど関係へのコミットが高まる。代替となる関係は，恋人に代わる魅力的な人物がいるかどうかである。代替となる関係がない場合に，今ある関係により深くコミットするようになる。そして，投資量は，相手や関係のために費やした時間や金銭，努力などのコストである。投資量が多いほど，関係に深くコミットする。この理論では，関係への満足度が高く，代替となる関係がなく，投資量が多いほど，関係に深くコミットするようになり，関係が維持されると予想する。

図17-3　親密関係における投資モデル

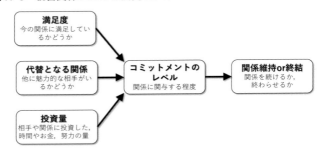

■愛と暴力

なぜ我々は愛する人に暴言を吐き，暴力を振るうのか。最後に，**デート暴力**や**家庭内暴力**などの**親密関係での暴力**がどのような過程を経て生じるのか，攻撃行動の理論を通して考える。

デート暴力
(Dating Violence)
家庭内暴力
(Domestic Violence: DV)
親密関係での暴力
(Intimate Partner
Violence: IPV)
攻撃行動
(aggressive behavior)

暴力 (violence)

□なぜ攻撃行動を行うのか

心理学では，一般的に攻撃行動と暴力とは区別される。**攻撃行動**とは，害を受けることを避けようとする個人に対して，害を与えることを意図してなされるあらゆる形態の行動であり，**暴力**は極端な危害を加えることをその目標とした攻撃行動である (Anderson & Bushman, 2002)。すなわち，暴力は攻撃行動の一つの形態であるが，攻撃行動が全て暴力というわけではない。

内的衝動説

フロイト
(Sigmund Freud)
ローレンツ
(Konrad Zacharias Lorenz)

我々はなぜ攻撃行動を行うのか。攻撃行動を生み出す要因は3つの観点にまとめられる（大渕，1993）。一つ目は**内的衝動説**である。この観点は，**フロイト** (Sigmund Freud) の攻撃本能論や**ローレンツ** (Konrad Zacharias Lorenz) の生得的攻撃機構の考え方に代表される。我々には攻撃行動を誘発する心理的エネルギーが固体内に生得的に備えられており，そのエネルギーのために攻撃行動が生じると考える。二つ目は**情動発散説**である。この立場には，**ダラード** (John Dollard) らのフラストレーション・攻撃仮説や**バーコウィッツ** (Leonard Berkowitz) の不快情動説が含まれる。この

情動発散説

ダラード (John Dollard)
バーコウィッツ
(Leonard Berkowitz)

立場を簡単に表せば，攻撃行動は不快感情の表現や発散であると
考える。そして，三つ目は**社会的機能説**であり，**バンデューラ**
(Albert Bandura) の社会的学習理論や**テダスキー** (James Theodore
Tedeschi) の理論が含まれる。この観点では，攻撃行動の機能性を
重視し，目的達成のための手段として意図的に攻撃行動が用いら
れると考える。

社会的機能説
バンデューラ
(Albert Bandura)
テダスキー
**(James Theodore
Tedeschi)**

□攻撃行動はどのような過程を経て発現するのか

　それでは，攻撃行動はどのような過程を経て生じるのだろう
か。ここでは，攻撃行動の発現過程を説明した**攻撃動機づけの二
重過程モデル**（大渕，1993）を取り上げる。

**攻撃動機づけの二過程モ
デル**
**(two-process model of
aggressive motivation)**

　このモデルでは，攻撃行動は社会的葛藤への反応とみなされ
る。そして，社会的葛藤を知覚し，攻撃行動が発現するまでの認
知過程を二つのルートに分ける。一つは意識的な認知過程であ
り，社会的葛藤に遭遇した場合に，意識的判断によって意図的な
攻撃動機が喚起され，攻撃に至る。もう一つは，社会的葛藤から
生じる不快情動が，過去の経験から作られるスクリプトを活性化
させ，結果的にスクリプトに沿った攻撃動機が自動的・衝動的に
生じる。前者は特定の目標に向けられた**機能的攻撃行動**を，後者
は意識が介在しない不快感情の表出としての**衝動的攻撃行動**を説
明する。この両ルートは，相互規定的でもある。すなわち，社会
的葛藤によって強烈な情動反応が生じると，それが意識的抑制を
妨害し，衝動的な攻撃行動が生じやすくなる。逆に社会的葛藤に
よる情動反応が弱ければ，意識的な処理が優先され，衝動的な攻
撃行動が抑制されやすくなる。

機能的攻撃行動
(functional aggression)
衝動的攻撃行動
(impulsive aggression)

□攻撃のモデルと親密関係での暴力

　「彼（彼女）が暴力をふるうんです」と相談された場合，そこ
にはどのような背景が考えられるだろうか。暴力的な彼なのだろ
う。短気な彼女なのだろう。様々なことが想定されるが，それら

は単一要因による説明であり，対処への示唆は得にくい。

　そこで，先の攻撃行動の発現過程を理解すると視点が変わる。例えば，「彼（彼女）が暴力をふるう」という場合，相手に頼み事を受け入れさせるための脅しや強制手段として暴力を振るうのであれば，それは機能的な攻撃行動である。一方，相手が他の異性と親しくしているのを知り，カッとなって我を忘れて殴りつけるのであれば，それは衝動的攻撃の発現である。前者であれば，認知的決定過程への認知的アプローチが必要であるし，後者であれば情動制御や自動的認知過程へのアプローチが必要であろう。

まとめ

1. 好意には，近接性，親近性，類似性，身体的魅力などの要因が影響していることが知られている。
2. 恋愛は心地いい。それは，自己拡張理論や脳科学的知見からも示されている。
3. 公平理論や投資モデルは，社会的交換の観点から親密関係の維持と終結を説明する。
4. 攻撃行動を説明する従来の説は，内的衝動説，情動発散説，社会的機能性の三つの観点に集約できる。
5. 攻撃動機づけの二過程モデルは，攻撃行動には機能的攻撃と衝動的攻撃があることを説明する。

参 考 図 書

松井　豊 (1993)．恋ごころの科学　サイエンス社

金政祐司・相馬敏彦・谷口淳一 (2010)．史上最強図解　よくわかる恋愛心理学　ナツメ社

大渕憲一 (2000)．攻撃と暴力——なぜ人は傷つけるのか——　丸善ライブラリー

interpersonal relations

第18章 協力的な関係

辻本　昌弘

どうすれば協力的な人間関係をつくれるのか

§18. 協力的な関係

本章で解決する謎
「どうすれば協力的な人間関係をつくれるのか」

みんなでたすけあうことにより個人では不可能なことが可能になる。しかし，たすけあいの実現は当たり前のことではない。信じていた人に裏切られ手痛い目に遭った経験は誰しもあろう。たすけあおうとすることは，裏切りに遭う危険と表裏一体なのである。では，どうすれば協力的な関係をつくっていけるのだろうか。

■2者関係のモデル

複数の人間の選択が絡みあう状況を分析するには，各人の選択の組み合わせがもたらす結果を利得表にして整理するとよい。まず2人の協力・非協力の選択を利得表にし，ゲーム理論の枠組みをもちいて分析していく。

□囚人のジレンマ

囚人のジレンマ・ゲーム
(prisoner's dilemma
game)

表18-1は**囚人のジレンマ・ゲーム**とよばれるモデルである。「囚人のジレンマ」という奇妙な名称の由来は本質的ではないのでここでは説明を省略する。ゲーム理論では個人をプレイヤーと呼ぶ。表18-1の各セル内の左側の数字はプレイヤー1の利得，右側の数字はプレイヤー2の利得を示す。2人のプレイヤーの選択の組み合せにより，各プレイヤーが獲得する利得が決まる。たとえば，プレイヤー1が非協力を選択，プレイヤー2が協力を選択すると，プレイヤー1の利得は3単位，プレイヤー2の利得は0単位になる。

　囚人のジレンマにおいて，自分ならどのような選択をするか考えてみてほしい。2人とも非協力を選択すると1単位の利得に終わってしまう。2人とも協力を選択すれば2単位の利得がえられる。よって協力を選んだ方がよさそうに思える。でも，自分が協力を選んで相手が非協力を選んだら自分の利得は0単位になってしまう。それに相手が協力を選ぶのなら自分は非協力を選べば利得が3単位に増える。そう考えると非協力を選んだ方がよさそうである。しかし，相手もおなじように考えて非協力を選んだら，結局，ともに非協力を選択することになり1単位しか得られない。だったら協力を選んだ方が…この堂々巡りがジレンマになっているのである。

表18-1　囚人のジレンマ・ゲーム

		プレイヤー2	
		協力	非協力
プレイヤー1	協力	2 ， 2	0 ， 3
	非協力	3 ， 0	1 ， 1

　現実の人間が囚人のジレンマでどのような選択をするかは人それぞれだが，分析の第一歩としてプレイヤーが合理的だと仮定してみよう。ここでいう合理的とは，自分の利得を最大化するということである。囚人のジレンマにおいて合理的なプレイヤーは非協力を選択する。その理由は単純である。表18-1のプレイヤー1の立場で考えてみよう。プレイヤー2が協力・非協力のどちらを選択しようが，プレイヤー1は協力より非協力を選択した方が利得は大きくなる。よってプレイヤー1が合理的であるなら非協力を選択する。おなじことはプレイヤー2についてもいえる。よって合理的である2人のプレイヤーはともに非協力を選択し1単位の利得しかえられないことになる。ともに協力を選択すれば2単位の利得がえられたのに，ともに非協力を選んで1単位の利得しかえられなくなったのは，プレイヤーが愚かだったせいではな

い。利得を最大化する合理的な選択をしたがゆえに利得を低下させたのである。

　日常生活のさまざまな場面に囚人のジレンマが潜んでいる。囚人のジレンマの具体例として，商店の値引き競争を考えてみよう。開店や閉店といった入れ替わりの激しい商業エリアに2軒の商店があるとする。ともに値下げをしなければそれなりの売り上げがある（相互協力）。他店より値下げすれば自分の店の売上げが急増する（相手に対する非協力）。しかし，競争相手の店もそう考えて値下げすると，結局はともに損失を被る（相互非協力）。もちろん社会全体にとっては安く商品を購入できることが望ましいので，これは商店の立場からみた場合の話である。

　囚人のジレンマでは，相手の協力に対して非協力でつけこむことにより利得が最大になる。しかし，世の中には，相手の協力には協力で応じることが有利な場合もある。表18-2の**保証ゲーム**とよばれるモデルをみてみよう（このモデルは安心ゲームと呼ばれることもある）。

保証ゲーム
(assurance game)

表18-2　保証ゲーム

		プレイヤー2	
		協力	非協力
プレイヤー1	協力	3 ， 3	0 ， 2
	非協力	2 ， 0	1 ， 1

　囚人のジレンマとは異なり，合理的なプレイヤーの選択はひとつに定まらない。各プレイヤーは，相手が協力を選択すると予想したなら協力，相手が非協力を選択すると予想したなら非協力を選ぶであろう。

　保証ゲームの具体例として，専門を異にする技術者たちがプロジェクトを立ち上げた場合を考えてみよう。各人の専門技術は，相手の専門技術と結合されてはじめて利益を生みだす。相手がプロジェクトに協力しているのに，自分がプロジェクトに協力しな

いなら，プロジェクトは失敗に終わる。したがって相手の協力には自分も協力したほうがよい。しかし，相手がプロジェクトに協力しないのに，自分がプロジェクトに協力しても労力が無駄になるだけである。したがって，相手が非協力なら自分も非協力を選択する。

□応報戦略

　上で解説したのは一回きりの囚人のジレンマ・ゲームである。つぎにくり返しのある囚人のジレンマ・ゲームについて解説する。これは，囚人のジレンマ・ゲームをおなじプレイヤーがくり返しおこなうものである。くり返しのある囚人のジレンマでは合理的なプレイヤーが相互協力を達成する可能性がある。

　くり返しのある囚人のジレンマにおいて，相互協力を達成するうえで有効な行動プランが**応報戦略**である。応報戦略は**しっぺ返し戦略**ともよばれる。応報戦略は，1回目は協力を選択し，2回目以降は相手の前回の選択をとる。つまり，相手の前回の選択が協力だったら，応報戦略の今回の選択は協力である。相手の前回の選択が非協力だったら，応報戦略の今回の選択は非協力である。

　応報戦略を相手にした場合には，相手の協力に自分が非協力でつけこんでいる状態は長つづきしない。長期的な利得を考慮すれば，相互非協力の状態がつづくより，相互協力を維持したほうがよい。したがって応報戦略を相手にした場合には協力を選択することになる。こうして応報戦略は相互協力を達成する。応報戦略は，くり返しのある囚人のジレンマ・ゲーム全体をひとつの保証ゲームに変換しているとみなすことができる（山岸, 1993; Yamagishi, 1995）。

　くり返しのある囚人のジレンマでは，応報戦略のほかにも，さまざまな戦略がある。**アクセルロッド** (Axelrod, 1984) は，応報戦略をふくむさまざまな戦略をコンピュータ上で対戦させて，応報戦略がきわめて優秀であることを示した。応報戦略は，相手が非協力であっても大きな損害を被らず，さらに相互協力を生じやす

応報戦略・しっぺ返し戦略
(tit-for-tat strategy)

アクセルロッド
(Robert Axelrod)

くすることにより対戦をつうじた合計の利得を増加させることができた。一方，相手の協力に非協力でつけこんで高い利得を獲得しようとする戦略は，相互非協力の泥沼にはまりやすく，結局は合計の利得が低くなってしまった。自分だけ得をしようとすると，結局は損をしてしまう。

くり返しがあれば相互協力を達成する可能性があるということは，たすけあいを実現するうえで，つきあいの継続性が大切であることを意味する。また応報戦略を使うには，相手の選択が判明すること，すなわち匿名性のない状況が前提となる。相手の選択がわからなければ，相手の選択に応じて自分の選択を変えることができない。つきあいの継続性や匿名性のない状況が協力行動を促進する。

■社会的ジレンマ

ここまでは2人のあいだの協力・非協力を分析してきた。しかし，日常生活には3人以上の人間関係がいくらでもある。環境問題の解決といったことになると，人類全体の協力が必要になる。

社会的ジレンマ
(social dilemma)

協力行動は一般的には**社会的ジレンマ**として研究されている。社会的ジレンマとは，各人がみずからにとって有利な選択をすると，全員にとって不利な結果を招いてしまう事態である(Kollock, 1998)。一回きりの囚人のジレンマは社会的ジレンマの一例である。

共有地の悲劇
(tragedy of the commons)

社会的ジレンマを解説するさいにしばしば言及されるのがハーディン(Hardin, 1968)による**共有地の悲劇**の寓話である。どの牧童も自由に放牧できる共有地を想定しよう。争いや疫病が多かった時代には人の数も牛の数も増加しなかったが，社会が安定してくると共有地の悲劇が発生する。ある牧童が共有地に放牧する牛を増加させると，利益の増分はすべて自分のものになる。一方，牛の増加が生みだす費用（牧草の減少など）は牧童全員ですこしずつ負担する。この状況では牧童は放牧する牛を増加させる。自

分にとっては利益が費用を上まわるからである。しかし，すべての牧童が放牧する牛を増加させると牧草が枯渇し，共有地は回復不可能なまでに荒廃してしまう。こうして，結局，すべての牧童が大損害を被る。放牧する牛を増加させることを非協力とみなせば，個人にとって合理的な非協力の選択が，全員に破滅的な結果をもたらしていることがわかる。

　共有地の悲劇ではみんなが使用できる資源の消費が問題になっている。一方，みんなが享受できる財の供給が問題になる社会的ジレンマもある。町内清掃を例にして説明する。町内清掃は，それをおこなう住民には時間のうえでも労力のうえでも大きな負担になる。一方，清掃されてきれいになった環境は住民すべてが享受できる。そのため個々の住民は，自分は町内清掃をサボり，他の住民に町内清掃を任せようとする。みずからは負担を逃れ他者の協力に**ただ乗り**しようとするのである。こうなると町内清掃をする住民がいなくなって環境はひどいものになり，すべての住民が不快な生活を強いられる。

ただ乗り (free-riding)

　これらの社会的ジレンマに共通しているのは，個人の利得を最大化する行動が，集団全体の利得を損なっていることである。行動そのものは合理的であるだけに問題は深刻である。

■援助行動

　緊急事態に直面している人を援助する行動を，社会的ジレンマの観点から考えてみよう。

　ニューヨークで発生したキティー・ジェノヴィーズ事件とよばれるものがある。キティー・ジェノヴィーズという女性が深夜に仕事から帰宅する途中で暴漢に襲撃された。襲撃はアパートの前で30分間にわたりつづき，この女性は死んだ。女性が襲撃されているとき，アパートの住人38名が目撃したり悲鳴を聞いたりしていたが，現場に介入した者も，警察に電話した者もいなかった。なぜアパート住人は援助に駆けつけなかったのだろうか。

ラタネ(Bibb Latané)

傍観者効果
(bystander effect)

　ラタネとダーリー (Latané & Darley, 1970) は，緊急事態に居合わせた人の数が多いほど，援助行動が抑制されることを指摘している。これを**傍観者効果**とよぶ。ラタネたちは，人数の多さが援助行動を抑制する理由として，多くの人間がいると何かが発生していても気づかない場合があること，緊急事態か否かの判断が他者に影響されること（まわりの人が何もしないのを見て，緊急事態ではないと判断する），人数が多いと自分が援助すべきだという責任が分散されやすいことを挙げている。

　傍観者効果は社会的ジレンマの観点から解釈することもできる。援助に駆けつけることはコストを要する。たとえば，キティー・ジェノヴィーズ事件において，援助に駆けつければ自分も殺されてしまうかもしれない。警察に電話をかければ犯罪者集団に報復されるかもしれない。多くの人が見ているのだから，自分は援助に行かず，誰か他の人が援助に行ってくれればよいとなる。このように考えると，傍観者効果は他者の協力に対するただ乗りとみなすことができる (Stroebe & Frey, 1982)。援助行動がなくなってしまった社会がすべての人にとって望ましくないことはいうまでもない。

　なお，上ではキティー・ジェノヴィーズ事件を通説どおりに紹介したが，近年，マニングたち (Manning et al., 2007) がこの事件の真相について異論を唱えている。関心のある読者は参照してほしい。

■規範と信頼

　どうすれば社会的ジレンマを解決できるのだろうか。残念ながら，あらゆる社会的ジレンマを解決できる決定打はない。応報戦略はプレイヤーが2人の場合のものであり，社会的ジレンマ一般にはそのままでは使えない。とはいえ過度に悲観的になる必要はない。社会的ジレンマにおいて協力を増減させる数多くの要因が指摘されている (Kollock, 1998)。以下では，規範と信頼に着目して社会的ジレンマの解決を考える。

□規範

規範 (norm)

規範とは集団の規則のことである。日常生活で「○○すべき」とか「××すべきではない」といった言い回しで表現されるものである。

規範が必要になるのは個人の利益と集団全体の利益が一致しないときである。たとえば，個々人は町内清掃をサボりたいが，町内全体の利益を考えれば町民みんなの参加が必要である。だからこそ「町内清掃に参加すべき」という規範が発生する。社会的ジレンマは，個人の利益と集団全体の利益が一致しない事態の典型であり，「協力すべき」という規範が発生する。この規範に人々が従えば社会的ジレンマを解決できる。問題は，どうやって人々を規範に従わせるかである。

まず思いつくのは，規範に従わない非協力者に罰をあたえることであろう。だが，非協力者に罰をあたえられるとは限らない。罰をあたえるには，誰が非協力者なのか識別する必要がある。多数の人々が関与する社会的ジレンマでは，非協力者がいることはわかっていても，それが誰なのかはわからないことが多い。匿名性が高いと非協力者に罰をあたえられない。

では，なんらかの工夫をして非協力者を識別できれば罰をあたえられるかというと，そうとも限らない。罰をあたえるにはコストがかかる。みんな罰のコストを負担したくないので，結局，誰も罰をあたえないということがままある。

以上を裏返せば，匿名性が低く，なおかつコストのかからない罰があれば，人々を規範に従わせて社会的ジレンマを解決できるということである。その典型例は，濃密な人間関係に満ちた共同体であろう。たとえば農山村には濃密な人間関係がある。共有地の悲劇と言われるが，現実には共有地を適切に維持している農山村がたくさんある。農山村に限らず，濃密な人間関係をもつ共同体では，労力や資金のやりとりなど，さまざまな相互協力慣行が存続している。こうした共同体では，協力の成果を受けとる人の

オストロム
(Elinor Ostrom)

限定，匿名性の低減，コストのかからない罰などが実現されている（Hechter, 1987; Ostrom, 1990; 辻本他，2007）。

　ほかにも人々を規範に従わせる方法がある。匿名性やコストが高くて罰をあたえられないとしても，規範を破れば罰をあたえられると人々が信じていればよいのである。これに関連するのが，人々を規範に従わせるうえで目の写真やイラストが有効であることを報告した研究である（e.g., Bateson et al., 2006; 中俣・阿部, 2016）。中俣・阿部 (2016) は，河川敷へのゴミのポイ捨て意向を抑制する手法を検討し，有効な手法のひとつとして目を描いた看板の設置を挙げている（図18-1）。目の表示は「見られている」という監視性，さらには罰を連想させるのかもしれない。

　意外なことに，神の観念が「見られている」という監視性に関連しているようである。さまざまな宗教において，神は一人一人を見ていて道徳や倫理に反する行動をとった者に罰をあたえると信じられている。神の観念が活性化すると協力的な行動が増えることを示した研究がある (Norenzayan & Shariff, 2008; Shariff & Norenzayan, 2007)。

図18-1　目を描いた看板（中俣・阿部，2016, p. 225）

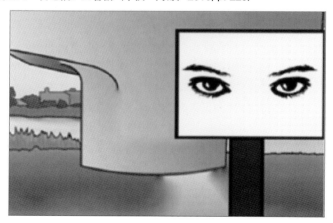

□信頼

信頼 (trust)

　ここでいう**信頼**とは，他者が協力を選択するだろうという期待のことである。

　くり返しのある囚人のジレンマで相互協力を達成する方法として応報戦略をすでに挙げたが，信頼による相互協力の達成もある。プルイットとキンメル (Pruitt & Kimmel, 1977) は，くり返しのある囚人のジレンマにおける**目標期待理論**を唱えた。目標期待理論によれば，くり返しのある囚人のジレンマにおいて以下の2条件が満たされればプレイヤーは協力を選択する。①目標：一方的に相手を搾取することは不可能だと認識し相互協力を目標とする。②期待：相手も相互協力を目標としており，自分が協力してもつけ込んでこないという期待をもつ。目標期待理論のいう期待とは，相手に対する信頼にほかならない。

目標期待理論 (goal/expectation theory)

　くり返しのある囚人のジレンマに限らず，社会的ジレンマ一般において，他者を信頼するプレイヤーは協力を選択する傾向があることが知られている (Yamagishi, 1995)。人間は自己利益の最大化を目指して合理的に行動するとは限らない。かなりの人は，みんなが協力を選択すると思えるなら自分も協力を選択するし，みんなが非協力を選択すると思えるなら自分も非協力を選択する。

　以上からすると，社会的ジレンマを解決するには，多数の人々が信頼をもつようになることが有効だと考えられる。山岸 (2000) は，「みんなが協力するなら自分も協力する」という行動原理は無意識のうちに作動するものであり，人類が社会環境に適応するために進化させた「本当のかしこさ」ではないかと論じている。

まとめ

1. たすけあおうとすることは，裏切りに遭う危険と表裏
   一体である。社会的ジレンマ研究では協力を促進する
   さまざまな方法が提案されてきた。
2. そのなかから，濃密な人間関係に満ちた共同体をつく
   ること，多数の人々が信頼をもつことについて解説し
   た。

参 考 図 書

アクセルロッド，R. 松田裕之(訳) (1998). つきあい方の科学──バクテリアか
　ら国際関係まで──　ミネルヴァ書房
山岸俊男 (2000). 社会的ジレンマ──「環境破壊」から「いじめ」まで──　PHP
　新書

第19章 集合行動

辻 本 昌 弘

どうすれば社会運動を盛り上げられるのか

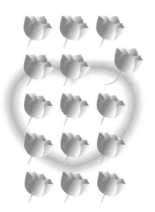

§19. 集合行動

本章で解決する謎
「どうすれば社会運動を盛り上げられるのか」

お上に立てつくことなどなかった民衆が突如として立ち上がり，社会運動が急拡大することがある。一方，不正義を訴える社会運動がなかなか拡がらないこともある。社会運動が急拡大することもあれば，さっぱり拡大しないこともあるのはどうしてなのか。

■パリ＝コミューン

集合行動
(collective behavior)

　盛り上がる社会運動，燎原の火のごとく拡がる叛乱，沸騰する世論——こうしたものを**集合行動**とよぶ。まず歴史上の事件をつうじて集合行動のイメージをつかんでみよう。

　1871年，抑圧からの解放を求めるパリ民衆が一斉に蜂起し，労働者や小市民による自治を樹立した。パリ＝コミューンである。ルフェーヴル (Lefebvre, 1965) によればパリ＝コミューンは祝祭だった。それは日常の倦怠と単調からの脱出であった。革命家のみならず，労働者・職人・小商人までが蜂起した。これに対し国家権力が鎮圧に乗りだした。バリケード市街戦で抵抗する民衆に，国家権力は容赦ない大量虐殺で応えたのである。結局，パリ＝コミューンは2ヵ月あまりで潰えた。

　民衆蜂起が打ちつづく19世紀フランスを生きたユゴーは，小説『レ・ミゼラブル』でバリケード市街戦を活写した。それを読むと，燃え上がる蜂起の渦中で，平々凡々たる人間が英雄となり，場末の酔っぱらいが命を投げ出して闘い，ふだんは保身に汲々として

いた小心者が国家権力に立ち向かっていったことがわかる。

　こうしたことは19世紀フランスに限ったことではない。多数の人々が一斉に立ち上がり，ふだんの個人からは考えられない行動を噴出させる事態は古今東西の民衆蜂起にみられる。

■閾値モデル／沈黙の螺旋

　集合行動では，一握りの人の行動だったものが，ころがる雪だるま，あるいはドミノ倒しのごとく急速波及していき，世の中をおおい尽くす。その背後にいかなる原理があるのだろうか。

□閾値モデル

グラノベッター
(Mark Granovetter)
閾値モデル
(threshold model)

　単純でありながらもさまざまな集合行動に洞察をあたえてくれるのが**グラノベッター** (Granovetter, 1978) の**閾値モデル**である。人間は，周囲の他者を参照してみずからの行動を決める。他者を参照する程度には個人差がある。たとえば，誰もしていない行動をとる大胆不敵な人もいれば，つねに周りの人にあわせて行動する慎重な人もいる。このモデルでいう閾値とは，個人がある行動をとるために，何割ほどの他者がその行動をとっていなければならないかを示すものである。たとえば，誰もしていない行動をとる大胆不敵な人の閾値は0割である。一方，周囲の9割がある行動をしてはじめて，自分もその行動をとる慎重な人の閾値は9割である。

　以上をふまえて，表19-1のように10名の成員からなる仮想社会で蜂起が発生するプロセスを考えてみよう。蜂起に参加する閾値の分布としてA社会とB社会の2つの場合を考える。まずA社会をみてみると，閾値が0割である成員1はひとりで蜂起に立ち上がる。すると10名のうち1名が蜂起を起こしているので，閾値1割である成員2が蜂起に参加する。すると10名のうち2名が蜂起に参加しているので，閾値2割である成員3が蜂起に参加する。こうしてドミノ倒しが起こり，またたくまに全員が蜂起に参加す

る。一方，成員2の閾値をほんのわずかに変化させたB社会では
どうなるか。成員1はひとりで蜂起に立ち上がる。しかし閾値1
割の成員がいないので蜂起は拡大しない。

　閾値モデルによれば，初期値分布のほんのわずかな違いから，
最終的に大きく異なる社会状態が帰結しうる。表19-1のA社会
とB社会は1名の閾値がほんのわずかに異なるだけで，ほぼ同一
とみなしてよい。しかし最終的にどうなるかというと，A社会では
大蜂起となり，B社会では一人が騒いでいるだけということにな
る。

表19-1　仮想社会における閾値分布

成員		1	2	3	4	5	6	7	8	9	10
閾値（割合）	A社会	0	1	2	3	4	5	6	7	8	9
	B社会	0	2	2	3	4	5	6	7	8	9

　ここで，あなたがこれら2つの社会を観察していたと仮定しよ
う。あなたは，大蜂起が発生したA社会の人々は攻撃的な心をも
ち，蜂起が拡がらなかったB社会の人々は温和な心をもつと解釈
するかもしれない。この解釈は正しいだろうか。表19-1の閾値
分布のもとでは正しくない。ふたつの社会の個人がほぼ同一の心
をもっていたとしても，一方は大蜂起となり，もう一方は平穏
ということがありえる。社会全体（マクロ）の挙動と，その社会を
構成する個人（マイクロ）の心が単純な対応関係にあるとは限ら
ない。社会科学においては，マクロとマイクロの複雑な関係を考
慮しなければならない。

□沈黙の螺旋

　閾値モデルとほぼおなじ原理をもっているものとして，ノエル-
ノイマン (Noelle-Neumann, 1984) が論じた**沈黙の螺旋**がある。こ
れは世論形成過程をモデル化したものである。

沈黙の螺旋
(spiral of silence)

　沈黙の螺旋とは以下のようなものである。人間は，世間から
そっぽを向かれるような孤立を恐れる。孤立への恐怖から人々は
社会における意見分布を知ろうとする。そして，自分の意見が優
勢だとなれば，みずからの意見をおおやけの場で表明する。自分
の意見が劣勢だとなれば，孤立への恐怖から沈黙する。その結果，
優勢にみえる意見はますます優勢にみえるようになり，劣勢にみえ
る意見はますます劣勢にみえるようになる。優勢意見をもつ人々
はますます声を大にして意見を表明し，劣勢意見をもつ人々はま
すます沈黙せざるをえなくなっていく。このようにして世論が形成
され，ついには優勢意見へのなだれのごとき同調が発生する。

　沈黙の螺旋が作動しているならば，優勢な意見が，当初から優
勢だったとはかぎらない。優勢ではない意見であったとしても，
その意見を強力に訴える社会運動によって優勢にみえてしまい，
沈黙の螺旋が作動して本当に優勢になってしまうかもしれない。
世論は流動的に変化するものなのである。

■社会の変革

　良き社会をつくるためには悪習を正さねばならない。長きにわ
たり存続してきた悪習を廃絶するのは容易ではないが，ときに多
数の人々が一挙に悪習を捨てさることがある。この背後には，あ
る行動が社会全体に急速波及する集合行動の原理がある。

　まず歴史上の事例をみてみよう。かつて中国には纏足（てんそ
く）という慣習があった。女子の足を緊縛して大きくならないよ
うにする慣習で，千年にもわたり執拗に存続してきた。ところが
19世紀後半から短期間のうちに消滅した。マッキー (Mackie,
1996) は纏足が急速に消滅した経緯を論じている。それによる
と，もともと纏足に反対の人はかなりいたのだが，娘が良い結婚
に恵まれなくなることを恐れて纏足の慣習に従っていた。しかし
19世紀後半，一部の親たちが，娘には纏足をさせない，息子に
は纏足女性と結婚させないと誓う結社をつくり，纏足反対キャン

ペーンをくりひろげた。すると纏足が急速に消滅したという。

シェリング
(Thomas C. Schelling)

　　マッキーは，**シェリング** (Shelling, 1960, 1978) のゲーム理論モデルを応用して，慣習の執拗な存続および急速な消滅を分析している。説明を単純にするため表19-2のように2人のプレイヤーを想定する（表19-2の見方は第18章参照）。

表19-2　慣習をめぐる利得表

		プレイヤー2	
		従わない	従う
プレイヤー1	従わない	2　,　2	0　,　0
	従う	0　,　0	1　,　1

　　プレイヤーは慣習に「従う」「従わない」という2つの選択肢をもつ。2人のプレイヤーがともに慣習に従っている状況（右下）は，ともに慣習に従っていない状況（左上）より利得が低い。表19-2のもとで合理的な選択は，相手が従うと期待できるのなら自分も従う，相手が従わないと期待できるのなら自分も従わないというものである。当該の慣習が長きにわたり存続してきたのなら，たとえ自分は従いたくなくても，相手は従うだろうと期待してしまうので自分も従わざるをえない。これは，多くの人々が纏足を望ましくないと考えているにもかかわらず，纏足が執拗に存続してきたことに対応する。だが，なんらかの理由により相手は従わないという期待がそれぞれのプレイヤーに生じれば，2人のプレイヤーは選択を一斉に変更する。表19-2からわかるように単独で選択を変更するのは合理的ではない。選択の変更は一斉に起こさなくてはならない。このモデルからすると，纏足に反対する結社の活動により，人々の期待が変わり，纏足をする状態から纏足をしない状態に一斉に移行したのだと考えられる。もちろん現実の慣習には，2人ではなく多数の人々が関与している。マッキーは，多数の人々が纏足をしなくなった連鎖も以上とおなじ原理で分析している。

■予言の自己成就

　沈黙の螺旋によれば，人々がある意見が優勢だと信じると本当に優勢になってしまう。マッキーの研究によれば，大多数の人が纏足の慣習に従わないとの期待が各人に生じると，本当に纏足がなくなった。これらが示唆するのは，Xが起こるとみんなが予測すると，予測したこと自体が原因となって，Xが本当に起こってしまうという原理である。**マートン** (Merton, 1957) は，これを**予言の自己成就**と名づけた。

マートン
(Robert K. Merton)
予言の自己成就
(self-fulfilling prophecy)

　予言の自己成就は社会科学の学問性格について考えるうえで好個の手がかりである。予言の自己成就からわかるように，社会科学者がXの発生を予測し世間に周知したために，（起こるはずのなかった）Xが起こってしまうことがありえる。これとは逆に，予言の自己阻止とよぶべき現象もある。社会科学者がXの発生を予測し世間に周知したために，（起こるはずであった）Xが起こらなくなってしまうというものである。これらからわかるように，社会科学者は，社会システムを第三者として外側から観測しているのではない。社会科学者は，社会システムの内側にあって，社会システムを動かす一因になっている (Gergen, 1973)。社会システムの内側にいる社会科学者は，社会を変革していく主体として研究するしかないし，またそうすべきなのである。

■社会運動

社会運動
(social movement)

　差別撤廃・格差是正・環境保護など正義の実現を求める**社会運動**は，一人では達成できない目標を，多数の人々の集合行動により達成しようとするものである。社会運動は，正義や少数派の主張を世に訴えるという重要な役割を担っている。社会運動の諸相を解説していく。

□相対的剥奪とただ乗り

　歴史をふり返ってみると，社会運動や革命に身を投じるのは最

下層の人々ではなく，それなりに恵まれた人々だと思える (Hoffer, 1951)。1960年代に先進国で社会運動が噴出したが，これは豊かな社会の実現と軌を一にしていた。社会運動の中心になるのは，その日暮らしを強いられている極度の困窮者ではなく，組織労働者や高等教育を享受する学生だったりする。

　社会運動を起こすのはえてして最下層の人々ではない——この背景にはいくつかの要因がある。まず挙げるべきは最下層の人々には余裕がないということである。社会運動をするには時間や金銭が必要となる。「今日，わが子にあたえる食べ物がない」なら社会運動をしている場合ではない。今すぐ食べ物の確保に奔走するしかない。

　貧しい民衆が不平・不満を抱いているとは限らないということも挙げられる。不平・不満の強度は生活の苦しさや貧しさに必ずしも比例しない。この点を明確にしているのが**相対的剥奪**の概念である (Tyler et al., 1997; Walker & Pettigrew, 1984)。相対的剥奪の考え方によれば，人々が不平・不満をもつのは，富や報酬の絶対量が少ないからではなく，比較対象よりも富や報酬が少ないからである。たとえ貧しい生活であっても周囲の人も貧しければ不平・不満を抱かない。一方，社会上昇を果たしつつある人は，上流階層や支配集団の豊かで恵まれた生活を垣間見るために不平・不満を抱きやすい。

　相対的剥奪に関連するのが，革命の事例研究をもとにデイヴィス (Davies, 1962, 1969) が提案した**J曲線仮説**である（図19-1）。それによると革命が起こりやすいのは生活水準が低い時期 (t_1) ではない。社会経済的な発展により生活水準が上昇したあと社会経済的不調に陥り，期待と現実のギャップが拡大したとき (t_2)，不平・不満が急激に高まって革命が起こりやすくなる。

　ただし，人々の不平・不満が高まれば社会運動が必ず発生するかというと，そうではない。社会運動に参加するにはコストがかかる。たとえば，社会運動に参加すると国家権力により弾圧され

相対的剥奪
(relative deprivation)

J曲線仮説
(J-curve hypothesis)

図19-1　J曲線仮説（Davies, 1962, 1969をもとに作成）

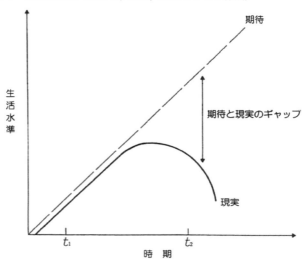

逮捕投獄されるかもしれない。一方，社会運動が成功した場合の成果（格差の是正など）はすべての人が享受できる。そうすると，社会運動をするのは他人に任せて社会運動の成果のみ享受するという**ただ乗り**が発生しやすくなる（cf. Olson, 1965; ただ乗りについては第18章参照）。社会運動には社会的ジレンマの側面がある。

ただ乗り (free-riding)
オルソン (Mancur Olson)

　ただ乗りを克服して社会運動を強力に推し進めるにはどうすればよいのか。この疑問に答えようとするのが資源動員論である。

□資源動員論

　さきに紹介したマッキーの研究では，纏足に反対する結社が纏足廃絶運動を先導したとされていた。社会運動では，結社や前衛党などの組織，また人々のあいだの社会的ネットワークが重要な役割をになう。この点を重視して社会運動を分析するのが**資源動員論**である。

資源動員論
(resource mobilization
theory)

　　資源動員論によれば，不平・不満は副次要因であり，資源こそが社会運動への参加を規定する中心要因である（Fireman & Gamson, 1979; 長谷川, 1985; McCarthy & Zald, 1977; Oberschall, 1978）。ここでいう資源にはさまざまなものが含まれるが，資源動員論がとりわけ重視してきた資源は組織や社会的ネットワークである。社会運動でただ乗りが発生するという命題は，孤立したバラバラの個人が合理的な選択をすることを前提にしている。しかし現実の社会運動をみてみると，組織や社会的ネットワークに個人が埋め込まれることにより，社会運動のコスト低減や参加者の連帯強化が実現され，ただ乗り問題を克服している。

　　社会運動を牽引する組織の構造や戦略，広範な人々をデモや蜂起に結びつける社会的ネットワーク，こうした要因が効果的に作用することにより社会運動は高揚していく。たとえば，パリ＝コミューンを分析した Gould (1991) は，蜂起組織の公的ネットワークと近所関係に根差す既存の非公的ネットワークが相乗的に作用することにより，参加者が動員されていたとしている。

□ フロー

　　社会運動がいかに体験されているのかという点も重要である。人々が社会運動をするのは，差別撤廃や格差是正といった正義を実現するためだけではない。激しく高揚する社会運動においては，参加者は仲間と苦楽をともにするなかで生の充実を体験している。社会運動が正義を実現するための手段になっているのみならず，まさに今，社会運動をすること自体が悦びになっているのである。

フロー (flow)　　社会運動の参加者にみられる生の充実は**フロー**とよばれる体験に対応する。チクセントミハイ (Csikszentmihalyi, 1975) は，スポーツ選手や芸術家が活動そのものの楽しさを強調することを見出し，行為に没入しているときの感覚をフローと名づけた。フローの構成要素は「行動と意識の融合」「いま・ここへの集中」

「我を忘れる」といった感覚である。「本当の私って何？」などと自分について考えるのは倦怠や不調の時であり，フローのような生の圧倒的充実のもとでは自分について考えたりしない。「イケてるッ」「超サイコーッ」といった今どきの表現もフローに対応するものであろう。

　抑圧や不正に対する怒りとフローの悦びは共存できる。実際にやってみた人ならわかるように，怒りで激しく燃え上がる抗議行動や街頭デモの渦中にいる参加者はフローを体験している。ルフェーヴルがパリ＝コミューンは祝祭であったと言うのもこの点を指している。

　だがしかし，社会運動はしばしば形骸化していき，参加者がフローを体験することもなくなる。たとえば，社会運動が義務感や償い意識に駆られた苦行のようになってしまうことがある。あるいは社会運動をになう組織や党を維持していくこと自体が目的になり，組織や党から離れていく人を糾弾したりする。かくのごとく倒錯した社会運動にフロー体験はない。

□現代の社会運動

　今も世界各地の民衆が社会運動に立ち上がっている。民主化を要求した2010年代初頭の「アラブの春」，貧富の格差に抗議した2011年の「ウォール街を占拠せよ」，東日本大震災後の脱原発運動など枚挙にいとまがない。

　近年の社会運動は，インターネットを活用して情報伝達と参加者動員をおこない，さらに音楽・ダンス・コスプレなど多彩なパフォーマンスと融合した祝祭性を帯びている（五野井，2012；毛利，2003）。

　物理空間とサイバー空間が連動する現代の社会運動は，一昔前のものからずいぶんさま変わりしているが，ネットワークと祝祭性が基底にあることは変わっていない。

まとめ

1. 社会運動が拡大するか否かは，さまざまな要因に規定される。閾値モデルによれば初期値分布が重要となる。資源動員論によれば組織や社会的ネットワークが重要となる。

2. 社会運動を盛り上げるには，参加者がフローを体験できるようにすることも大切である。

参 考 図 書

釘原直樹 (2011). グループ・ダイナミックス──集団と群集の心理学──　有斐閣

ノエル-ノイマン, E. 池田謙一・安野智子（訳）(1997). 沈黙の螺旋理論──世論形成過程の社会心理学──［改訂版］　ブレーン出版

interpersonal relations

第20章 集団意思決定

どうすれば民主主義を実現できるのか

辻本　昌弘

§ 20.　集団意思決定

本章で解決する謎
「どうすれば民主主義を実現できるのか」

仲間との会合から議会にいたるまで，私たちは話し合いや多数決によってたくさんの決定を下している。独裁者による決定ではなく，話し合いや多数決による民主主義的な決定を私たちは好む。だが現実をみてみると，話し合いや多数決によって愚かな決定をしてしまうこともある。その背後にはなにがあるのだろうか。

■集団意思決定とは

集団意思決定
(group decision making)

集団意思決定とは，集団に属する個人の多様な意見を集約して，集団として一つの決定を下すことである。意見を集約する手続きにはさまざまなものがあるが，本章では話し合いと多数決に焦点をあてる。

いかなる場合に話し合いや多数決をおこなうべきか，まずは理屈の上で考えてみよう。

論理や事実によって証明できる客観的正解がある場合は，その正解に到達することが大切なのであって，話し合いや多数決は必ずしも必要ではない。たとえば数学の難問に対する解答が正しいかどうかを一般市民の多数決で決めてよいだろうか。よいわけがない。高度な専門知識をもつ数学者が決めるべきなのである。

一方，客観的正解がない場合の集団意思決定では話し合いや多数決をおこなう。たとえば憲法を変更すべきか否かといった決定を一部の人に委ねてよいだろうか。よいわけがない。憲法変更に賛成す

るか反対するかは個々人の思想信条や価値観に依存する。客観的正解がないのだから，すべての市民でよくよく話し合い，最終的には投票により決定を下すべきである。

手続き的公正
(procedural justice)
ロールズ (John Rawls)

　客観的正解がない場合には話し合いや多数決により決定を下す——このことに関連するのが**手続き的公正** (Lind & Tyler, 1988; Rawls, 1999) という概念である。客観的正解がない場合の集団意思決定では，決定にいたるまでの手続きが公正なものであるかどうかが重要になる。手続きが公正であることによって集団の決定が正当化され，みんなが受け入れるもの，あるいは受け入れるべきものとなる。一般に，現代社会では話し合いや多数決は手続きとして公正だとみなされている。

　以上は，ことの本質が見えやすくなるように極端に単純化した議論である。課題の性質によっては話し合いにより客観的正解に到達しやすくなる場合がある。そもそも客観的正解があるのか否かが，よくわからない場合もある。また，話し合いや多数決は公正だとみなされているが，話し合いや多数決は手続きとして完璧なものではなく，さまざまな問題をはらんでいる。以下では，話し合いや多数決がはらむ問題を調べた研究を解説したうえで，民主主義のあり方について考える。

■集団極化と集団思考

　みんなで話し合って決めよう——こんな言葉をよく耳にする。サークルをいかに運営すべきか，学生たちはミーティングで話し合う。議会では議員たちが政策について話し合っている。かように人々は話し合いを大切にしているのだが，話し合いが歪みや問題を引き起こすことがある。

□集団極化

集団極化
(group polarization)

　話し合いでは**集団極化**がしばしば発生する。集団極化とは，ひろく共有されていた態度や意見が集団の話し合いによって増幅さ

237

れ，集団の決定が極端になる現象である。

　集団極化の例をいくつか挙げてみよう。リスクにかかわる意思決定では，リスクを好む傾向の個人が集団になるといっそうリスクに満ちた決定を下す**リスキー・シフト**，慎重な傾向の個人が集団になるといっそう慎重決定を下す**コーシャス・シフト**がみられる (e.g., Stoner, 1968)。**モスコヴィッチ**とザバローニ (Moscovici & Zavalloni, 1969) は，フランスの学生を被験者にしてド・ゴール（フランスの有名政治家）とアメリカ人への態度を測定し，話し合い前にはやや好意的であったド・ゴールへの態度は，話し合いをつうじてより好意的になり，話し合い前にはやや非好意的であったアメリカ人への態度は，話し合いをつうじてより非好意的になったことを報告している。

　なぜ集団極化が生じるのか，さまざまな学説が唱えられてきた。個人の心理的変化に着目して集団極化を説明する学説は2つに大別される (Isenberg, 1986)。ひとつは社会的比較説である。人は，自分自身を肯定的に評価するのみならず，他者からも肯定的に評価されることを望む。そこで自分と他者を比較し，みんながもっている価値観や態度を自分はより強くもっているかのごとく振る舞う。いわば「おくれをとらないようにする」わけである。こうしたことが集団成員の一人一人に生じると集団が極化する。もうひとつの学説は説得的論拠説である。話し合いにおいては，たくさんの人が支持する意見ほど，その論拠が提示される機会が多くなる。その結果，みんなが支持する意見の説得力がどんどん増していき集団が極化する。

　これら2つの学説とはまったく異なる観点から集団極化をとらえるのが多数派主導説である。多数派主導説は，集団における意見の集約手続きに着目して集団極化を説明する（Davis, 1973; 亀田, 1997）。客観的正解が自明ではない集団意思決定においては，多数派の意見が集団の決定として採用されるのがふつうである。一般に，個人の意見分布と，そこから抽出した個人からなる集

リスキー・シフト
(risky shift)
コーシャス・シフト
(cautious shift)
モスコヴィッチ
(Serge Moscovici)

団の決定（多数派の意見が集団の決定になるとする）の分布をくらべると，個人レベルで優勢であった意見は集団レベルでより優勢になる。すなわち極化する。多数派主導説の立場からすれば，個人の心理的変化がなくとも，多数派主導の意見集約手続きによって集団極化が生じる。

□集団思考

ジャニス (Irving L. Janis)

ジャニス (Janis, 1982) は，アメリカ大統領とそのブレーンたちによる意思決定の失敗など，さまざまな政治的意思決定の事例研究をおこない，**集団思考**について論じた（**集団浅慮**とよぶこともある）。強く結束している集団は，仲間内のコンセンサス維持を優先して多角的検討や相互批判をしなくなり，誤った決定を下し

集団思考 (groupthink)
集団浅慮

表20-1　集団思考の症候 (Janis, 1982 をもとに作成)

自集団に対する過信

1. 自集団不敗幻想の共有により，過度の楽観主義が生まれ，極端に高いリスクを受け入れる
2. 自集団の道徳的正しさを過信し，自分たちの決定がいかなる倫理的・道徳的帰結をもたらすのか問わなくなる

閉鎖性

3. 想定に反する情報や警告を無視することを全員で合理化し，すでになされた決定を問い直さない
4. 敵リーダーを「極悪人で交渉の余地はない」あるいは「腰抜けで何をやったって反撃してこない」とみなすステレオタイプな見方

斉一性への圧力

5. 疑念や反論の表明を自主規制し，集団のコンセンサスから逸脱しないようにする
6. 多数派の見解に同調したにすぎない判断を全員一致とみなしてしまう共同幻想
7. 自集団のステレオタイプ・幻想・コミットメントに異を唱える者に露骨な圧力をかけ，自集団に忠誠ならそんな反論をしてはならないとする
8. 自集団の決定に不都合な情報が入ってこないようにする監視役が出現する

てしまいがちである。こうした意思決定過程を集団思考とよぶ。ジャニスは集団思考の症候として表20-1の8項目を挙げている。

　ジャニスの事例研究からピッグス湾事件を紹介する。1961年，アメリカのケネディ政権が，キューバのカストロ政権を打倒するために，キューバのピッグス湾に亡命キューバ人部隊を侵攻させた。侵攻部隊が上陸したものの，弾薬や物資を積んだ船舶は到着できず補給が断たれた。侵攻部隊はカストロの大軍に包囲され，侵攻から3日目には捕虜になった。結局，計画通りにいったものはなにひとつないという大失敗に終わった。

　アメリカ国民の期待を背負った若き大統領 J. F. ケネディには，ラスク国務長官，マクナマラ国防長官，シュレジンガー補佐官，バンディ補佐官，R. ケネディ司法長官などのブレーンがいた。当時のアメリカの最高頭脳と評された面々である。しかしジャニスの分析によれば，彼らはピッグス湾侵攻計画の検討にあたって集団思考に陥ってしまった。多角的な情報収集や批判的検討をしないまま CIA が立案した計画を受け入れ，杜撰な侵攻作戦を実行してしまったというのである。

　友人同士は仲良くやっていけばよい。しかし，企業経営や政治・軍事の意思決定が，仲良し仲間のなれあいでなされてはならない。集団思考の危険性を念頭においておくと，日々の実践場面で仲間同士のなれあいを防ぐのに役立つ。

■多数決の手続き

　話し合いは大切だが，話し合いは時間がかかる。いつまでも話し合いをつづけて決定を先延ばしにすると，事態に対応できなくなる。話し合いで合意が得られない場合は，多数決により最終決定を下すのがふつうである。その背景には，多数決は不偏不党の手続きであって，特定人物が裏で操作できるものではない，したがって公正な手続きであるという含みがある。だが実際には，多数決を操作して結果を変えられる場合がある。

□全体判断と条件判断

　亀田 (1997) は，全体判断と条件判断の違いを指摘している。説明をわかりやすくするために，ある企業の新入社員採用会議を考えてみよう。表20-2において，A氏，B氏，C氏の3名は企業の採用担当者である。この企業では条件1「能力優秀」と条件2「性格明朗」の2条件をともに満たしている者だけを採用する。採用担当者は面接試験により応募者が条件1と条件2を満たしているか判断する。さて大学生のXさんが面接試験を受けた。Xさんが条件1と条件2を満たしているかどうか，採用担当者の判断は表20-2のとおりだった（○は満たす，×は満たさない）。Xさんを採用するかどうかは多数決で決めることになっている。すると表20-2の賛否の列に示したように，A氏は賛成，B氏とC氏は反対なので，多数決によりXさんを採用しないという結果になった。ところで，じつはA氏はXさんの親戚だった。A氏はXさんを採用したいが，不正はしたくない。そこでA氏は「慎重を期して各条件を個別に検討すべきだ」と提案した。まず条件1をXさんが満たしているかどうか多数決をとると2対1で満たしているという結果になった。条件2についても多数決をとると2対1で満たしているという結果になった。というわけでXさんは2つの条件をともに満たしているので採用することになった。

　この場合，最初の多数決が全体判断であり，次の条件ごとの多数決が条件判断である。このように全体判断と条件判断で結果が変わってしまう場合，多数決が操作されてしまう可能性がある。

表20-2　全体判断と条件判断（亀田，1997をもとに作成）

メンバー	条件1	条件2	賛否
A氏	○	○	賛成
B氏	○	×	反対
C氏	×	○	反対

□コンドルセのパラドックス

コンドルセのパラドックス
(Condorcet paradox)

　多数決の操作としてもっとも有名なのは**コンドルセのパラドックス**であろう。このパラドックスを単純な例により説明する。

　ある議会があって議員数は3名だとする（そんな議会はありえないが説明の便宜のため単純化）。この3名をX氏，Y氏，Z氏とする。さて，ある政策について3名の議員それぞれが法案を提出した。X氏が提案した法案をx案とする。おなじようにY氏はy案，Z氏はz案を提案したとする。各法案に対する選好順序（良いと判断する順番）は表20-3のとおりである。たとえばX氏にとって，もっとも良いのはx案，次に良いのはy案，もっとも良くないのはz案である。

　採決をしたところ各法案が1票ずつ得て決着がつかず，議員たちは困り果ててしまった。そこでX氏が勝ち抜き方式を使おうと提案した。困り果てていた議員たちは勝ち抜き方式を受け入れた。まずy案とz案で採決すると，X氏とY氏がy案に票を入れ，Z氏がz案に票を入れたので，2対1でy案が勝った。次にy案とx案で採決すると2対1でx案が勝った。X氏の目論見通り，最終的にx案が採用された。

　なぜこんなことが起こったのだろうか。上の勝ち抜き方式では，最初にy案とz案で採決してy案が勝ち，次にy案とx案で採決して最終的にx案が採用された。だが，さらにx案とz案で採決してみたらどうなるだろうか。z案が勝つのである。（個人ではなく）集団全体の選好順序がx>y>z>xと循環しているので，勝ち抜き方式だと最後に採決にもちこんだ法案が勝つ。「x≳yかつy≳zならばx≳z」を推移律とよぶ。コンドルセのパラドックス

表20-3　コンドルセのパラドックス

議　員	選好順序
X氏	x>y>z
Y氏	y>z>x
Z氏	z>x>y

が生じる原因は集団全体の選好において推移律が成り立っていないことにある。

□**一般可能性定理**

　当然のことながら，集団決定の手続きではコンドルセのパラドックスが生じないことが望ましい。ほかにも集団決定が満たすべきだと考えられる条件がいくつかある（独裁者がいてはならない等）。では，こうした条件をすべて満たす理想的な集団決定の方法は存在するのだろうか。

　結論から言うと存在しない。まだ見つかっていないのではない。論理的に存在しないのである。このことを証明したのが**アロウ** (Arrow, 1963) の**一般可能性定理**である。一般可能性定理の証明は難解である。ここでは定理の概要を以下の枠内に示しておく。要点は，集団決定が満たすべき5条件をすべて満たす集団決

アロウ
(Kenneth J. Arrow)
一般可能性定理
(general possibility theorem)

○前提：2人以上からなる集団が，3つ以上の選択肢を順序づける集団決定をする

○集団決定が満たすべき5条件

　①選択の合理性：個人および集団の選好順序が弱順序性（推移律など）を満たす

　②個人選好の無制約性：個人はどんな選好順序をもってもよい（ただし弱順序性は満たす）

　③パレート最適性：すべての個人が「xはyより良い」とするなら，集団決定も「xはyより良い」となる

　④無関係対象からの独立性：集団決定が「xはyより良い」なら，他の選択肢にかんする個人の選好が変化しても，集団決定は「xはyより良い」となる

　⑤非独裁性：ただ1人の選好順序が，他の人の選好順序にかかわりなく，つねに集団決定として採用されてはならない

○一般可能性定理：5条件をすべて満たす集団決定方法は存在しない

定の方法は存在しないということである。いささか大げさに言うなら，一般可能性定理は，完全無欠の民主主義的手続きが存在しないことを証明したのである。

　ただし，一般可能性定理の5条件すべてを厳格に満たす必要があるのかといった疑問がこれまで提起され，さまざまな修正の試みもなされてきた（cf. 佐伯，1980）。集団決定が満たすべき5条件のなかには，場合によっては満たさなくてもよいものがあると考えられる。

■現代社会と民主主義

民主主義 (democracy)　　話し合いや多数決と**民主主義**（民衆の支配）は概念として区別すべきものである。歴史的な経緯をみてみても民主主義と多数決は同一視できない。とはいえ現代においては，話し合い（討議）および多数決（投票）は民主主義にとって不可欠の仕組みだとみなされている。ここまで論じてきたことを手がかりに，現代の民主主義について考えてみよう。

　本章の冒頭で，客観的正解がある場合は正解に到達できる専門家に決定を委ね，客観的正解がない場合は話し合いや多数決により決定を下すと述べた。この単純な図式が適用できない事例，しかもかなり深刻な事例が，科学技術の高度化にともなって増えてきた。たとえば，原子力や生殖技術は，使い方を誤ると人類に災厄をもたらしかねない。原子力や生殖技術について理解するには高度な専門知識を要するが，これらの是非やあり方にかんする決定を科学者に委ねてしまってよいとは思えない。とはいえ，科学者の意見を無視して，専門知識を欠いた一般市民が多数決で決定を下してしまうとこれまた深刻な事態を招きかねない。高度化した科学技術については科学者と一般市民の適切な対話が重要になるが，これは言うは易く行うは難しである。科学技術を民主主義によって適切に統制することはできるのだろうか。

　そもそも民主主義の歴史は希望と幻滅のくり返しであった。民

主主義はしばしば衆愚政治に陥った。民主主義はしばしば少数派
に対する多数派の圧政と化してきた。本章においても，集団極化
や集団思考の問題，さらに多数決が完全無欠の手続きではないこ
とを解説した。

　結局，民主主義では駄目なのだろうか。そうではない。民主主
義は，先人が途方もない犠牲を払って身分制を打倒し，なんとか
勝ち取ってきたものである。首相としてイギリスを第2次世界大
戦勝利に導いたウィンストン・チャーチルは「民主主義は最悪の
政体だと言うことができる。ただし人類がこれまで試みてきた民
主主義以外のあらゆる政体を除けばだが」と語った。現在のとこ
ろ，私たちは民主主義よりマシな政体を考案できない。

　戦後日本を代表する政治学者であった丸山真男は，「『である』
ことと『する』こと」という短くも含蓄のある文章を残した
（丸山，1961）。丸山によると，民主主義が制度として「ある」こ
とは，民主主義の実現を意味しない。良い制度からは善事が，悪
い制度からは悪事が生まれるという考えは単純すぎる。民主主義
は，一人一人が権力者を監視し，不断の検証をくり返さなければ
適切に作動しない。制度として民主主義が「ある」ことのみなら
ず，一人一人が民主主義を「する」ことが大切なのである。

まとめ

1. 話し合いでは集団極化や集団思考が発生することがあ
   る。多数決では手順に介入して結果を操作できること
   がある。
2. 民主主義が完璧な制度ではないことを自覚し，理想的
   な民主主義を実現する努力を一人一人がしていかなけ
   ればならない。

参 考 図 書

亀田達也 (1997). 合議の知を求めて——グループの意思決定——　共立出版

佐伯　胖 (1980).「きめ方」の論理——社会的決定理論への招待——　東京大学出版会

第21章 服従と抵抗

どうすれば権威に抵抗できるのか

辻 本　昌 弘

§21. 服従と抵抗

本章で解決する謎
「どうすれば権威に抵抗できるのか」

　権威者から残虐な行為を命じられたとき，どうすれば
よいのだろうか。人間には，権威者に服従してしまう弱
さがある。だが権威者に抵抗する強さもまたある。本章
ではナチによるユダヤ人大量殺戮をみたうえで，ミルグ
ラムの服従実験を手がかりに，どうすれば権威者に抵抗
できるのか考える。

■大量殺戮

　第2次世界大戦中，ナチ・ドイツはユダヤ人大量殺戮（ホロ
コースト）をおこなった。殺されたユダヤ人は約600万人にのぼ
るともいわれる。この惨劇の歴史的経緯，さらに収容所から奇跡
的に生還した人々の記録をみてみる。

□歴史的経緯

　第1次世界大戦に敗北したドイツは，民主的なワイマール憲法
を定めた。その一方，敗戦後のドイツは政情が安定せず，戦争賠
償金の支払いに苦しみ，1929年に始まった世界恐慌では失業者
が大量発生した。このような時代に，ヒトラー率いるナチ（国民
社会主義ドイツ労働者党）が反ユダヤ主義をとりこんで勢力を拡
大していった。ワイマール民主主義のもとでナチが台頭したこと
は，民主主義は完璧ではないという第20章の論点を想起させる。
　1933年，ヒトラーが政権を獲得し，ユダヤ人弾圧が始まった。

当初はユダヤ人をドイツから追放することを目指していた。1930年代末，ナチ・ドイツは東欧で支配地域を拡大するとともに，ユダヤ人をゲットーと呼ばれる集住区に隔離する政策を推し進めた。劣悪な環境のゲットーで多くのユダヤ人が飢餓や病気で死亡した。

　1941年，ナチ・ドイツはソ連に侵攻，ソ連領内に居住していたユダヤ人を大量射殺した。さらにナチ・ドイツは「ユダヤ人問題の最終解決」を決定した。ポーランド占領地域に6つの絶滅収容所をつくり，ガスによるユダヤ人大量殺戮をおこなったのである。

□収容所の記録

　収容所には，ガス室を備えた絶滅収容所と，強制労働をさせる強制収容所の2種類があった。よく知られているアウシュヴィッツ収容所は両方を兼ねていた。収容所に入れられた人間はいかなる体験をしたのか，奇跡的に生還した人々が著した記録がある。

フランクル (Viktor E. Frankl)

　心理学者**フランクル** (Viktor E. Frankl) は，第2次世界大戦中，収容所に送られ，アウシュヴィッツなどいくつかの収容所を転々とした。その体験を綴ったのが『夜と霧』（Frankl, 1977　池田訳 2002）である。同書には，アウシュヴィッツ駅到着の模様，感情の摩滅，過酷な労働と飢餓，殴打や暴行，生死の分岐点，なぜか失われないユーモア，被収容者を助けた収容所長もいたことなど多岐にわたる記録，さらに収容所内の人間心理をめぐる深い洞察がある。

　一方，レーヴィ (Primo Levi) の『これが人間か』（Levi, 1958　竹山訳 2017）は，アウシュヴィッツ収容所群に入れられた体験を生々しく記録したものである。同書では，厳寒下の労働，飯盒の底を舐めつづける被収容者，吟遊詩人，糞便をめぐる苦行，盗難との闘い，物々交換経済，ガス室行きの選別など，収容所の日々が赤裸々に描写されている。収容された多くの者が人間性を壊され，何も考えぬ生きる屍となり，そして本当に死んだ。それが収容所の現実だった。

　フランクルとレーヴィの著作をくらべてみると，感情や思考の停止を被収容者が呈することなど共通点が多い。とはいえ，収容

所における人間の生をどう捉えるべきかをめぐって両者は対照的
な見方をしている。

　フランクルは，収容所という極限状況にあっても生を意味ある
ものにすることができると語る。収容所に入れられてしまった人
はもはや人生から何も期待できない。だが重要なのは，人生から
何を期待できるかではなく，今ここで，人生に対して自分は何がで
きるか，である。収容所という極限状況におかれること，それはお
のれの真価が試される機会がとうとう来たということではなかった
のか。ある被収容者は，あらゆる困難をものともせず「それでも人
生にイエスと言おう」と歌ったという（Frankl, 1947　山田・松田
訳　1993，p. 161）。

　レーヴィは，確固たる信仰やイデオロギーをもつ人が収容所で
も良き生き方をしたことを認めながらも，大量殺戮という言葉を
絶する出来事を前にして，神について語ることはもはや許されな
いと述べる。全体としてみれば，収容所から生還できたのは，善
人ではなく，エゴイストや厚顔無恥な人間であることが多かった
（cf. Levi, 1986　竹山訳　2000）。信仰やイデオロギーによって大量
虐殺を解釈してしまってよいのだろうか。

■権威への服従

　戦時中に，ヨーロッパ各地でユダヤ人を捕えて収容所へ大量移
送するには，党・軍・行政・企業などさまざまな組織の関与と調
整が必要だった。ヒルバーグ（Hilberg, 1997　望田他訳　1997）に
よると，ユダヤ人大量殺戮は，なんらかの基本計画に沿ったもの
というよりも，広範な官僚機構に散らばった無数の政策決定者に
より一歩一歩，進められたものだった。

□エルサレムのアイヒマン

　ナチ・ドイツにおいて収容所へのユダヤ人大量移送の実務を担
当していたのがアイヒマン (Adolf Eichmann) という人物である。

アイヒマンは，戦後，アルゼンチンにいたが，1960年にイスラエル情報機関に拉致され，イスラエルに連行された。アイヒマンは，エルサレムでおこなわれた裁判で死刑判決を受けた。

　この裁判を傍聴したのが政治哲学者アーレント (Hannah Arendt) である。アーレントは『エルサレムのアイヒマン』（Arendt, 1965　大久保訳 2017）を著して「悪の凡庸さ」を説いた。アイヒマンという人間，血に飢えたサディストかと思いきや，命じられた職務を何も考えずに実行した小役人にすぎなかった。大量殺戮は，どこにでもいる凡庸な人間によって担われていたというのである。

　このアーレントの主張を聴くとどうしたって湧いてくる疑問がある——私たちの誰もが権威者から命令されたら残虐行為に加担してしまうのではないか。

□服従実験

　私たちは，ひどく残虐な行為であっても，権威者から命じられたらやってしまうのだろうか。**権威への服従**を調べたのが**ミルグラム** (Stanley Milgram) の実験——通称アイヒマン実験——である（Milgram, 1963, 1965, 1974 山形訳 2008）。

権威への服従
(obedience to authority)
ミルグラム
(Stanley Milgram)

　この実験の被験者は，罰が学習にあたえる効果を調べる実験だと説明を受けていた。実験では，被験者が先生役，サクラが生徒役をつとめ，また権威ある科学者らしき実験者が被験者に指示をあたえた。生徒役は学習テストに解答し，生徒役が間違えるたびに先生役が電撃（電気ショック）をあたえ，これらを実験者が監督するという設定である。

　実験が開始されると，サクラである生徒役は頻繁に間違える。そのたびに被験者である先生役はより強い電撃をあたえねばならない。先生役が操作する電撃発生器のパネルには15ボルトから450ボルトまでのスイッチがあって，電撃の危険性を示す言語表示がついていた（表21-1参照）。電撃が強くなるにつれて，生徒役は文句を言い，やがて実験中止を求め，さらには苦悶のあまり絶叫，

表21-1　服従実験の結果

電撃水準	言語表示とボルト数	実験1 遠隔 (n=40)	実験2 音声フィードバック (n=40)	実験3 近接 (n=40)	実験4 接触近接 (n=40)
	軽い電撃				
1	15				
2	30				
3	45				
4	60				
	中程度の電撃				
5	75				
6	90				
7	105			1	
8	120				
	強い電撃				
9	135		1		1
10	150		5	10	16
11	165		1		
12	180		1	2	3
	かなり強い電撃				
13	195				
14	210				1
15	225			1	1
16	240				
	強烈な電撃				
17	255				1
18	270			1	
19	285		1		1
20	300	5	1	5	1
	極度に強烈な電撃				
21	315	4	3	3	2
22	330	2			
23	345	1	1		1
24	360	1	1		
	危険: 凄まじい電撃				
25	375	1		1	
26	390				
27	405				
28	420				
	XXX				
29	435				
30	450	26	25	16	12
	最大電撃水準の平均	27.0	24.53	20.80	17.88
	最後まで服従した被験者の比率	65.0%	62.5%	40.0%	30.0%

注）各実験の列の数字は当該ボルト数において命令を拒否した被験者数
Obedience to Authority (Harper Perennial Modern Thought ed.) p. 35 より作成

最後には反応しなくなってしまう（これらはサクラの演技で，実際には電撃をあたえていない）。先生役が電撃をあたえるのを躊躇すると，実験者が続行を命じる。実験の目的は，かくも残虐な命令に先生役の被験者がどこまで服従するのか調べることだった。

表21-1のように条件の異なる複数の実験がおこなわれたが，ここでは前段落の説明に対応する実験2の結果をみてみる。実験2では生徒役は先生役の隣室にいて，生徒役の発する声や壁を叩く音が先生役にはっきり聞こえるようになっていた。実験2では，被験者40人のうち1名が135ボルトの時点で実験者の命令を拒絶し，その後も拒絶者が出たが，25人は最後まで命令に服従した。最後まで服従した被験者の比率は60％以上に達した。抗議や苦悶の声を聞きながらも60％以上もの被験者が最後まで服従したという結果は，人間は権威のもとにおかれると残虐な命令にも服従することを示している。

なお，ミルグラムの実験が発表されると，その倫理性をめぐって論争が起こった。被験者のなかには実験中に極度の緊張を示した者がいた。このような実験を実施することが倫理的に許されるのだろうか。現在ではミルグラムの実験をそのままの形で実施することはないが，近年，バーガー (Burger, 2009) が，倫理的に問題がないよう工夫したかたちで追試をおこない，ミルグラムとおおよそおなじ結果を得ている。

□日常生活における服従

チャルディーニ
(Robert B. Cialdini)

チャルディーニ（Cialdini, 2001 社会行動研究会訳 2007）は，日常生活のさまざまな場面で権威者が強い影響力を行使していること，権威者への服従にはプラス面とマイナス面があることを指摘している。一般論としていえば，権威者は豊富な知識や高い能力をもっていることが相対的に多いのだから，権威者に従うことが正しい選択になりやすい。たとえば，病気については，権威者である医師の意見を十分に尊重するのが賢い選択である。また，賞罰を

あたえる立場にある権威者に従うことはしばしば自分の利益にな
る。問題なのは権威者に服従してはいけない場合にまで服従して
しまうことなのだが，やっかいなことに，服従してはいけない場合
なのか否か，とっさには判断がつかない。そのためついつい服従し
てしまうのである。

　ついつい服従してしまう——これが深刻な問題を引き起こす。
ホフリングたち (Hofling et al., 1966) は看護師と医師の関係を調べ
た。この研究では，病院にいる看護師に電話をかけ，自分は医師
だと告げたうえで，ある患者にアストロテンという薬20ミリグ
ラムを投与するよう指示した。この指示は従ってはならないもの
だった（病院には文書による指示なく薬を投与してはならないと
いう規則があり，アストロテンの薬箱には「1日あたり最大投与量
10ミリグラム」と明記されていた etc.）。ところが看護師22名のう
ち21名が医師の指示を躊躇なく実行に移そうとしたのである。看
護師が服従してしまった理由にはさまざまなものがあろうが，そ
のひとつに医師という立場が帯びる権威があったと考えられる。

　私たちは生まれてからこのかた，さまざまなかたちで権威に服
従するようしつけられている。とりわけ全体主義国家では，生活
の細部にいたるまで統制され，支配者への忠誠表明，支配者を賛
美する国歌斉唱，行事での一糸乱れぬ行進が強要される。こうし
た統制により民衆がいっそう支配者に服従するようになるのだろ
うか。この点について示唆をあたえるのがヴィルタームス
(Wiltermuth, 2012) の研究である。この研究の被験者は実験者の
後についてキャンパス内を歩くよう指示された。被験者の歩き方
について，実験者が右足を踏み出せば被験者も右足を踏み出すと
いうように同期する条件，歩き方について指示がない条件など，
いくつかの条件が設定されていた。その後，別の実験と称して，
ワラジムシを粉砕機（ムシを挽き殺す機械）に投入してできるだ
けたくさん殺すよう実験者が被験者に指示した。すると同期して
歩いた被験者は，他の条件の被験者よりもたくさんのワラジムシ

を粉砕機に投入した（実際には粉砕機内部でワラジムシは殺されていなかった）。大胆に拡大解釈をするなら，権威者にならって行進をした者は，権威者の反倫理的命令（ムシを残酷に殺す）に服従しやすくなったというわけである。ただし，この研究のみから行進が服従を促進すると結論づけるのは早計であり，追試やより多角的な検証が必要であろう。

■抵抗の可能性

　ここまでは権威に服従してしまう人間の弱さを論じてきた。しかし，人間はつねに権威に服従するわけではない。人間には権威に抵抗する強さもある。

□服従実験，再考

　すでに述べたように，ミルグラムの実験は，権威者の残虐な命令に服従する人間がいることを示した。だが，これはことの一面にすぎない。ミルグラムの実験を**抵抗**という観点から再考する。

抵抗 (resistance)

　あらためて表21-1を見てみると，途中で実験者の命令を拒絶した被験者がかなりいる。権威者の残虐な命令を毅然と拒絶する人間もたくさんいることを看過してはならない。

　表21-1の実験1から実験4にかけて先生役と生徒役の近接度が高まるように条件を設定してあった。近接度が高い条件では服従が少なくなっている。たとえていうなら，多数の人間を殺傷する巡行ミサイルの発射スイッチを遠隔地で押すのは容易だが，目の前で助けを求めている人間を撲殺するのは容易ではないということである。近年，無人攻撃機や軍事用ロボットが開発され，目の前にいない人間を殺戮できるようになっている。これは憂慮すべき事態だといえよう。

　ミルグラムは，表21-1のほかにもさまざまな条件を設定して実験をおこなった。ある条件では先生役を複数にした。他の先生役（サクラ）が命令を拒絶すると，被験者の服従は激減した。たった一人では権威者に逆らえなくとも，仲間がいれば抵抗でき

る。いざという時にそなえて，ともに闘える仲間を日頃からつくっておくべきである。これは第19章で論じた社会運動における組織やネットワークの重要性につうじる論点である。

　さらに注目すべきは，権威者の命令を公然と拒絶できないにしても，あの手この手の工夫をして残虐な行為に手を染めないようにした被験者がいたことである。一部の被験者はこっそりと生徒役に正解を伝えようとした。また，ある条件では実験者は別室にいて電話で先生役と連絡をとった。すると一部の被験者は，実験者には指示通り電撃水準を上げていると伝えながら，実際には最低水準の電撃しかあたえなかった。これらの被験者は，表向きは権威者に服従しながらも，創意工夫をして，権威者の残虐な命令を骨抜きにしたのである。

□ナチへの抵抗

　ナチ支配下で，ほとんどの人はユダヤ人迫害に抗議の声を上げず，ただ傍観していたといわれる。とはいえ，すべての民衆がナチに服従したわけではない。ナチ支配下で，危険を冒してユダヤ人を匿った人々，地下組織で命がけのユダヤ人救援活動をした人々もいた。いくつかの事例を紹介する。

　第2次世界大戦が開戦してまもなくナチ・ドイツに占領されたフランスではヴィシー政権が成立し，ユダヤ人の迫害と東方移送がおこなわれた。ユダヤ人を匿った者も迫害された。この時期に多数のユダヤ人難民を匿ったのがフランス南部のル・シャンボン村だった（Hallie, 1980　石田訳　1986; Rittner & Myers, 1986　食野訳　2019; Rochat & Modigliani, 1995）。この村はプロテスタント住民が多く，また非暴力主義を訴えるトロクメという牧師がいた。ユダヤ人がこの村に次々と逃げ込んできた。村人はユダヤ人を匿い，ユダヤ人の子どもはこの村で学校に通った。警察による捜査・弾圧を被りながらも，トロクメ夫妻と村人は多数のユダヤ人を最後まで匿いつづけた。

　ところで，ミルグラムの服従実験では，表向きは権威者に服従しながらも，創意工夫をして，権威者の残虐な命令を骨抜きにした被験者がいた。これに対応するのが，ナチ側の人間でありながら情報をリークしたり，ユダヤ人を密かに救援したりした人々である。たとえば上述のル・シャンボン村の場合，警察の一斉検挙の前日にトロクメ牧師のもとに匿名の電話がかかってきて，「気をつけろ！気をつけろ！明日の朝だ！」とだけ言ってプッンと切れたという（Hallie, 1980　石田訳　1986）。

　またデンマークのユダヤ人は，ナチが迫害を開始する寸前に，海路，スウェーデンに大量脱出することができた。大量脱出ができたのは，ユダヤ人を支援したデンマーク人やスウェーデン人がいたからであるが，さらにコペンハーゲンのドイツ大使館に駐在していたドイツ人ドゥックヴィッツの情報リークがあったからだった。またドイツ軍人のなかにはデンマークからスウェーデンに逃れるユダヤ人を発見しても，見て見ぬふりをした者がいた（Werner, 2002　池田訳　2010）。

　すべての人間が権威者の命令を公然と拒絶する強さをもっているわけではない。だが，たとえ真正面から権威者と闘えないとしても，できることはたくさんある。

まとめ

1. 人間は権威者の残虐な命令に抵抗することができる。いざというときに抵抗できるよう，ともに闘う仲間をつくっておくなど準備態勢を日頃から整えておくことが大切である。
2. 権威者が怖くて真正面から闘えない場合であっても，創意工夫によりさまざまな抵抗をすることができる。

参 考 図 書

トーマス・ブラス　野島 久雄・藍澤 美紀（訳）(2008). 服従実験とは何だっ
　　たのか——スタンレー・ミルグラムの生涯と遺産——　誠信書房
ヴィクトール・E・フランクル　池田 香代子（訳）(2002). 夜と霧（新版）
　　みすず書房

第22章 食行動と健康

坂井 信之

「お腹が空いた」は現実か妄想か

§22. 食行動と健康

本章で解決する謎

「「お腹が空いた」は現実か妄想か」

　先ほど食べた食事のことを思い出して欲しい。なぜ食事を取ろうと思ったのだろうか？　また，なぜその食物を食べたいと思ったのだろうか？　「お腹が空いたから」「目の前にあったものを食べようと思った」という回答が経験上最も頻繁に見られる。しかしながら，本当にそうなのか，もう一度よく考えてみて欲しい。例えば，朝食を普通に食べた時でも，朝食を抜いた時でも，お昼ご飯の時には同じくらいお腹が空いて，昼食も同じくらいの量を食べるということはないだろうか？　あるいは「お腹一杯」までランチを食べた後で，「じゃあデザートも」と思ったことはないだろうか？　日常で経験する出来事を詳細に分析してみると，私たちは本当にお腹が空いたから食べるのだろうか？

　一方で，最近は食べ過ぎることによる生活習慣病が問題になっている。もし，「お腹が空いているから，そのお腹を満たすためだけに食べる」というのであれば，人が食べ過ぎで太ってしまったり，糖尿病や高血圧などの生活習慣病になってしまったりすることをうまく説明することはできない。本章では，食べるという行動を心理学的に細かく見ていくことを通して，これらの問題にアプローチしてみよう。

■「味覚」とは何か？

　子どもの頃に食べたカップ入りのゼリーを思い出してほしい。オレンジ色や赤色など，たくさんの色のゼリーがあっただろう。オレンジ色のゼリーはオレンジ味で，緑色はメロン，赤色はイチゴ味とそれぞれが違った味に感じられたはずだ。…本当に味覚は違ったのだろうか？

　例えば，風邪を引いたり，花粉症がひどかったりして鼻の調子がおかしいとき，ご飯の味がいつもと違うように感じられたという経験はあるだろう。このことから，「味覚は体調によって変化する」という単純な結果を導きだしてはいないだろうか？

味覚 (taste)

味覚 (gustation)
味蕾 (taste bud)
味細胞 (taste cell)

　「味覚」について，私たちはよく誤解している。心理学や医学の分野では**味覚**は，「舌の乳頭に存在する**味蕾**に含まれる**味細胞**で検知される感覚」と定義されている。最近の研究で明らかになってきたが，この味細胞は非常に限られた種類しか存在しない。この知見に基づいて味覚を分類すると，甘味，うま味，塩味，酸味，苦味の5種類に限定される。反対に言えば，これら5つの**味覚**を混合していくと，我々が感じることのできる味覚はすべて作り出せるというわけである。

　つまり，オレンジ味もメロン味もイチゴ味もすべて，同じ甘味＋酸味に分類されてしまうし，甘味料と酸味料を適切な割合で混ぜ合わせると人工的に再現できるというわけである。手元にあるゼリーの表示を見ていただきたい。多分成分表示の最初の方にくるのは甘味料や酸味料で，果汁は含まれていないか，含まれていても最大でも10%程度であろう。ではなぜ，ゼリーの色が違うと，味が違って感じられるのだろうか？

　もう一度成分表示をよく見てほしい。そこには「香料」が入っているはずだ。この香料こそが**「味覚」**の違いを作り出す元である。上に書いたように，鼻の調子がおかしいときに，食物の味が変わったように感じるのも，その味は香料が作り出しているからと考えれば納得できるだろう。

　味覚と嗅覚は異なる感覚モダリティに属しているのに，なぜこのような混線が生じるのだろうか。現在最も良く説明できると考えられているのは，味覚と嗅覚の間には「学習性の共感覚現象（第6章を参照）」が生じているという説である。例えば，普通のミネラルウォーターにバニラの香料を添加しただけで「甘く」感じる。甘味料は全く入っていないので，味覚としては無味のはずであるが，バニラの香りが甘味を喚起したために，水が「甘く」感じられるのである。この現象は日常生活の食経験が元となっている学習性の現象であることが証明されている。この味覚と嗅覚の共感覚性の相互作用により生じる知覚体験は**風味**と呼ばれている。

風味 (flavor)

　ではオレンジ味がオレンジ色でなければならない理由はあるのだろうか？　このことも実験的に検証されており，食物の色は風味知覚に大きく影響を与えることがいくつかの実験から証明されている（坂井，2010）。また，ポテトチップスや炭酸飲料などでは，カリカリやシュワシュワという音が食感に大きな影響を与えていること，食物に含まれる唐辛子成分やミント成分はそれぞれ温覚や冷覚を刺激することなども知られている。つまり，私たちは，食物を摂取するときに，味覚だけでなく，五感のすべてを駆使して，「**味覚**」という知覚を体験していると言える。

■ヒトの食行動の仕組み
□ヒトの食の動機づけ

　「お腹が空いたから食べる」というのは生存上必要なために摂取するということで，マズロー (Abraham Harold Maslow) の**欲求段階説**（図22-1）の「**生理的欲求**」に相当する (Maslow, 1943)。生理的欲求が満たされれば，より安心・安全な物を食べたいと思うようになる。飢餓状態を脱した現代日本社会では，ほとんど常にこの段階にいて食物を探す傾向にある人が多い。この段階はマズローの言うところの「**安心・安全の欲求**」に相当する。一方，

**欲求段階説
(Maslow's hierarchy of needs)
生理的欲求
(physiological needs)**

**安心・安全の欲求
(safety needs)**

図22-1　マズローの欲求階層説に基づいて作成された図式

「同じ釜の飯を食う」という日本語の表現にもあるように，連帯感を強めるために会食をおこなうという習慣は世界各地にある。このことはマズローの「**愛と所属への欲求**」と呼ばれる段階に相当する。現代日本社会で問題になっている孤食の問題は，この段階において欲求が満たされないという観点からも理解しやすいだろう。これら3つの欲求は，日常生活の摂食行動の場面でもよく見られる。

愛と所属への欲求
(love and belonging needs)

　さらに機会としては少ないが，より高い段階の摂食の動機づけも見られる。例えば，新しくできた彼女（彼氏）と食事に行く場合，少し見栄を張り，お洒落なレストランを予約して，「流石」と思ってもらいたいと思うかもしれない。あるいは「苦いなあ」「苦手だなあ」と思いながらも，友人の前ではコーヒーをブラックで飲むということもあるだろう。これらの場合は，マズローの言う「（他者からの）**承認と尊重を求める欲求**」に相当するだろう。また，仕事や試験がうまく行ったときにプチ贅沢をして普段食べられないものを食べたり，社会的地位の向上に伴い，食事をする場所をよりランクアップ（居酒屋→レストラン→料亭など）することもあるかもしれない。これらの行動は，摂食の欲求段階

承認と尊重を求める欲求
(needs for respect from others)

自己承認・自己尊重の欲求
(needs for self-respect)
自己実現の欲求
(self-actualization)

が「**自己承認・自己尊重の欲求**」へと発展したと解釈できる。マズローの欲求段階説で最終的な段階とされる「**自己実現の欲求**」（認識欲求や審美欲求と伴うとされる）は，本当においしいと思うものや嗜好品などに対する欲求であると考えることができよう。

　先に述べた欲求の段階的な分類と同時に，摂食の欲求は動機づ

動因 (motive)

けの発生源によっても分類される。**動因**すなわちお腹の空き具合や栄養バランスの調整などの内的要因によって食事を開始する場

誘因 (incentive)

合と**誘因**すなわち「お昼時間になったから食べよう」とか，「食

外発反応的摂食
(external triggered
eating)

物のニオイが漂ってきて食べたくなった」などという外的要因によって食事を開始する場合（**外発反応的摂食**）とがあるだろう。

　また，それだけでなく，気分が滅入っているからあるいは暇だ

情動性摂食
(emotional eating)

から食べようという**情動性摂食**や反対に「ダイエット中だからお腹が空いていても我慢しよう」という抑制しながら摂食をおこな

抑制的摂食
(restraint eating)
DEBQ
(Dutch Eating Behavior
Questionnaire)

う（**抑制的摂食**）こともあるだろう。これらの摂食傾向の高低は，摂食障害の傾向を類推する鍵となると考えられており，**DEBQ** と呼ばれる食行動質問紙が作成されている。

□ヒトの食行動に関わる脳の仕組み

ブドウ糖 (glucose)

　私たちの体を構成する細胞のエネルギー源は主に**ブドウ糖**と呼ばれる分子である。ブドウ糖は炭水化物を含む食物を摂取したときに生じる単糖類の一種である。このブドウ糖が血液中に多くあっても，少なくても，私たちの体や脳は正常に作動しない。その

インスリン (insulin)

ため，食後血液中に一時的に増えたブドウ糖は，**インスリン**と呼ばれるホルモンによって肝臓や脂肪細胞などに蓄積される（図22-2）。一方，食後しばらく時間が経過して，血液中のブドウ糖があるレベ

グルカゴン
(glucagon)
糖質コルチコイド
(glucocorticoid)
アドレナリン
(adrenalin)
膵臓 (pancreas)

ル以下になった場合，**グルカゴン**，**糖質コルチコイド**，**アドレナリ**ンの3種類のホルモンの作用によって，蓄積された**ブドウ糖**が 取り出され，血液中に放出される（図22-2）。

　インスリンやグルカゴンは**膵臓**で生成されているが，生活習慣などによって膵臓の細胞の機能が低下したり，体にあるインスリ

図22-2　血液中のブドウ糖濃度の調整の仕組み

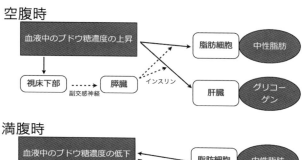

空腹時

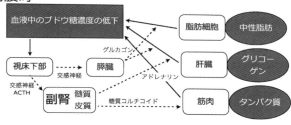

満腹時

ンの受容体が異常を起こしたりすると，正常に血液中のブドウ糖（血糖）のコントロールができなくなる。このような状態は**糖尿病**と呼ばれており，現代日本社会の一大疾病の一つになっている。

　古くは，血糖濃度が，食欲調節の鍵を握っていると考えられてきた。すなわち，血糖濃度の低下を**視床下部**の**空腹中枢**が検知し食行動を起こさせ，食後血糖濃度の上昇を**満腹中枢**が検知し食行動を停止させる。空腹中枢が壊れると，その動物は空腹を感じることができなくなり餓死してしまうし，満腹中枢が壊れると，その動物は際限なく食べ続けてしまうということを示す実験からも，この考え方は支持された（図22-3）。

　しかしながら，私たちの食欲は血糖濃度のみでコントロールされているわけではない。先に述べたように，日常生活では，私たちは誰かがおいしそうに食べているのを見るだけでも，お腹が空いてきて，何か食べたいと強く思うことがある。一方，若い女性の中に

図22-3 食行動に関連する脳部位

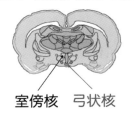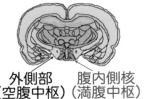

室傍核　弓状核　外側部（空腹中枢）　腹内側核（満腹中枢）

は，太ることへの恐怖から，何も食べられなくなってしまう人も見られる。さらには，世界的に問題視されている**肥満**についても，血糖値の調整というだけでは説明ができない。

肥満 (obesity)

元々，今から100年くらい前までは「お腹が空いた」という言葉が表しているように，胃の中身が少なくなったときに摂食を開始し，胃が満たされると摂食を停止すると長い間考えられてきた (Canon, 1932 舘鄰・舘澄江訳 1981)。また，ストレスを感じているときには食欲が低下し，ストレスから解放され，ほっと一息ついたときに食欲が出てくるということから，ホルモンが食欲調整に関わっているのではないかと考えられたこともある。

レプチン (leptin)

遺伝的に肥満するネズミや人の遺伝子の解析から，**レプチン**やグレリンといった食欲調整ホルモンが見つけられ，それが私たちの食欲を調整する鍵だと考えられた（図22-4）。さらにこれらの物質が作用する脳の場所は，従来摂食中枢だと考えられていた**視床下部腹内側核**（満腹中枢）や**視床下部外側部**（空腹中枢）と深く関わる部位であったため，これらのホルモンによる食欲制御がヒトや動物を太らせたり，痩せさせたりする仕組みであると考えられた。

視床下部腹内側核
(Ventromedial nucleus
of the hypothalamus:
VMH)
視床下部外側部
(lateral hypothalamics:
LH)

現在でもこの説は検証中であるが，肥満の人にレプチンを投与しても，肥満改善効果が見られる例は非常に限られることなどから，これらのホルモンだけで，食欲が調整されていると考えるのは無理がある。肥満や**摂食障害**など食行動に関連する病気は，私たちの生活の質に直結する大きな問題であり，多くの研究者の興

摂食障害
(eating disorder)

図22-4　レプチンを中心とする摂食行動の調節説

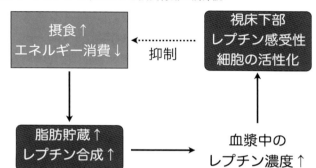

味を惹いているが，食行動に関わる脳の仕組みの理解については，今後も多くの研究と臨床例とが必要とされる。ただ，一つだけ確かなことは，食欲は末梢（体）で作られるのではなく，中枢（脳）で作られ，脳を通じて摂食行動を始めさせるということである。

　人の食行動においては，先に述べたように外的手がかりによって食行動が開始される外発反応的摂食がある。同じように満腹感にも「目の前の皿が空になったからお腹がいっぱいだ」という現象もみられる（坂井，2018）。また高齢者には栄養不足で体調を崩す方も少なくない。加齢に伴って空腹感を感じにくくなったことが原因で，このような状態になる方も多いという。人の食行動は，現在までの知識では，体内の物質のみでは予想することが不可能である。このことからも，人の食行動を心理学的に理解することが重要であることがわかる。

■おいしさ
□おいしさの研究法

　私たちは食事をしたときに，「おいしかった，満足」あるいは「まずかった，残念」と感じる。心理学の実験では，このおいしさ（あるいはまずさ）をどのように調べているのだろうか？誰でも簡単に想像できるのは，何かものを食べさせて，「おいしかっ

たですか？」と聞く方法であろう。単に「はい」か「いいえ」で答えさせるのではなく、「非常にまずい」から「非常においしい」まで、5〜9段階の選択肢から答えさせるという方法が用いられることが実際の研究では多い。このような評定法は**リカート法**と呼ばれており、事前のトレーニングは必要なく、自然に答えが得られるので、従来よく用いられてきた。しかしながら、私たちのおいしさの評価は、微妙な差が決め手になることも多く、より詳細な評価方法が求められることも多い。

リカート法 (Likert scale)

そこで、精神物理学の手法から、マグニチュードマッチングなどの方法を流用する評価方法も開発されてきた。比較的多く用いられているのは、おいしさや味覚の強さを線分の長さで示すという**ビジュアル・アナログ・スケール法**である。この方法は、おいしさを数値で表現することができるため、微妙な差の検出の可能性や統計学的な処理での簡便さなどの利点があるが、尺度の使い方に個人差が見られるために、事前にある程度のトレーニングが必要であるという欠点もある。

ビジュアル・アナログ・スケール法 (visual analogue scale: VAS)

一方、2つの食物を提示し、どちらがよりおいしいかという判断を求めるという**一対比較法**と呼ばれる方法も使われる。例えば、新製品と従来品とを比較することによって、新製品の改良の効果を検討するというような場合に使われる方法である。この方法には簡便で解釈しやすい結果が得られるという利点がある一方で、相対的なおいしさしかわからないという欠点もある。

一対比較法 (pairs comparison)

さらに、おいしさを調べたい食物を十分に多い量提示し、自由に摂取させたときの摂取量を調べて、それをおいしさの指標とする方法もある。動物には「評定」させることは事実上不可能なため、この方法は元々動物実験で用いられてきた方法である。ただし、少なくとも私たち人は、おいしければそれだけたくさん食べるかというわけでは必ずしもないため、この方法で調べた摂取量がおいしさの代表値として用いることができるかと言えば、そうではないと言わざるを得ない。このことは実際の食事場面を想像

したら容易に推測できる。例えば自分はチョコレートが大好きだとしよう。好きだという評価は個人の中では大きく変化することはないが，おいしいと思う気持ちはお腹の好き具合や文脈によって容易に変化するし，自由に食べさせたときの摂取量も時間とともに急速に変化を見せたり，ダイエットなどの個人的な事情で容易に変化する。そのため，人のおいしさや食嗜好を検証する際には，「好み」「おいしさ」「摂取」の3つを並行して測定する必要がある。

　私たちが食物をおいしいとかまずいと感じる仕組みについても，食行動の仕組みと同じように，まだよくわかっていない。私たちは甘味，うま味，低濃度の塩味は好むが，高濃度の塩味，酸味，苦味は嫌う。この好みは新生児でも見られることから，生得的なものである (Steiner, 1979) と考えられる。

　一方で，苦味を持っているものでも，コーヒーやビールなどは大人になったら好む人が多い。ミントや唐辛子のような刺激感も，子どもの頃は苦手だが，大人になると嗜む人も多くなる。これらの経験に伴って生じる食嗜好の変化の仕組みについて十分に説明できるモデルは未だに完成していない。人は食経験に個人差が大きすぎるため，食行動に関する実験はラットなどの実験動物を対象としておこなわれることが多い。それらの研究から，おいしいものを食べると快感と関連する脳内物質が分泌されるという報告がある。しかしながら，多くの動物実験は食事や飲水が制限された状態でおこなわれることが多かったり，通常の食習慣では摂取しないような極端な刺激（甘い味のする水や極端に成分の異なる餌）が用いられることも多く，同じことが私たちの普段のおいしさ知覚のときにも起こっているかどうかはわからないままである。

□食行動に及ぼす文脈刺激の効果

　文脈刺激とは，直接の対象となる刺激以外の関連する刺激のこ

とを指す。食行動の文脈で述べれば，食事以外の刺激，すなわち
バックグラウンドミュージックや明かりの色，テーブルクロス，
一緒に食事をする相手，食事の場所などの食事環境のことである。例えば，バックグラウンドミュージックは，テンポがゆっく
りであるほど，食事時間が長くなり，飲酒量が増えるなどの実験
例がある。多くの実験を総括すると，一般的に食事のおいしさを
決める要素は食事そのもののおいしさだけでなく，文脈刺激も大
きく関わっていると考えられる。

　カナダでおこなわれた実験 (Pliner & Chaiken, 1990) では，ク
ラッカーの試食実験の際に，同性のサクラと一緒に食べた場合の
枚数は，異性のサクラと一緒に食べた場合と明らかに異なること
が見いだされている。実験対象者が女性の場合，魅力的な男性と
一緒に食べるという実験設定では，明らかに少ない量しか食べな
いことがわかった。このことは，共食者に対する実験対象者の
ジェンダーイメージが反映されたと解釈されている。つまり，共
食者が文脈刺激となり，実験対象者の食行動が操作されたという
わけである。

□コショク

　現代日本社会を取り巻く食の環境は大きな変化を見せている。
そのうちの一つに食育でも取り上げられているコショクの問題が
ある。

　コショクと発音する食の問題はかなり多くあるとされている。
孤独に食べる**孤食**，子どもたちだけで食べる子食，個々人が好き
な物をバラバラに食べる**個食**，小さな弁当の少ない量しか食べな
い小食，食事をコンビニにあるものですべて済ますコ食，小麦粉
でできたものを主食にする粉食などである。ここでは孤食を取り
上げて詳しく説明する。

　食べているものはそれほどよいものでなくとも，バーベキュー
やパーティーなどで，みんなとわいわいいいながら食べるとおい

孤食 (eating alone)
個食 (eating separately)

しく感じ，食も進むという経験を皆さんもしたことがあるだろ
う。同じものを食べていても，誰かと一緒に食べる（**共食**）とい
う文脈によっておいしさが変化するという例である。「同じ釜の
飯を食う」という表現があるように，食事の場を共有することは
社会的絆を強める効果を持っている。特に，幼児期から児童期に
かけて，誰かと一緒に食事をするということは社会性を高めた
り，食文化や食マナーを継承したり，食事の偏りを矯正したりす
るという重要な意味を持っている。

　子どもの頃に，このような食卓の楽しさを経験できないと，食
事にポジティブな気分を感じることができず，食事を義務のよう
におこなってしまうようになるかもしれない。場合によれば，
「食事をすると太る」という誤った認識が同時に生じると，摂食
障害などを引き起こす危険性もある。

　また，家庭の味，地域の味などの味の伝承という意味において
も，孤食は問題である。さらに，親が見ていないと子どもは自分
の好きな食物を自由に食べてしまい，栄養バランスは偏ってしま
うだろう。これらの問題点から，子どもの孤食は非常に大きな社
会問題へとつながる危険性がある。

共食 (eating with others)

社会的絆 (social bond)

まとめ

　私たちは，食べているときに活用しているのは口や舌だと思っているが，味は五感すべてを使って感じている。また，食物に対する好き嫌いは，生得的なものは少なく，多くが経験によって学習されたものである（第9章を参照）。さらに，人にとっての食事は，単に栄養を摂取するという目的のみにおこなわれるものではなく，コミュニケーションや教育という意味も持っていることを忘れないでほしい。

　さて，冒頭に掲げた質問を思い出してほしい。前に食べた食事のきっかけは何だったのだろうか？お腹が空いたから？本当にその前の食事から12時間以上経って，頭がぼうっとしていただろうか？お腹が空いたと思い込んでいただけではないだろうか。「バイト前に食べとかないと」と思った人もいるかもしれない。あるいは愛しい彼女・彼氏に誘われたから，おしゃれなカフェを見つけたから，筋肉を磨くため上質なタンパク質が必要だから，など，よく考えてみると，お腹が空いたというのは行動開始の合図であって，食事をする理由ではないことが理解できるだろう。

参 考 図 書

坂井信之 (2016)．香りや見た目で脳を勘違いさせる――毎日が楽しくなる応用心理学――　かんき出版
今田純雄・和田有史編 (2017)．食行動の科学――「食べる」を読み解く――　朝倉書店

application to life

第23章 「消費者の心理」

坂井 信之

なぜスタバのコーヒーはおいしいのか

§ 23. 「消費者の心理」

本章で解決する謎
「なぜスタバのコーヒーはおいしいのか」

　例えば，喉が渇いたので飲み物を買おうと思ったとしよう。次に，今いる教室から最も近い自動販売機の場所を思い描いて，そこへ行こうと行動を開始する。自動販売機の前で，買うものをあれこれ考えてみたが，今はこれらを飲む気分ではないと，目の前のコンビニに入ってみた。すると，新しく発売されたばかりのスタバマークのついたコーヒー飲料が目に留まり，思わず手に取っていた。飲んでみると期待に違わずおいしく，一気に飲み干してしまった。なぜ，スタバのコーヒーはこんなにもおいしいのだろうか？

■商品の選択と認知

　商品棚を眺めると，各社いろいろと工夫したカラフルなパッケージが目を引く。また，商品を手に取ってパッケージをよく見ると，商品の使用感を伝える写真や商品に含まれる様々な物質などの記載がある。一商品でもこのように豊富な情報量があるのだから，どれを買おうかと悩んでいるときは，時間がいくらあっても足りなくなってくる。

　さて，実生活では私たちはどのような行動を取っているのだろうか。おそらく多くの人が，棚の前に立ってから目当ての商品を取るまで1秒もかからないだろう。すでに棚の前に立つよりも前に「今はこれを飲もう」と決めているか，自動的にいつも買っている商品を手に取っているはずである。普段意識することは少な

意思決定
(decision making)

いが，このような一連の**意思決定**は，消費行動の時に必ず生じている。本章では，消費行動を心理学の概念を使って簡単に説明する。なかでも，個人の中で生じる一連の思考の流れを中心にまとめる。あなたがこれまでモノを手に入れたときの心の過程をもう一度思い起こしながらこの章を読んでほしい。なぜそのものを手に入れたか，なぜ別のものではダメだったのだろうか，そのモノにどのくらい満足しているだろうか？

□無意識の商品選択

　例えばこのような研究 (Johansson et al., 2005) がある。実験参加者に顔写真を二枚提示する。実験参加者にはどちらか好きな方を強制的に，素早く反応するように依頼しておく。実験参加者はどちらか（例えば右）の写真を好きだと判断した場合，その写真を後で提示し，なぜその写真を選んだのか理由を尋ねる。この実験でのポイントは，実験参加者が選んだ写真（右）とは異なる写真（左）にすり替えて，写真を選んだ理由を問う状況を設定したことにある。実験参加者は，自身が選んだ写真に対しては簡単に選んだ理由を答えられる。これは予想通りの結果であった。ところが，自身が選んだ写真ではないものを提示されても，実験参加者

チョイス・ブラインドネス
(choice blindness)

は同じくらい簡単に理由を答えたのである。この現象は**チョイス・ブラインドネス**と名付けられた。

　この実験から，仮にあなたが手に取った商品をかごの中に入れている間に誰かがすり替えていても，すり替えられたことがわからないどころか，後で「なぜ，これを買ったのですか？」と聞かれると，理由のようなものをひねり出して，説明する可能性が示唆される。このようなことが生じるのは，あなたが「考えたつもり」でも，本当は「考えずに」商品を買っているからである。

　ではなぜ考えずに買ってしまうのだろう。前の章でも述べたように，私たちは過酷な生存競争を生き延びてきた個体の子孫である。「一を聞いて十を知る」能力を持っている個体は，他の個体

に比べて速く行動を起こすことができるので，その分生存競争に勝つ可能性が上がる。この能力は商品の選択という文脈においても発揮される。つまり，自分の過去の使用経験や他者の評判，商品に対する知識（ブランドやメーカーなど）に基づいた自動的な価値づけが脳内に形成されており，実際の選択場面でそれらの記憶が活用され，自動的に選択が決定される。心理学では，このような思考パターンを**ヒューリスティクス**と呼び，すべての情報をしらみつぶしに当たって最終的に判断するような思考パターン（**アルゴリズム**）と区別している。

ヒューリスティクス
(heuristics)

アルゴリズム (algorithm)

　消費者はこのようなヒューリスティクスで選択をおこなっていることが多いため，有名なブランドやメーカーの商品は，他社の競合品と機能が同じであっても，購入される確率が上昇する。また，メーカーはこのような消費者の行動特性を知っているので，後発品を発売するときには，先発の売れている商品と似ている形にしたり，パッケージを似せたりするのである。

□トップダウン処理（予期）

　先に，新製品は既製の競合品に似せると書いたが，消費者はそのような小細工には騙されないだろうと考えた人もいるだろう。しかしながら，消費者は商品の認知において，商品の見せかけにかなり左右されることを示した研究は多い。例えば，非常に単純な例を挙げよう。著者ら（三宅他，2009）は，4種類の握り寿司を女子大学生に食べてもらい，そのおいしさを評定してもらうという実験をおこなった。ただし，実験参加者にはコンピュータの画面が映し出されている眼鏡型のモニタを着用するように依頼しておいた。眼鏡型のモニタには，これから食べてもらうお寿司の写真と評定用のバーが映し出されていた。実験計画は単純で，モニタには4色の握り寿司の写真（マグロの握り寿司の写真を白，黄，青の3色に色変換したものと赤色のままの写真）が，実験参加者毎にランダムな順序で映し出され，それをみながら口の中に

提示されるお寿司（すべてマグロの握り寿司）のおいしさの評定
をおこなうというものであった。結果は非常に興味深いもので
あった（図23-1）。実験参加者のうち半数（13名）は，事前の調
査でマグロの握り寿司を好きだと答えていた。これらの実験参加
者は，実験者の設定通り，同じマグロの寿司を食べているにも拘
らず，青色の寿司の写真をみながらだと，「おいしくない」と評
定した。同じものを食べていても，赤色の寿司の写真をみながら
だと，「おいしい」と答えたにも拘らずである。

　一方，事前の調査でマグロの握り寿司を嫌いと答えた残りの実
験参加者（13名）は，赤色の寿司の写真をみながらだと，「おい
しくない」と評定した。ここまでは実験者の仮説通りであった
が，より興味深い結果も得られた。マグロの握り寿司が嫌いと答
えた実験参加者は，黄色に変換された寿司の写真をみながら，寿
司を食べると，「おいしい」と答えたのである。この実験では，
おいしさと同様に，寿司の生臭さも回答するように依頼していた
が，黄色の写真をみながら食べたときには，赤色の写真をみなが
ら食べたときに比べて，有意に生臭さの程度が弱いと判断してい
た。つまり，この実験の実験参加者は，普段マグロの寿司の生臭
さを分析的に感じていたのではなく，赤色からの連想で，生臭さ

**図23-1　同じマグロ寿司を食べていても見た目の色によって感じられる
　　　　　おいしさは異なる**

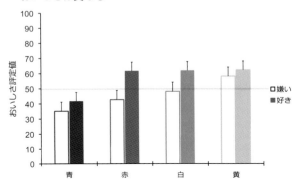

を強く感じ，その結果，嫌いだと判断しているものと推測された。

　同じような結果は，チョコレート（ブラック or ミルク）やコーヒー飲料でも確認されており，これらの研究をまとめると，消費者は食品の味を分析して味わっているのではなく，見た目やブランドなどの情報から，ある先入観を持って，味わっていると考えられる。この先入観を心理学では**予期**と呼ぶ。この例に違わず，我々ヒトは何かのものを目の前にしたときに，そのものの実質を深く判断するよりも先に，これまでの経験や知識を活用する形で，予測し，行動を起こす傾向にある。このように，特徴的な感覚情報（マグロの握り寿司の例では色が相当する）によって活性化された記憶や知識などの情報に基づいて，そのものの認知とそのものに対する行動を決定することを**トップダウン**という。一方でものの実質を感覚器官により感知した情報を統合し，その統合された情報を元に，行動の意思決定をおこなうことを**ボトムアップ**という。トップダウンの利点は，ある特徴的な感覚情報（主に視覚や聴覚）を元に素早く行動を開始できるというところにある（＝**ヒューリスティクス**）。ことわざに「一を聞いて十を知る」というものがあるが，まさにここで述べたような事例を説明するものである。

予期 (expectation)

トップダウン (top-down)

ボトムアップ (bottom-up)

□認知的不協和

　道を歩いていて，長い行列ができているラーメン店をみたときに，あなたはどう思うだろうか。合理的な人であれば，「食べるのに数分しかかからないラーメンに30分や1時間も並んで待つのは馬鹿げている」と思うだろう。反対に，「これだけ行列ができているのであれば，さぞおいしいに違いない」と思い，行列に加わる人もいるかもしれない。さて，この行列に加わるべきだろうか？

　どちらの判断が合理的かということはここでは議論しない。おそらく自分の信念に基づいた判断で間違いないだろう。しかし，並んで食べてみた結果については予測できる。かなりの割合で，

「おいしかった」と感じるだろう。なぜか。ここで出てくるのが
認知的不協和である。たかが数分で食べ終わるラーメンをわざわ
ざ30分も並んで食べたということは，時間も手間もかけた（＝
努力した）ということになる。一方食べたラーメンが仮においし
くなかったとすると，その努力に見合う成果が得られなかったと
いうことになる。普段我々は「努力をすれば報われる」という信
念があり，生活している訳であるが，このような場合，結果と信
念とが一致しないこと（不協和）になる。この状態を認知的不協
和の状態という。認知的に不協和な状態にあるのは落ち着かな
い。そこで，信念を変えるには認知的な努力を要するので，結果
の解釈の方を変えようとする。その結果，並んで食べたラーメン
はおいしいということになる。

認知的不協和
(cognitive dissonance)

□ブランド

　ブランドに関する著名な研究を一つ紹介しよう。ベイラー大学
医学部の研究グループはコカコーラとペプシコーラを使ったコー
ラのブランドに関する実験をおこなった (McClure et al., 2004)。
彼らはコカコーラを飲んでいるときの脳活動を計測し，コカコー
ラを飲んでいるときには**海馬**や背側前頭前野などが活動している
ことを見いだした。一方，ペプシコーラを飲んでいるときには，
これらの部位の活動はみられず，おいしさに関連すると考えられ
る内側前頭前野に活動が見られた。海馬や背側前頭前野は味やお
いしさと直接の関係性は知られていないため，ブランドに関連す
る記憶によって活性化されたと考えられた。

　より広いブランドを対象とした研究から，圧倒的なブランド力
を持つブランド（アップル社やハーレーダビッドソンなど）に関
連する視覚刺激は，脳の広い領域を活性化し，その活性化のパ
ターンは宗教者の宗教的アイコンに対する脳の応答に非常に近い
ことがわかった。つまり，筆者のようなアップル信者（アップル
社の新製品が出るとすぐに購入するもの）の脳は，アップル社の

リンゴのマークを見ただけで，無抵抗になってしまうということが示唆される。

　ではなぜ，私たちの判断はブランドによって大きく左右されてしまうのであろうか。いくつかの原因が考えられる。

古典的条件づけ：そのブランドと楽しい思い出が連合されると，そのブランドにはポジティブな感情が伴われるようになる。つまり，小さい頃たまに連れて行ってもらったレストランは，そのお店と「楽しい」「うれしい」という感情とが結びつき，大人になってからも，そのお店に行くと，自然にポジティブな感情になる。

ヒューリスティクス：自分の知っているブランドのロゴがついているだけで，その商品の品質まで分かったような気になってしまう。ただし，食品偽装などの例でわかったように，このようなヒューリスティクスに基づく購買は間違った結果になることもある。

認知的不協和：わざわざ高いお金を払って，あるいは手に入りにくいものを探しまわって，買ったものが，その努力に見合う価値を持っていなければ，人は認知的不協和に陥る。その結果，ブランドに対する価値を下げるよりも，今手元にある商品の利点のみに注目し，「こんなに良い商品だったのだ」とその商品に対する認知を変容させる。

　著者ら（坂井他，2018）はコンビニなどで販売されているコーヒー風味の乳飲料を用いてブランドに関する研究をおこない，同じコーヒー飲料を飲んでも，それに付けられたブランドの「おしゃれ」イメージによって，感じられるおいしさやコーヒーの本物さ評定などに変化がみられることを明らかにした。このような「おしゃれ」イメージは，我々のSNSでの行動にも影響を与えることがツイート数の調査（網倉，2016）によっても明らかになっている。「おしゃれ」イメージの強いスタバにいるというメッセージの「スタバなう」というツイート数は，ほぼ同じ店舗数・来客者数だが「おしゃれ」イメージは低いドトールの「ドトールなう」というツイート数の数十倍もみられる。もしこのようなツイート

が「私はここにいるよ」という事務連絡的なものであれば，両者のツイート数は同じくらいであると予想される。しかし，このツイート数が「おしゃれ」イメージによって影響を受けるということは，単なる事務連絡ではなく，「私は今おしゃれなお店でお茶しているの」というブランドを借りた**承認欲求**の現れと考えられる。

承認欲求 (esteem needs)

■消費者の行動
□選択行動における計画性

　消費者は商品棚の前で「選択」しているか？消費者の購買計画について調べた研究によると，買物に行く前に予め買物リストを作ると回答した消費者は55%であった。この数値からは意外と多くの人が計画的に購買行動をしているのだと思うかもしれない。しかし実際には違う。買物前に買物リストには平均で10アイテムの商品が書いてあったが，実際に買ったものは平均16アイテムであった。つまり，買物リストを作成していた人でさえ，最初の予定にはなかったものを多く買っているのである。このように我々の購買行動は非計画である側面は無視できない。また，買物リストなどで計画していても，具体的な商品名を指定していること（全面計画購買）は少なく，商品カテゴリーのみを計画していること（部分計画購買）が多い。具体的にいえば，「Q社のマヨネーズを買う」とリスト化している人は少なく，単に「マヨネーズを買う」とだけリスト化している人の方が多い。後者の場合，実際にお店にいったところ，たまたまA社のマヨネーズが安売りをしていて，そちらを買ってしまったということも多いだろう。

　上ではマヨネーズという，短期間で使い終わり，値段も安い消費材を例にしたので，値段のような外部手がかりに依存する行動が生じただけであろうとも考えられる。そこで，今度は値段が高く使用期間も長いバッグや車などの耐久財を例にとって考えよ

う。バッグや車などに強いこだわりを持っている人は，ブランド志向が強いことが知られている。先に述べたように，ブランド志向には**ヒューリスティクス**的な面が強いため，熟慮の末の購買とは言いがたい。一方で，そこまでこだわりが強くない人は反復的購買傾向が高いと考えられている。つまり，音楽プレーヤーとしてiPodを買ってしまったら，使い慣れたということもあり，MacのパソコンやiPhoneを買って，気がついてみたら，Apple社製品が増えていたということもあるだろう。もちろん，連携の良さがメリットだから，熟慮して判断したという答えもあるかもしれないが，本当に熟慮すれば，より低価格で，同じ機能を持つ別ブランドの商品の方が多いはずである。

□選択肢の数が選択行動に及ぼす影響

アイエンガー
(Sheena S.Iyengar)
レッパー
(Mark R. Lepper)

米コロンビア大学の心理学者**アイエンガー** (Sheena S.Iyengar) と彼女の指導教員だった**レッパー** (Mark R. Lepper) は，スーパーマーケットにジャムの試食コーナーを設置し，ある日は6種類のありふれたジャムの試食会を，別の日には珍しいものも含めて24種類のジャムの試食会をおこなった (Iyengar & Lepper, 2000)。その結果，24種類のジャムを揃えたときには買い物客の60%が立ち寄って試食したが，6種類のジャムを揃えたときには買い物客の40%しか立ち寄らなかった。一方，それらの客のうち実際にジャムを購入したのは24種類のときには3%だけだったが，6種類のときには30%もの客がジャムを購入した。なんと6種類の試食時の購入者は24種類のときの購入者の6倍以上だったのである。この結果は，アイエンガー自身のおもちゃを使った実験を含め，様々な実験や調査の結果と合わせて解釈された。それらの研究結果は，選択肢の数が5〜10程度のときに，選択に対するモチベーションが最も高くなり，そのうちの一つを選択したときの商品やサービスに対する満足度も最も高くなるとまとめられた。

この結果の解釈には，認知心理学で有名な**ミラー** (George A.

Miller) の「マジカルナンバー7±2」(Miller, 1956) が適用できる。ミラーのアイデアによると，人間が短期記憶として処理可能な情報量は7単位量前後であるという。そのアイデアを裏付ける逸話や実験結果も多くあるが，選択肢数に関する研究でもそのアイデアが確認された。アイエンガーたちは，実験参加者の認知的負荷を調べ，選択肢が7±2の時に，選択に関わる認知的負荷が最も少なかったという結果を得た。つまり，9（=7+2）より多い選択肢の中から商品を選ぶときには認知的負荷が大きくなり，その選択に対する満足度が低くなってしまうというのである。アイエンガーたちはこの仮説を**選択のオーバーロード**と呼んだ。この仮説は我々の研究 (Onuma & Sakai, 2019) でも検証されたが，反論する研究も多く存在し，今でも議論が続いているトピックである。

選択のオーバーロード
(choice overload)

□選択行動がその後の認知に及ぼす影響

　ここまでは認知が選択行動に及ぼす影響についてみてきた。近年，選択したことがその後の認知に影響を及ぼすことについて報告する研究が増えている。先述のアイエンガーらは，ゴディバのチョコレートを使った実験を行った。実験参加者は最初に箱入りのゴディバのチョコレート（6種類条件と30種類条件とがあった）を観察し，その中から自分の好みのチョコレートを一つ選んだ。それから，参加者は試食に移った。試食では自身が選んだチョコレートを試食する群と与えられたチョコレートを試食する群とに分けられた。その結果，自身が選んだチョコレートを試食した参加者は，与えられたチョコレートを試食した参加者よりも，チョコレートをよりおいしいと評価した。この実験でも選択のオーバーロードは観察され，6種類入りの箱から一つ選び試食した群は，30種類入りの箱から試食した群に比べて，そのチョコレートを有意においしいと評定した。これらの結果を図23-2に示した。

　この選択による商品へのポジティブな効果の背後には，人の自

図23-2　アイエンガーとレッパーの実験結果

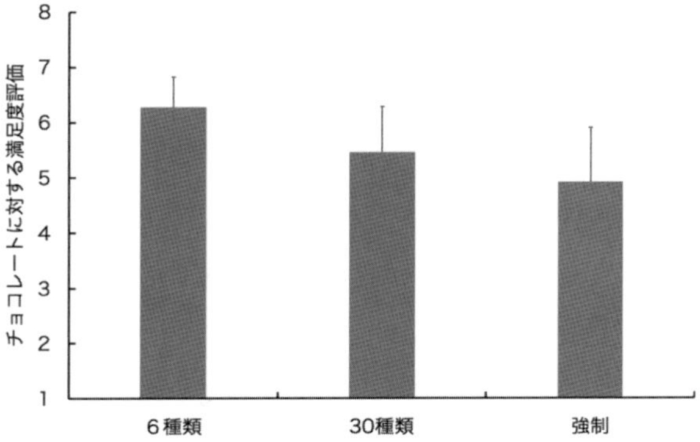

ハロー効果 (halo effect)

律性への強い欲求や，自分の選択には間違いがないという信念に伴う認知的不協和，自身で選択したことによる**ハロー効果**などがあると考えられており，まだこれぞという理論はみられていない。しかしながら，自身で選択するということの効果は，みなさんが想像するよりも遥かに大きく，例えそれほど望ましくない選択肢の中からの選択であっても，自分自身で選択したもの（こと）に対する満足感は，それよりも望ましいものを与えられた（自身では選択できなかった）人よりも，高いことも報告されている (Botti & Iyengar, 2004)。

■おわりに

　消費者の行動はまだよくわからない点が多い。そのため，ここでは購買行動の一部の側面について述べるに留まった。それでも購買者は自分が思っているほど賢い選択をしているとは限らないことはわかっていただけると思う。しかし，自身で選んだという経験は，その選んだものやことに対する満足感を高める。その結果，毎日満足した生活を送ることができているのだ。

　現代社会はもはや良いものを作れば売れるという時代ではない。三浦 (2012) によると，ものを作れば売れるという第二次世

界大戦直後の第一次消費の時代から，良いものを作れば売れるという第二次消費の時代（＝高度経済成長期）を経て，現在はプラスアルファの価値が必要とされる第三次消費の時代さえ終わろうとしている。これらの消費は，絆やつながりをキーワードとする第四次消費の時代にさしかかっているという。農産物の生産者とのつながり，シェアハウスやカーシェアリングなど誰かとものをシェアするつながり，家族や親しい友人との絆を深める中食や旅行など，ここでは述べていない購買行動も増えている。今後心理学の知見を応用して，これらの現象についても考えていければと思っている。

まとめ

　冒頭の問いに戻ろう。なぜスタバのコーヒーはおいしいのだろうか。その理由はたくさんある。スタバのブランドはおしゃれなイメージと結びついているから，スタバの商品はおいしいという期待が形成されているから，スタバの商品はおいしいはずだから，自分が選んだからなど，この章を読んだ後では，いくつもの理由が思いつくだろう。ただ確かなことは，実際の味の質や出来に関係なく，おいしく感じているということだ。

参 考 図 書

Kahneman, D., Sibony, O., & Sunstein, C. R. (2021). *Noise: A flaw in human judgment.* Little, Brown Spark.
　（ダニエル　カーネマン・オリヴィエ　シボニー・キャス　R サンスティーン（著）　村井章子（訳）(2021). NOISE　組織はなぜ判断を誤るのか？（上・下）　早川書房）
鈴木宏昭 (2020). 認知バイアス──心に潜むふしぎな働き──　講談社

application to life

第24章 犯罪を防ぐ

犯罪を予防するには何が必要か

荒井　崇史

§24. 犯罪を防ぐ

本章で解決する謎
「犯罪を予防するには何が必要か?」

　まず考えてみてほしい。「犯罪予防のために何か行った方が良いだろうか?」もう一つ考えてみてほしい。「日頃,何か犯罪予防を行っているだろうか?」こう尋ねると,両方ともYesの人はほとんどいない。本章では,最初に犯罪予防の基本知識を学び,最終的に犯罪予防への態度と行動がなぜズレるのか,その理由を考えてみる。

　日本ではこれまであまり注目されてこなかったが,欧米では犯罪を未然に防ぐ犯罪予防も心理学の重要なトピックスである。やや極論になるが,犯罪が起こってから対処するよりも,未然に犯罪被害を予防することができればそれに勝ることはない。医学では,健康増進や疾病の未然防止を重視した公衆衛生や予防医学の重要性が認識されているが,犯罪においても「予防」の重要性が認識される必要がある。

　そこで,本章の序盤では犯罪予防の基礎知識を紹介することに加え,犯罪予防に心理学が担いうる役割を考える。なお,本章での**犯罪予防**は,実際の犯罪水準や知覚された犯罪不安を減少させるために企図された対策すべてを意味する(Lab, 2004 渡辺他訳 2006)。日本では**防犯**とされることもあるが,犯罪予防と防犯とはほぼ同義と考えてよい。

犯罪予防
(crime prevention)

■犯罪予防の分類
　一口に犯罪予防と言っても,多種多様な行動や活動が含まれ

288

る。防犯ブザーの携帯など自己防衛的行動から，公園で遊ぶ子ど
もの保護者による見守りなど他者を守る行動もある。あるいは，
青色回転灯装備車によるパトロール（青色防犯パトロール），ご
みの散乱をなくす環境整備など地域の秩序や安全を守る活動も考
えられる。さらに，受刑者への矯正教育も再犯予防の意味で犯罪
予防と言える。

ブランティンガム
(Paul Jeffrey Brantingham)

これらの多様な犯罪予防の取り組みを分類する試みとして，**ブ
ランティンガム** (Paul Jeffrey Brantingham) らのモデルを紹介する。

公衆衛生モデル
(public health model)

彼らは，**公衆衛生モデル**になぞらえて，犯罪予防を表24-1に示
す3つのアプローチに分ける (Brantingham & Faust, 1976)。

一次予防
(primary prevention)

まず，**一次予防**とは，犯罪や非行を誘発するような社会の物理
的・社会的環境を改善することに向けられた活動である。つま
り，犯罪や非行が生じる前に，リスクとなり得るような原因を社
会から除去しようとする活動といえる。ここには，環境デザイン
の改善による犯罪予防やコミュニティに基づく予防，これらの活
動を促す情報発信，あるいは社会施策としての失業，貧困，雇
用・職業訓練などが含まれる。

二次予防
(secondary prevention)

二次予防とは，犯罪を行う可能性の高い個人や集団を早期に把

表24-1　犯罪予防の3分類

公衆衛生モデル		
一次予防	**二次予防**	**三次予防**
幅広い一般市民を対象とし たリスクの低減	リスクの高い個人や状況 の早期発見／早期介入	望ましくない事象が発現 した後の回復や再適応の 促進
・運動習慣 ・食生活改善 ・予防接種等	・健康診断 ・検診	・予後管理 ・リハビリテーション
犯罪学モデル		
一次予防	**二次予防**	**三次予防**
・啓発キャンペーン ・環境設計による犯罪予防 ・地域防犯活動 ・教育／雇用／福祉	・早期発見 ・少年補導活動や相談 ・犯罪多発地区の特定と 近隣プログラム（集中 パトロールなど）	・再被害防止 　・リスクの特定と改善 ・再犯防止 　・矯正（社会内・施設内） 　・更生保護 ・無害化

注）上側が公衆衛生における考え方，下側が犯罪（心理）学における予防を表す。

握し，介入することに向けられた活動のことである。つまり，特定の人が犯罪や非行に関連する問題行動を呈した時点で，それをできるだけ早く把握し，介入するということになる。これには，街頭での少年補導活動や相談活動，犯罪多発地区での集中パトロールなどが含まれる。

三次予防
(tertiary prevention)

三次予防とは，罪を犯してしまった者への再犯防止に向けられた活動のことである。これには，矯正教育，職業訓練などのリハビリテーションなどが含まれる。

犯罪予防の一次予防，二次予防，三次予防の分類は，段階が進むほど対象者がより狭い範囲に絞られていく一方，介入がより深い，高密度なものになっている。犯罪予防に割ける社会的な資源は有限であることを踏まえると，この分類は有限な資源を効率的に配置するために考えられた合理的な枠組みである。

■犯罪は予測できるか？

犯罪予防を考える上で，誰が，どこで犯罪を行うかが分かれば，加害リスクが高い個人に予防的に介入したり，犯罪が起こる前に予防的に環境を整えたりすることができる点でメリットは大きい。例えば，ある心理傾向が高い人が犯罪を行うリスクが高いことが分かれば，それらの心理傾向を抑えるための介入をすることで未然に犯罪を防げる。また，ある場所で犯罪が起こるリスクが高いとわかれば，危険な環境を改善し，犯罪が起きないように環境を整えることが可能である。

過去の犯罪研究では膨大な数の研究を通して，犯罪を行うリスクが高い個人や環境を特定する試みがなされてきた。しかし，残念ながら，犯罪を行う「個人」を精度よく予測することは現在の科学では難しい。このような状況で，犯罪のリスクが高いというだけで，犯罪を行っていない個人に対して治療的介入や教育的介入を行うことは困難であるし，倫理的にも許されない。考えてみてほしい。あなたがある心理検査で「衝動性」がやや高い傾向が

衝動性 (impulsivity)

あったとしよう。その量の多少はともかく，**衝動性**は人間誰もが持っている。衝動性がやや高いからといって，補導の対象になり，強制的に治療や教育を受けなくてはいけない世界をあなたは許容できるだろうか。

一方，犯罪が起こる可能性の高い環境については，様々な理論が提唱され，実務にも応用されている。代表理論として，**日常活動理論**や**割れ窓理論**などがある。これらは，犯罪がどこで起こるか，どのような状況で起こるかを理論化したものである。

日常活動理論 (routine activity theory)
割れ窓理論 (broken windows theory)

□日常活動理論

犯罪がどこで起こるのかという問いに対して，個人のライフスタイルと犯罪機会とが関連するという点を強調して回答したのが日常活動理論である (Cohen & Felson, 1979)。日常活動理論では，**動機づけられた犯行企図者，格好の標的，有能な監視者の不在**の三つの条件が時空間的に同時に存在する場合に犯罪が起きる（起きる可能性が高くなる）と考える（図24-1のAの部分に該当する）。

コーエン (Lawrence E. Cohen)
フェルソン (Marcus Felson)
動機づけられた犯行企図者 (likely offenders)
格好の標的 (suitable targets)
有能な監視者の不在 (absence of capable guardians)

動機づけられた犯行企図者とは，これから犯罪を行おうと企図している潜在的加害者である。格好の標的とは，犯罪を企図する者にとって都合の良い犯行対象である。そして，有能な監視者の不在とは，犯行に対する抑止力を備えた見守り手がいない状況を指す。例を挙げれば，子どもを狙った犯行企図者が，下校中に一人で歩く子どもを見かけ，見守りをする大人がいない状況で犯罪が起こる（可能性が高くなる）と考えるのである。

日常活動理論に基づくと，犯罪予防にとって重要なのは，三つの条件が時空間的に同時に存在しないようにすることにある。例えば，動機づけられた犯行企図者を削減するために，法律を整備したり，受刑者に再犯防止のための教育を行ったりすることなどが考えられる。ただ厳密には，動機づけられた犯行企図者はどこに存在するかわからないため，格好の標的を減らすこと，有能な監視者を適切に配置する必要がある。この場合の格好の標的を減

図24-1　日常活動理論の三つの条件

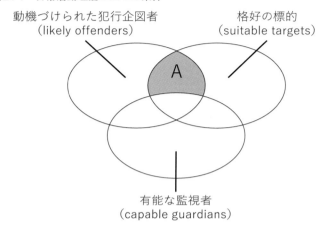

動機づけられた犯行企図者
(likely offenders)

格好の標的
(suitable targets)

有能な監視者
(capable guardians)

らすとは，標的になる人口を減らすことではなく，例えば，防犯グッズを携行することで対象者を強化し，「格好の」標的にならないようにすることを意味する。また，見守り活動の担い手など有能な監視者を増やすことはもとより，標的になりえる対象がどこにいる（ある）のかを把握し，有能な監視者を標的となり得る対象に近づけることも犯罪を予防する上で重要になる。

□割れ窓理論

ウィルソン
(James Quinn Wilson)
ケリング
(George Lee Kelling)

　割れ窓理論とは，**ウィルソン** (James Quinn Wilson) と**ケリング** (George Lee Kelling) によって提案された地域環境に基づいた犯罪理論である。割れ窓理論の要点は，地域内での軽微な犯罪や秩序違反（落書きやごみの散乱など）を放置することが，後々，その地域での重篤な犯罪の発生を助長するということである (Wilson & Kelling, 1982)。

　これは，どのようにして起こるのか。地域内での軽微な犯罪や秩序違反を放置することは，犯行企図者にとってその地域が犯罪や秩序違反に無関心であることのサインになる。それと同時に，

監視性
(surveillance)

住民は軽微な犯罪や秩序違反が横行する地域に不安を感じ，その地域で活動することを忌避する。結果的に，人の目（**監視性**）が減ることにより，犯罪者や違反者にとって好都合な地域となり，ますます軽微な犯罪や秩序違反が跋扈するようになる。このようにコミュニティの崩壊が進むと，最終的には，その地域により重篤な犯罪を呼び込むことにつながるのである。それゆえに，地域環境内での小さな違反も見逃さずに対応することが，後々の犯罪を予防するために重要になると考える。

　割れ窓理論は，日本において学術的にも実務的にもよく知られ，割れ窓理論に基づいた施策もなされている。例えば，東京都足立区では，割れ窓理論に基づいて，「美しいまち」を印象付けることで犯罪を抑止しようとする「ビューティフルウィンドウズ運動」を展開している。地域で花を植えて世話をすることで人の目を増やし，落書きやごみの散乱などを見逃さないことで，犯罪を行いにくい環境を構築するのである。こうした取り組みは，他の地域でもなされており，街の印象を良いものにすることで犯罪を抑止することが期待されている。

　一方で，割れ窓理論の科学的根拠に関しては議論の余地があるとされているが，このことはあまり知られていない。例えば，割れ窓理論を論じる際に，ニューヨーク市における取り組みがしばしば取り上げられる。ニューヨーク市では，増加する犯罪への対策として，軽微な秩序違反や軽犯罪でも厳格に罰する寛容性を許さない

ゼロ・トレランス政策
(zero-tolerance policing)

政策（**ゼロ・トレランス政策**）を実施した。その結果，犯罪が減少したというのである。この事例を考えると，確かに割れ窓理論が効果的に思える。しかし一方で，ゼロ・トレランス政策を実施していた時期に米国全土で犯罪が減少していたこと，同時期に別の福祉政策が実施されていたこと，やはり同時期に米国の社会経済的状況が上向きになっていたことなどはあまり注目されていない。これら

交絡要因
(confounding variable)

の要因も，犯罪を減少させた可能性がある**交絡要因**なのである。

■犯罪予防を行う心

　犯罪予防には多種多様な行動や活動が含まれるが，そこに共通するのは，犯罪被害のリスクを最小化するための行動という点である。意識するとせざるとにかかわらず，我々は将来の犯罪被害のリスクを判断し，不安を感じるために予防行動を行うと考えられる。しかし，これまでの研究は，現実はそう単純ではないことを示している。

□犯罪リスク認知と犯罪不安

犯罪リスク認知
(perceived risk of crime)
犯罪不安 (fear of crime)
被害リスク認知
(perceived risk of
victimization)

　我々は日常的に犯罪のリスクを判断し，それに不安を感じるが，これらは**犯罪リスク認知**や**犯罪不安**と言われる。犯罪リスク認知は，犯罪被害に遭う確率や被害の程度に関する主観的な見積もりであり，**被害リスク認知**とされることもある。一方，犯罪不安は，犯罪や犯罪を連想させるようなシンボルへの恐れや不安など感情的な反応である。両者は似たものに思われるが，前者は被害リスクに関する認知判断を，後者は被害リスクへの感情反応を表す点で異なる。両者は概念的に異なっているが，犯罪リスク認知が高いほど，犯罪不安も高くなるという関係にあることがしばしば指摘される（例えば，Ferraro, 1995）。このように被害の可能性が高いと考えれば，不安を感じるという因果関係を想定することは，我々の直感にもあっているように思われる。

　しかし，難しいのは，必ずしも我々の直感通りにはいかないことがある点である。すなわち，犯罪被害のリスクを高く評価し，犯罪に不安を感じれば，それを予防するための行動をとりそうなものであるが，我々は必ずしも最悪の事態を予防したり，回避したりする行動をとらない。例えば，ある研究では，6つの予防行動（警報機の携行，武器の携行，護身術の受講，特定の経路回避，夜間の外出回避，単独での外出回避）のうち，身近な地域への犯罪不安が行動を予測するのは，特定の状況（特定の経路，夜間の外出，単独での外出）の回避に関する行動だけであると報告され

ている (Giblin, 2008)。

　考えてみれば，我々のリスク認知が必ずしも正確ではないことは容易に想像できるし，歪んだリスク認知が不安や行動を喚起しないとしてもおかしくはない。だからこそ，公的機関等の行動奨励のための情報発信が必要になるのである。

□リスク認知を歪める認知バイアス

　それでは，我々のリスク認知はどのように偏り，歪むのだろうか。心理学では，認知の偏りのことを**認知バイアス**という。

　リスク認知を歪める認知バイアスの一つを理解するには，**プロスペクト理論**を知ることが役に立つ (Kahneman & Tversky, 1979)。プロスペクト理論が示す確率荷重関数では，人々が発生確率の低い事象を過大評価し，発生確率の高い事象を過小評価すると予測する。実際，様々なハザードの発生数を推定させた研究では，発生頻度の低いハザードは実際の発生数より多く判断され，発生頻度が高いハザードは実際の発生数より少なく判断されることが知られている (Lichtenstein et al., 1978)。同様の現象が犯罪に関する判断でも起こる。中谷内・島田 (2008) では，大学生と警察官に各罪種の発生頻度の推定を求めたところ，大学生は発生頻度が低い殺人や誘拐などの発生頻度を過大に推定し，発生頻度が高い窃盗や空き巣などの発生頻度を過少に推定するという（図24-2）。一方で，犯罪に関する知識の豊富な警察官は，こうした偏った推定は行わなかった。

　リスク認知を歪める二つ目の認知バイアスは，**楽観バイアス**である。我々は自他を比較し，ネガティブな出来事は他人に起こりやすく，自分には起こりにくいと考えがちである (Weinstein, 1989)。逆に，ポジティブな出来事は自分に起こりやすく，他人には起こりにくいと考える。つまり，楽観バイアスを働かせると，自分は犯罪の被害に遭わないと予測しやすく，結果的にリスク推定を誤ってしまう可能性がある。警察庁 (2018) の被害者を

認知バイアス
(cognitive bias)

プロスペクト理論
(prospect theory)
カーネマン
(Daniel Kahneman)
トベルスキー
(Amos Tversky)

楽観バイアス
(optimistic bias)

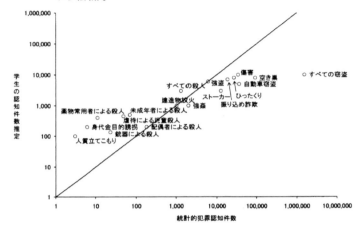

図24-2　学生における各罪種の認知件数の推定値（中谷内・島田，2008 から転載）。

注）斜めの実線は，実際の認知件数と認知件数の推定値が一致していた場合の予測線。

特殊詐欺
(telephone scam, 'It's me' scam, special fraud)

対象とした調査によれば，**特殊詐欺**の被害に遭った人の約8割が，「自分は被害に遭わないと思っていた」と回答している。まさに，楽観バイアスの所業である。このように，「他の人はともかく，まさか私が被害に遭うことはないだろう」と楽観的に考える傾向が，犯罪の被害に遭う可能性を高めているのである。

確証バイアス
(confirmation bias)

　リスク認知を歪める三つ目の認知バイアスは，**確証バイアス**である。我々は，自分が正しいと考えたことはなかなか否定できない。なぜならば，自分がある考えや仮説を抱いてしまうと，それが「正しい」と示す方向の証拠を重視し，またそれが「正しい」と示す情報ばかりを収集してしまうからである。逆に言うと，我々には自分の意見に反する情報は軽視や無視してしまう傾向がある。こうした，自分の意見に合致する情報を重視し，意見に反する情報を軽視や無視する認知バイアスを，確証バイアスという。確証バイアスは，自分の行動を自己正当化し，後悔を回避し

一貫性 (consistency)

たい心理が働くために生じると考えられている。すなわち，我々が**一貫性**を求めてしまうために生じる。これを犯罪の文脈に当てはめると，例えば，自分は犯罪の被害には遭わないと楽観的に考えると，それに合致した自分の危険性は低いという情報，あるいは自分の危険性を積極的に低く見積もるための情報にばかり目を向けてしまう。これによって，我々はますます自分のリスクを過小評価するようになるわけである。

正常性バイアス
(normalcy bias)

　リスク認知を歪める四つ目の認知バイアスは，**正常性バイアス**である。この認知バイアスは，予期せぬ事態に遭遇した時に，「あり得ない」とか，「まさか，自分は大丈夫だろう」とか，「これは正常の範囲内だ」などと事態の異常性を誤って捉えてしまう思考の偏りである。正常性バイアスは，防災の分野で取り上げられることが多い。例えば，津波がやってきているという情報を得たとしても，「自分は大丈夫だろう」とか，「まさか，自分のところまでは来ないだろう」など正常性バイアスが働くため，逃げ遅れてしまうことがある。これは犯罪の文脈でも同様で，例えば，今まさに特殊詐欺の犯人から電話がかかってきていても，「まさか私は大丈夫だろう」とか，多少電話の声がおかしくても「この電話の声は息子の声に違いない」などと，事態の異常性を否定して，正常の範囲内だと考えてしまう。結果的に，今まさに被害に遭っているにもかかわらず，疑うことをせずに被害への道を進んでしまうことになる。

　ここではリスク判断を歪める代表的な認知バイアスをいくつか見てきた。なお，これらの認知バイアスが，全て非適応的であるというわけではない。もし我々にこうした認知バイアスがなく，常にリスクを最大限に見積もるような心理傾向があるとすれば，安全になると思われるが，おそらくひと時も気が休まらない生活を送らなくてはいけなくなる。我々は，時に楽観的に考えることで心の安らぎを得ているのであり，その意味で認知バイアスにも適応的な意義がある。

□**態度と行動**

　最後に，なぜ我々は犯罪を予防するための行動をとった方が良いとわかっていても，実際には行動を行わないのかに注目する。態度と行動はなぜズレるのかと言い換えても良いだろう。実際，犯罪予防をした方が良いとわかっているはずなのに，ごく簡単な行動（例えば，外出時には玄関の鍵をかけるなど）の不実施によって，非常に多くの被害が起こっている。

　態度と行動とのズレは，何も犯罪予防だけの現象ではない。例えば，健康のために運動をした方が良いとわかっていても，なかなか運動を続けられないという人がいるだろう。あるいは，節電のためにこまめに照明のスイッチを切った方が良いとわかっていても，つい点けっぱなしにしてしまう人もいるだろう。

　こうした態度と行動とのズレを説明する代表的な理論の一つが，**計画的行動理論** (TPB) である (Ajzen, 1985)。この理論では，我々が何らかの行動を起こす場合，行動の前段階に**行動意図**が生じると仮定する。行動意図とは，「○○しようと思う」という意識的な動機づけである。つまり，TPBでは，行動しようと動機付けられた結果，実際に行動が生じると考える。そして，重要なのは，行動意図の発生には，態度だけではなく，**主観的規範**や**行動統制感**が関わるという点である。主観的規範とは自分にとって大切な人々がそのように行動すべきであると思っている程度であり，行動統制感とはその行動を遂行することの容易さに関する評価である。つまり，TPBによると，「行った方が良い」という肯定的な態度を持つだけで行動実行への動機づけが生じるわけではなく，主観的規範や行動統制感が後押ししてこそ行動実行への動機づけが高まると考えるのである。

　TPBは，健康行動や環境配慮行動において理論の有用性が示されている。また，犯罪予防でもTPBの有用性が実証されている。例えば，女子大学生のイヤホンを外して歩く習慣や母親の地域防犯活動への参加について，それらの行動に肯定的な態度を持つ以

計画的行動理論
(theory of planned
behavior: TPB)
行動意図
(behavioral intention)

主観的規範
(subjective norm)
行動統制感
(perceived behavioral
control)

上に，重要な他者がどのように思っているか（主観的規範）やその行動を自分が実行できると考える程度（行動統制感）が動機づけを高め，行動に結び付くことが報告されている（荒井・菱木，2019）。したがって，行動をした方が良いと思うだけではなく，他者からの思いや行動を実行できる感覚を持つことが犯罪予防の実行にとって重要となる。

まとめ

1. 犯罪予防は一次予防，二次予防，三次予防に分類することができる。
2. 犯罪は予測できるのか。犯罪を行う「個人」を精度よく予測することは現在の科学では難しい。一方，犯罪が起こる「環境」については，日常活動理論や割れ窓理論など様々な理論が提唱されている。
3. 我々の態度と行動がなぜズレるのか。プロスペクト理論，楽観バイアス，確証バイアス，正常性バイアスのような認知バイアスが存在する可能性がある。また，計画的行動理論が示すように，行動を予測するのは態度だけではないことも考えられる。

参 考 図 書

小俣謙二・島田貴仁（編）(2011)．犯罪と市民の心理学——犯罪リスクに社会はどうかかわるか——　北大路書房

Lab, S. P. (2019). *Crime prevention: Approaches, practices and evaluations.* 10th ed. NY: Routledge.

第25章 化粧をする心

美と健康は対立するか

阿部 恒之

§25. 化粧をする心

本章で解決する謎
「美と健康は対立するか」

　歴史的に俯瞰すると，美と健康は対立する価値であっ
た。しかし現在，この対立を感じることはあまりない。
この価値観の変遷を，化粧に関する心理学の研究を振り
返って考える。

■ 「美 対 健康」の歴史

　「男子無大小皆黥面文身」（男子大小なく，みな黥面・文身す）
…これは『三国志』中の「魏書 第三十巻烏丸鮮卑東夷伝倭人条」，
通称，「魏志倭人伝」の一節である。この史書は，3世紀の日本
の社会・風俗を描いている。3世紀と言えば，ローマでは，数千
人が同時に楽しめるカラカラ浴場が建てられた時代であるが，日
本は邪馬台国の時代。そのころの日本の男性は，身分に関係な
く，全員が顔の刺青（黥面）と身体の刺青（文身）をする風習が
あったというのである。

　刺青は，皮膚を傷つけて色材を皮下に入れ，模様を描く風習で
ある。とても痛そうである。今のような金属製の細い針のない時
代，尖った石などで皮膚をひっかいたのだろうか。なおのこと痛
そうであるし，消毒液もないので化膿が心配である。しかし3世
紀の時代の男子たるもの，黥面文身をしないわけにはいかなかっ
たのである。

　身体を毀損し，健康を害するような風習があったのは昔の日本
だけではない。頭の形を変形させる，歯を削る・抜くなど，今日

身体変工
(body modification/
mutilation/deformation)

の我々から見て，体に悪そうな**身体変工**は，多くの国に存在していた（高谷，1990）。幼児期に親指以外の足の指を折り畳み，布で巻いて成長を抑制・変形させる中国女性の纏足の習慣は，唐朝末に始まり，清の時代が終わるまでの千年以上に亘って続いた習慣である（広辞苑，2008）。

　現代の多くの地域では，健康が重視され，美と健康は並立的な価値である。さらに一歩進んで，健康の延長線上に美があるという考え方もあろう。しかし耳に穴をあけるピアッシングの習慣は，現代社会においてもおしゃれの一つとして，多くの人が行っている。

　また，身体変工のみならず，お腹を過剰に締め上げる19世紀のコルセットや，外反母趾を誘発する現代のハイヒールなど，「装い」が苦痛や不健康を伴いながら行われることがある。

　これらの外見演出は，健康を犠牲にしても，その文化における外見の規範に合わせようとする行為である。この価値観に違和感を持つ人であっても，活動性を犠牲にしてスカートを穿いたり，窮屈を我慢してネクタイを締めたりすることはあるだろう。外見・装いは，「反機能的 (p. 18)」な側面があり，「社会的な強制力 (p. 39)」を有するものである（鷲田，2012）。

　健康を損なってまで外見を演出しようとするのは，動物の中では人間だけであろう。表現を変えれば，きわめて人間らしい行為であり，人間を研究する心理学などの学問においては，好適な研究の題材となるはずである。しかし心理学では，外見演出・装いに関する研究は，長らく本格化しなかった。その背景は，以下の鷲田 (2012: p.8) の文章に要約されている。

　　（前略）食べるということになぜ作法があるのか，なぜ時間を決めて他人といっしょに食べるのか，なぜ食べられるのに食べてはいけないものがあるのかなどといった疑問について，つっこんだ議論をしている本というのは案外すくないの

です。おなじように，衣服についても山ほど不思議な点があります。でも，なぜか衣服の問題というのは，うわべの問題，外見の問題として軽く見られるところがあります。

　美と健康の価値観は，現代社会ではどのような状況にあるのだろうか。美を求める行為の代表格である化粧に関する心理学研究の歴史を振り返り，現在の美と健康の関係を考える。

■化粧心理学の誕生

　1909年（明治四二年），心理学の普及のために東京帝国大学文科大学哲学科卒の有志が開催した市民講座・第一回定期講和会で行われた3つの講義の一つは，菅原教造による「着物の色合いの話」だったという（鈴木，1997）。心理学は，黎明期においては装いに関心を示していた。しかし，前述のように，装いが心理学において本格的な研究対象となることはなかった。

　1970年代，世界的に化粧品の安全性への懐疑が広まり，化粧品は本来無用なものであり，消費者を騙して販売されているという批判が広まった (Lin, 1984)。1975年秋には，「化粧品公害被害者の会」が結成され，化粧品による皮膚トラブルを巡って化粧品メーカー6社を被告とする訴訟も行われている（1981年12月16日に和解。朝日新聞 (1981)）。このような化粧品への逆風の中，1983年9月20日に，ペンシルバニア大学で "The First International Symposium on the Psychology of Cosmetic Treatment" という，化粧品の有用性に関するシンポジウムが開催された。これを受けて，1985年，"The Psychology of Cosmetic Treatments" という書籍が発刊された (Graham & Kligman, 1985)。化粧を対象とした研究をまとめた最初の書籍である。内容は，メーキャップによる容貌改善がもたらす社会的効用に関する研究が中心である。今日の視点からは，化粧をするときれいに見える，きれいに見えると得をするという，**外見至上主義**を後押しするかのような印象を受けるが，

外見至上主義 (lookism)

化粧の心理的作用を本格的に研究し，それをまとめたことは注目に値する。

　化粧の心理的有用性について書かれた，最も早い論文は，"Dekorative Behandlung beim Naevus flammeus (Cosmetic therapy of nevus flammeus)"(Hey, 1970) だと思われる。この研究は，火焔状母斑 (nevus flammeus) に対してカバーマークというメーキャップ化粧品を用いて容貌を改善した試みに基づく研究である。

　日本においても1970年から，カネボウ化粧品と慶應義塾大学の共同で，植皮の術後経過をエステティックやメーキャップで補う研究が行われていた（吉田，1981）。1980年代に入ると，日本でも少しずつ化粧に関する心理学的研究がなされるようになった（松井，1993）。例えば，日本心理学会第50回大会で，東北大学と資生堂が共同で行った，美容マッサージのリラクセーション効果に関する発表（平田他，1986）は，化粧の心理学的研究を促すきっかけの一つになったように思われる。このように，初期においては，化粧品メーカーが主導して化粧の心理学的研究を行っていた。

　1991年10月31日，仙台国際センターで開催された日本心理学会第55回大会において，ワークショップ「化粧心理学のパラダイム」が開かれた。これを受けて，1993年に，『化粧心理学――化粧と心のサイエンス』（資生堂ビューティーサイエンス研究所，1993）という書籍が発刊された。シンポジウムを契機に書籍発刊という流れは，"The Psychology of Cosmetic Treatments" と同様である。しかし，その内容は，スキンケアの生理心理学的効果，顔の知覚の視点で読み解くメーキャップテクニック，フレグランスによる心理作用（**アロマコロジー**），老人ホームにおける化粧実習の意義など，広範な領域に亘っている点が特徴である。

アロマコロジー
(aromachology)

　化粧品メーカー主導で始まった化粧の心理学的研究であったが，この書籍には，多くの大学，いわゆるアカデミアの研究者の研究も寄せられている。また，はじめて「化粧心理学 (the psychology of

cosmetic behavior)」という呼称が使われ，以降は定着したように
思われる（cosmetic behaviorが，「うわべを飾った行動」と感じら
れることもあるので，the psychology of cosmetics-related behavior
と補足することもある (Abe, 2019)）。

　以降，化粧心理学はアカデミアにおける研究も盛んとなり，
様々な書籍が発刊されるに至った（参考図書参照）。大学で化粧
をテーマとする心理学の卒業論文は，もはや珍しいものではなく
なった。

■化粧のカテゴリー

　ここまで，化粧，スキンケア，メーキャップ，フレグランスな
どの名称を無前提で使ってきたが，後の説明のために整理してお
きたい。

　現在の化粧に関する呼称と機能を表1に整理した。化粧は大別
すると，体表の健康を維持する「慈しむ」ための行為・品目と，
外見を演出する「飾る」行為・品目に大別される。慈しむ化粧は，
対象部位によって，スキンケア（顔），ボディケア，ヘアケアな
どの呼称がある。飾る化粧にはメーキャップとフレグランスが含
まれ，メーキャップもスキンケア同様，対象部位によって呼び方
が違う。以降，部位の区別は省略し，慈しむ化粧のスキンケア，
飾る化粧のメーキャップ・フレグランスについて記述する。

　ここでは「化粧 ⊃（慈しむ化粧（スキンケア）∪ 飾る化粧（メー
キャップ・フレグランス））」と整理したが，このような言葉の使い分
けは平成以降のことである。日本では，鎌倉時代以降，メー
キャップに相当する行為を化粧（けしやう）と呼び，スキンケア
に相当する言葉を持たず，その下準備を意味する化粧下（けしや
うした）という言葉があったに過ぎない（フレグランスに相当す
る習慣は記述が少なく，ここでは言及しない）。また，おしゃれ
全般については，同じ化粧という漢字を用いて「けわい」と呼ん
でいた。つまり，「化粧（おしゃれ全般）⊃（（化粧（メーキャップ）⊃

表25-1　化粧の機能と呼称の分類

主目的	呼称	機能と使用する化粧品
慈しむ	スキンケア	肌を健やかにするお手入れ。洗顔フォーム，化粧水，乳液，マッサージクリーム，美容液など。
	ボディケア	スキンケアのうち，特に首から下の部分に対するものを区別して言う。ボディローション，サンスクリーンなど。
	ヘアケア	髪に対するお手入れ。頭皮のお手入れも含む。シャンプー，リンス，ヘアトニックなど。
飾る	メーキャップ	着色などにより容貌を美しく演出する技法。通常，顔に対して行う。首から下に対するボディメークもあるが希である。ファンデーション，アイシャドー，口紅など。
	ボディメーク	ファッションショーなどで行われることがあるが，日常的には稀。顔用のメーキャップ化粧品が用いられることが多い。
	ヘアメーク	カットやセット，パーマ，染毛などによって髪の美観を増す技法。美容院で行ってもらうことも多い。ヘアムースやワックスなど。
	フレグランス	香りによって印象を演出し，楽しむもの。パルファム（香水），オードパルファム，オードトワレ，オーデコロン（以上は香料濃度による区分）。

注）阿部 (2002) より改変。

化粧下（スキンケア））∪その他のおしゃれ）」という関係にあった。それが明治時代以降，少しずつ変化し，年号が平成になるころ，化粧に相当する行為はメーキャップ，化粧下に相当する行為はスキンケアと，カタカナ英語を使って明確に区別するようになり，化粧はフレグランスも含む総称として扱われるようになったのである（阿部，2002；阿部，2017；高橋，1982）。

　なお，メーキャップ (makeup) には，メイクアップ，メイク，メークなどの表記の揺れがあるが，本章ではメーキャップ，あるいはメーク（表25-1のボディメークとヘアメーク）と記す。

　以降，1980年代以降に日本で行われた化粧心理学の研究をスキンケア，メーキャップ，フレグランスに分けて，Abe (2017),

並びに阿部 (2017) に基づいて概観する。

■スキンケア： 生理心理学

　通常，スキンケアは，朝晩行なわれる日常的な習慣である。サロンで専門技術者に行ってもらうこともあり，多くの場合は美容マッサージが行われる。エステティック（マッサージ），SPA などの呼称もある。本来，温泉保養地を意味する SPA という呼称は，心地よさが相通じることに由来すると思われる。スキンケアの心理学的研究においては，この美容マッサージのリラクセーション効果の研究など，生理心理学的なアプローチが主として行われてきた。

　図25-1 に示したように，この施術の過程において，心拍率は一貫して漸減し，終了前にわずかに再活性化する。一方，同じ姿勢で施術を受けなかった条件でも当初は漸減するが，偃臥（うつ伏せ寝）から仰臥に姿勢変更をするタイミングで増加し，再び漸減するという凹凸が観察される（阿部，2002, pp. 185–187）。

　心拍率は交感神経-副腎髄質系と副交感神経の支配を受けて変

図25-1　エステティックマッサージによる心拍の変化

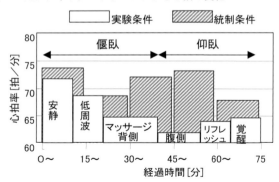

注）実験条件は，施術の手順ごとに個人内平均をとり，これに基づいて被験者3名の平均を示した。統制条件は同じ被験者の施術のない同一姿勢における15分ごとの個人内平均を3名で平均。阿部 (2002) より出版社の許可を得て転載。

動する（第14章参照）。心拍率の低下は，交感神経–副腎髄質系の鎮静化・副交感神経の活性化によるものであり，リラクセーションに誘導されたことを示す。終了時に行われるリフレッシュや覚醒の施術とは，冷たい収斂化粧品のパッティングや屈伸などを行うことであるが，これによってもたらされる心拍率の再賦活は，**自律訓練法**における**消去動作**や朝の背伸びと同様，再活動のための準備である。この，心拍率の連続的な低下と終了時の小さな復帰で描かれる平仮名の「し」の字に似たカーブは，**リラックスとリフレッシュのカーブ**と呼称することが提案されている（Abe, 2004）。

自律訓練法 (autogenic training)
消去動作 (canceling)
リラックスとリフレッシュのカーブ (relaxation and refreshment curve)

■メーキャップ：知覚心理学

メーキャップは視覚的印象の変化を期待して行われる，飾る化粧である。スキンケアが生理心理学の好適な対象であるのに対し，メーキャップは知覚心理学的な興味を引く対象である。

顔の形状と印象の関係を研究して，**顔だちマップ**というメーキャップ支援ツールが開発された。これは，顔の類似性判断に基づいて構成された「直線–曲線」（フォルム軸：顔の要素の形状）と「子供–大人」（バランス軸：顔の要素の配置バランス）の2軸で構成される座標の各象限が，「キュート」「フレッシュ」「クール」「やさしい」の印象と対応することを見出した研究に基づいて作成されたものである（阿部, 1996; Takano et al., 1997）。

顔だちマップ (Facial Features Map)

「直線–曲線」のフィルム軸は，「話しかけやすい」「敬遠したい（逆転項目。負の負荷量）」などの親近性因子と，「子供–大人」のバランス軸は，「守ってくれそう」「未熟な（逆転項目）」などの成熟性因子と高い正の相関があることが示されている（阿部他, 2008）。

ゼブロウィッツは，顔の印象認知においては、感情認知や成熟性認知の**過般化効果**が影響していると指摘している (Zebrowitz,

過般化効果 (overgeneralization effect)

309

1997)。顔だちマップの形態的特徴と印象の関連性の背景には，過般化効果があると考えられる。図25-2に従って説明すると，過般化によって，直線的な形状は負の感情が認知されて「敬遠」され，逆に曲線的な形状は正の感情が認知されて「親近」感をもたらす。同様に，大人バランスの顔は「依存」可能であることを，子供バランスの顔は「擁護」すべきであるという評価がなされる。それゆえ，たとえば第1象限の曲線タイプ・子供タイプの顔は，親近・擁護の評価を得て，「キュート」に感じると解釈できる。

　なお，この形態的特徴と印象の関連性は頑健であり，様々な犬種の分類にも顔だちマップが適応可能であることが示されている。具体的には，12種の犬それぞれについて，形態評価用語（直線的等），印象評価用語（キュート等）を独立で評価してもらったところ，両者のプロットは近接しており，犬を対象としても，形態的特徴と印象が結びついていることが確認された。そして「直線–曲線」のフィルム軸は「短毛種–長毛種」，「子供–大人」

図25-2　顔だちマップの概念図

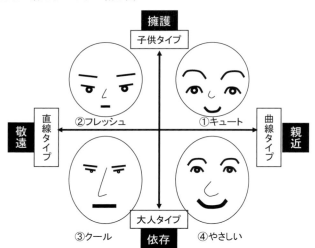

注）今野他 (2010) より改変。

のバランス軸は「小型犬–大型犬」に対応していた（今野他，2010）。

メーキャップによる印象の演出は，プロのメーキャップアーティストの**暗黙知**に基づく技術に依存している。しかし，顔だちマップに準じて，たとえば眉や唇を直線的に描き（フォルム軸の操作），チークやノーズシャドウで縦に長いバランスを表現すれば（バランス軸の操作），クールな印象を得ることができる。すなわち，顔だちマップは，暗黙知を知覚心理学的に解明した**形式知**であると言えよう。

暗黙知 (tacit knowledge)

形式知 (explicit knowledge)

■フレグランス：知覚心理学・生理心理学

フレグランスは，知覚心理学・生理心理学の研究対象として興味深い。

知覚心理学については，顔の印象が，フレグランスの香りの印象に引き寄せられるような変化をすることが示されている (Abe, 2005)。まず，フレグランスの香りの印象を，顔だちマップの印象評価用語（キュート等）で評価してもらい，顔だちマップの座標上にプロットする。次に，顔写真を見て，その顔の印象評価で顔だちマップの座標上にプロットする。そして写真の裏にフレグランスを噴霧し，香りを嗅ぎながらその顔写真の印象を評価してもらう。そうすると，フレグランスAをつけると顔写真はフレグランスAの位置の方向に，フレグランスBをつけると顔写真はフレグランスBの位置の方向に，引き寄せられるように変化したのである。

この研究は，嗅覚と視覚という感覚モダリティ相互の影響，すなわち，多感覚相互作用の研究である（第6章参照）。スキンケアに属するリップクリームの研究ではあるが，つけるときの重さの評価が香りの影響を受け，レモンの香りはつけ心地を軽く，バニラの香りは重くすることが示されている（菊地他，2013）。これは嗅覚と体性感覚の相互作用である。

　フレグランスはまた，生理心理学的な研究の好適な題材でもある。ボタン押し反応を求める指示信号と，それに先立ち，その準備を促す予告信号の間を10秒程度開けると，心拍率は予告信号後に加速し，指示信号に向かって減速する。この心拍率の速度の山谷が拡大すると，指示信号によるボタン押し反応時間の短縮は対応することが示されている (Hatayama et al., 1981)。これと同様の実験デザインで，予告信号前にレモンの香りとローズの香りを20秒間提示して，山谷の変化を測定した (Kikuchi et al., 1992)。その結果，図25-3に示したように，レモンを嗅ぐと拡大し，ローズを嗅ぐと狭まることが示された。山谷の変化は期待や注意の過程を反映していると推測されるが，拡大は覚醒，縮小は鎮静の指標とみなしたとき，レモンは覚醒，ローズは鎮静の効果があると考えられる。さらに興味深いことに，山谷の変化は，香料濃度と比例し，その香りを好ましいと感じた被験者ほど大きかった。

　フレグランスは通常，つけた本人の印象を香りで演出するものであり，その香りを知覚するのは他者である。しかし，香りが持

図25-3　二刺激間心拍変動の香りによる違い

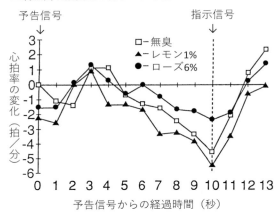

注）Kikuchi et al. (1992) を改変。

つ生理心理学的効果，すなわちアロマコロジー効果は，つけた本人も享受する。むしろ本人が嗅ぐことのほうが主である。アロマコロジーは，本人が楽しむという，フレグランスの新たな道を開いたと言えよう。

■美から健康を

　ここまで，化粧カテゴリーごとに心理学的研究を紹介してきた。スキンケアは生理心理学，メーキャップは知覚心理学，フレグランスは知覚心理学と生理心理学の好適な題材を提供することがうかがえた。

　化粧の知覚心理学的・生理心理学的作用を背景として行われる取り組みに**化粧療法**がある。老人病院において化粧の時間を設けたら，老人性認知症の症状が軽減した（土居他，1994），顔面神経麻痺で片側の表情筋が麻痺した患者さんに，左右対称性を向上させるメーキャップを覚えていただいたら，社会性が向上した(Kanzaki et al., 1998) など，様々な成果が挙げられている。

　このような状況は多くの人が知るようになり，2009年のインターネット調査によれば，「化粧は精神疾患に効く」「化粧は老人性認知症に効く」ということについて、「聞いたことがある」「よく知っている」人を合わせると，前者で60%，後者で63%だった（「知らない」「聞いたことがある」「よく知っている」からの択一；阿部，2010）。2009年に至り，1970年代の視線とは違うまなざしが化粧に寄せられるようになったのは明らかである。実際，現在の化粧品メーカーは，この化粧の効果を社会に還元すべく，様々な活動を行って社会に貢献をしている（阿部，2018）。

　化粧の心理学的研究は，次第に化粧という行為の奥行きを見出すに至った。そして，化粧が健康に寄与することも明らかにした。すなわち，美を求める行為である化粧が健康をもたらすこともあるのである。

　「美 対 健康」の対立は，「美と健康」「健康から美」という認

化粧療法
(cosmetic therapy)

識に至り，さらに，「美から健康」が生じることもあるということが広く認識されるようになってきたのである。

まとめ

1. 美と健康が対立していた歴史は長い。
2. しかし次第に，美と健康は両立するものとなり，健康の延長線上に美があるという考え方も一般化した。
3. 1970年代においては，化粧は健康を害するものとされていたが，化粧心理学は，化粧が人間に与える作用を少しずつ明らかにして，健康に寄与する一面もあることを見出すに至った。
4. これにより，「美 対 健康」という対立に，「美から健康」という新たな視点が加わった。

参 考 図 書

資生堂ビューティーサイエンス研究所（編）(1993). 化粧心理学——化粧と心のサイエンス—— フレグランスジャーナル社（現在電子書籍のみ）
大坊郁夫・神山　進（編）(1996). 被服と化粧の社会心理学　北大路書房
大坊郁夫（編）(2001). 化粧行動の社会心理学　北大路書房
阿部恒之 (2002). ストレスと化粧の社会生理心理学　フレグランスジャーナル社
資生堂ビューティーソリューション開発センター（編）(2010). 化粧セラピー——心と身体を元気にする新しい力—— 日経BP社
鈴木公啓（編）(2020). 装いの心理学——整え飾るこころと行動—— 北大路書房

引 用 文 献

Abe, T. (2004). Psychological studies of skincare in Japan: A review. *Tohoku Psychologica Folia*, *63*, 53–60.〔第25章　化粧をする心〕

Abe, T. (2005). Odor, information and new cosmetics: The ripple effect on life by aromachology research. *Chemical Senses*, *30* (suppl 1), i246–i247.〔第25章　化粧をする心〕

Abe, T. (2017). Psychology of cosmetic behavior. In K. Sakamoto, R.Y. Lochhead, H.I. Maibach, & Y. Yamashita (Eds.) *Cosmetic science and technology: theoretical principles and applications* (pp. 101–113). Elsevier.〔第25章　化粧をする心〕

Abe, T. (2019). Psychology of cosmetic behavior. The 16th European Congress of Psychology, Key Note Lecture, July 4, 2019: M. V. Lomonosov Moscow State University.〔第25章　化粧をする心〕

阿部恒之 (1996). メーキャップの科学――メーキャップの背景メカニズムを考える―― フレグランスジャーナル, *24*(10), 41–47.〔第25章　化粧をする心〕

阿部恒之・福岡正和・中村　実・白土真紀・津久井一平・奥村達也・中島由紀 (1997). コルチゾール・カテコールアミンを中心とした運動負荷時の生理心理学的挙動について バイオフィードバック研究, *24*, 94–95.〔第14章　感情とストレスの生理学〕

阿部恒之 (2002). ストレスと化粧の社会生理心理学 フレグランスジャーナル社〔第14章　感情とストレスの生理学, 第15章　ストレッサーのパラダイムシフト, 第25章　化粧をする心〕

阿部恒之・大川　恵・高野ルリ子 (2008). 容貌の印象形成に及ぼす過般化の影響――顔だちマップの理論的基盤に関する実験的検討―― 日本顔学会誌, *8*, 87–96.〔第25章　化粧をする心〕

阿部恒之 (2010). 化粧のちから 資生堂ビューティーソリューション開発センター（編）化粧セラピー――心と身体を元気にする新しい力――(pp. 10–20) 日経BP社〔第25章　化粧をする心〕

阿部恒之 (2017). 化粧心理学 坂本一民・山下裕司（編）文化・社会と化粧品科学 (pp. 51–94) 薬事日報社〔第25章　化粧をする心〕

阿部恒之 (2018). 支援スキル――支援としてのメーキャップ―― 原田輝一・真覚　健（編）アピアランス〈外見〉問題と包括的ケア構築の試み―― 医療福祉連携と心理学領域とのコラボレーション (pp. 82–98) 福村出版〔第25章　化粧をする心〕

阿部恒之 (2019). 感情の理論 日本感情心理学会（企画）感情心理学ハンドブック (pp. 14–24) 北大路書房〔第13章　感情の基礎理論〕

Ajzen, I. (1985). From intentions to actions: A theory of planned behavior. In J. Kuhl & J. Beckman (Eds.), *Action-control: From cognition to behavior* (pp. 11–39). Springer.〔第24章　犯罪を防ぐ〕

網倉久永 (2016). ドトール／スターバックスセルフサービス方式コーヒーショップ業界での競争 一橋ビジネスレビュー, 2016 SUM, 126–142.〔第23章　「消費者の心理」〕

Andersen, S. M., Glassman, N. S., Chen, S., & Cole, S. W. (1995). Transference in social perception: The role of chronic accessibility in significant-other representations. *Journal of Personality and Social Psychology*, *69*, 41–57.〔第17章　個と個の関係〕

Anderson, C. A. & Bushman, B. J. (2002). Human aggression. *Annual Review of Psychology*, *53*, 27–51.〔第17章　個と個の関係〕

荒井崇史・菱木智愛 (2019). 犯罪予防行動の規定因――計画的行動理論の観点からの検討―― 心理学

研究, *90*, 263–273. ［第24章　犯罪を防ぐ］

Arendt, H. (1965). *Eichmann in Jerusalem: A report on the banality of evil* (Revised and enlarged ed.). The Viking Penguin.（アーレント, H. 大久保和郎（訳）(2017). エルサレムのアイヒマン──悪の陳腐さについての報告──［新版］　みすず書房）［第21章　服従と抵抗］

Aron, A., Aron, E. N., & Smollan, D. (1992). Inclusion of Other in the Self Scale and the structure of interpersonal closeness. *Journal of Personality and Social Psychology*, *63*, 596–612. ［第17章　個と個の関係］

Aron, A., Lewandowski, G. W. Jr., Mashek, D., & Aron, E. N. (2013). The self-expansion model of motivation and cognition in close relationships. In J. A. Simpson & L. Campbell (Eds.), *The Oxford handbook of close relationships* (pp. 90–115). Oxford University Press. ［第17章　個と個の関係］

Arrow, K. J. (1963). *Social choice and individual values* (2nd ed.). Yale University Press. ［第20章　集団意思決定］

朝日新聞 (1981). 和解した顔面黒皮症訴訟　12月18日東京朝刊, 15. ［第25章　化粧をする心］

Ashton, M. C., & Lee, K. (2004). Empirical, theoretical, and practical advantages of the HEXACO model of personality structure. *Personality and Social Psychological Review*, *11*, 150–166. ［第2章　人格の測定］

Ashton, M. C., Lee, K., & Goldberg, L. R. (2007). A hierarchical analysis of 1,710 English personality-descriptive adjectives. *Journal of Personality and Social Psychology*, *87*, 707–721. ［第2章　人格の測定］

Averill, J. R. (1980). A constructivist view of emotion. In R. Plutchik and H. Kellerman (Eds.), *Emotion: Theory, research, and experience Vol. 1, Theories of emotion* (pp. 305–339). Academic press. ［第16章　感情の役割］

Axelrod, R. (1984). *The evolution of cooperation*. Basic Books.（アクセルロッド, R. 松田裕之（訳）(1998). つきあい方の科学──バクテリアから国際関係まで──　ミネルヴァ書房）［第18章　協力的な関係］

Back, M. D., Schmukle, S. C., & Egloff, B. (2008). Becoming friends by chance. *Psychological Science*, *19*, 439–440. ［第17章　個と個の関係］

Baddeley, A. (1990). *Human Memory Theory and Practice*. Lawrence Erlbaum Associates. ［第10章　記憶の仕組み］

Bandura, A., Ross, D., & Ross, S. A. (1961). Transmission of aggression through imitation of aggressive models. *The Journal of Abnormal and Social Psychology, 63*(3), 575–582. ［第9章　学習と経験］

Bateson, M., Nettle, D., & Roberts, G. (2006). Cues of being watched enhance cooperation in a real-world setting. *Biology Letters*, *2*, 412–414. ［第18章　協力的な関係］

Benison, S., Barger, A. C., & Wolfe, E. L. (1987). *Walter B. Cannon: The life and times of a young scientist*. Harvard University Press. ［第13章　感情の基礎理論］

Bernstein, D. M., Pernat, N. L. M., & Loftus, E. F. (2011). The false memory diet: False memories alter food preferences. In V. R. Preedy, R. R. Watson, & C. R. Martin (Eds.), *Handbook of behavior, food and nutrition*. Springer. ［第10章　記憶の仕組み］

Berry, D. S., & McArthur, L. Z. (1986). Perceiving character in faces: The impact of age-related craniofacial changes on social perception. *Psychological Bulletin*, *100*, 3–18. ［第17章　個と個の関係］

Berscheid, E., & Reis, H. T. (1998). Attraction and close relationships. In D. T. Gilbert, S. T. Fiske, & G. Lindzey

(Eds.), *The handbook of social psychology* (pp. 193–281). McGraw-Hill. ［第17章　個と個の関係］

Bliss, T. V., & Lømo, T. (1973). Long-lasting potentiation of synaptic transmission in the dentate area of the anaesthetized rabbit following stimulation of the perforant path. *Journal of Physiology*, *232*, 331–356. ［第12章　脳と心］

Bogg, T., & Roberts, B. W. (2004). Conscientiousness and health-related behaviors: A meta-analysis of the leading behavioral contributors to mortality. *Psychological Bulletin*, *130*, 887–919. ［第2章　人格の測定］

Botti, S., & Iyengar, S. S. (2004). The psychological pleasure and pain of choosing: When people prefer choosing at the cost of subsequent outcome satisfaction. *Journal of Personality and Social Psychology*, *87*(3), 312–326. ［第23章　「消費者の心理」］

Brantingham, P. J., & Faust, F. L., (1976). A conceptual model of crime prevention. *Crime and Delinquency*, *22*, 284–296. ［第24章　犯罪を防ぐ］

Brewster, D. (1839). *Letters on natural magic*. Harper. ［第6章　多感覚の統合］

Broadbent, D. E. (1958). *Perception and Communication*. Pergamon Press. ［第7章　注意の仕組みと働き］

Buckels, E. E., Jones, D. N., & Paulhus, D. L. (2013). Behavioral confirmation of everyday sadism. *Psychological Science*, *24*, 2201–2209. ［第2章　人格の測定］

Burger, J. M. (2009). Replicating Milgram: Would people still obey today? *American Psychologist*, *64*, 1–11. ［第21章　服従と抵抗］

Byrne, D., & Nelson, D. (1965). Attraction as a linear function of proportion of positive reinforcements. *Journal of Personality and Social Psychology*, *1*, 659–663. ［第17章　個と個の関係］

Campbell, A. (2010). Oxytocin and human social behavior. *Personality and Social Psychological Review*, *14*, 281–295. ［第17章　個と個の関係］

Cannon, W. B. (1914a). The emergency function of the adrenal medulla in pain and the major emotions. *American Journal of Physiology*, *33*(2), 356–372. ［第14章　感情とストレスの生理学］

Cannon, W. B. (1914b). The interrelations of emotions as suggested by recent physiological researches. *American Journal of Psychology*, *25*, 256–282. ［第14章　感情とストレスの生理学］

Cannon, W. B. (1927). The James–Lange theory of emotions: A critical examination and an alternative theory. *The American Journal of Psychology*, *39*(1/4), 106–124. ［第13章　感情の基礎理論］

Cannon, W. B. (1929). Organization for physiological homeostasis. *Physiological Reviews*, *9*(3), 399–431. ［第14章　感情とストレスの生理学］

Cannon, W. B. (1931). Again the James–Lange and the thalamic theories of emotion. *Psychological Review*, *38*(4), 281–295. ［第13章　感情の基礎理論］

Cannon, W. B. (1932). *Wisdom of the body*. W. W. Norton. ［第14章　感情とストレスの生理学］

Cannon, W. B. (1932). Wisdom of the body. Trubner and Company Ltd.（キャノン，W. B. 舘鄰・舘澄江（訳）(1981). からだの知恵――この不思議なはたらき―― 講談社学術文庫）［第22章　食行動と健康］

Caspi, A., & Herbener, E. S. (1990). Continuity and change: Assortative marriage and the consistency of personality in adulthood. *Journal of Personality and Social Psychology*, *58*, 250–258. ［第17章　個と個の関係］

Chen, Y. C., & Spence, C. (2017). Assessing the role of the 'unity assumption' on multisensory integration: A review. *Frontiers in Psychology*, *8*, 445. ［第6章　多感覚の統合］

Cherry, C. E. (1953). Some experiments on the recognition of speech, with one and with two ears. *The Journal of the Acoustical Society of America, 25*, 975–979. ［第 7 章　注意の仕組みと働き］

Chiou, R., & Rich, A. N. (2014). The role of conceptual knowledge in understanding synaesthesia: Evaluating contemporary findings from a "hub-and-spokes" perspective. *Frontiers in Psychology, 5*, 105. ［第 6 章　多感覚の統合］

Chun, M. M., & Marois, R. (2002). The dark side of visual attention. *Current Opinion in Neurobiology, 12*, 184–189. ［第 7 章　注意の仕組みと働き］

Cialdini, R. B. (2001). *Influence: Science and practice* (4th ed.). Allyn & Bacon.（チャルディーニ，R. B. 社会行動研究会（訳）(2007). 影響力の武器［第二版］――なぜ，人は動かされるのか――　誠信書房）［第 21 章　服従と抵抗］

Clifasefi, S. L., Bernstein, D. M., Mantonakis, A., & Loftus, E. F. (2013). "Queasy does it": False alcohol beliefs and memories may lead to diminished alcohol preferences. *Acta Psychologica, 143*, 14–19. ［第 10 章　記憶の仕組み］

Cohen, L. E., & Felson, M. (1979). Social change and crime rate trends: A routine activity approach. *American Sociological Review, 44*, 588–608. ［第 24 章　犯罪を防ぐ］

Corkin, S. (2013). *Permanent Present Tense. The man with no memory, and what he taught the world.* Basic Books.（コーキン，S. 鍛原多恵子（訳）(2014). ぼくは物覚えが悪い――健忘症患者H.Mの生涯――　早川書房）［第 10 章　記憶の仕組み］

Cornelius, R. R. (1996). *The science of emotion: Research and tradition in the psychology of emotion.* Prentice-Hall. ［第 13 章　感情の基礎理論］

Costa, P. T., & McCrae, R. R. (1992). *Revised NEO Personality Inventory (NEO-PI-R) and NEO Five-Factor Inventory (NEO-FFI) professional manual.* Psychological Assessment Resources. ［第 2 章　人格の測定］

Csikszentmihalyi, M. (1975). *Beyond boredom and anxiety.* Jossey-Bass.（チクセントミハイ，M. 今村浩明（訳）(1979). 楽しみの社会学　思索社）［第 19 章　集合行動］

D'Souza, M. F., Lima, G. A., Jones, D. N., & Carre, J. R. (2019). Do I win, does the company win, or do we both win? Moderate traits of the Dark Triad and profit maximization. *Revista Contabilidade & Finanças, 30*, 123–138. ［第 2 章　人格の測定］

Damasio, A. R. (1994) *Descartes' Error: Emotion, Reason, and the Human Brain.* Putnam Publishing.（ダマシオ，A. R. 田中三彦（訳）(2010). デカルトの誤り――情動，理性，人間の脳――　筑摩書房）［第 12 章　脳と心］

Damasio, A. R. (1994/2005). *Descartes' error: Emotion, reason, and the human brain.* Penguin Books. ［第 13 章　感情の基礎理論］

Damasio, A. R., Tranel, D., & Damasio, H. C. (1991). Somatic markers and the guidance of behavior: Theory and preliminary testing. In H. S. Levin, H. M. Eisenberg, & A. L. Benton (Eds.), *Frontal lobe function and dysfunction* (pp. 217–229). Oxford University Press. ［第 13 章　感情の基礎理論］

Darwin, C (1872). *The expression of the emotions in man and animals.* John Murray. ［第 16 章　感情の役割］

Davies, J. C. (1962). Toward a theory of revolution. *American Sociological Review, 27*, 5–19. ［第 19 章　集合行動］

Davies, J. C. (1969). The J-curve of rising and declining satisfactions as a cause of some great revolutions and a contained rebellion. In H. D. Graham & T. R. Gurr (Eds.), *The history of violence in America: Historical and comparative perspectives* (pp. 690–730). Praeger.［第19章　集合行動］

Davis, J. H. (1973). Group decision and social interaction: A theory of social decision schemes. *Psychological Review, 80*, 97–125.［第20章　集団意思決定］

De Young, C. G. (2006). Higher-order factors of the Big Five in a multi-informant sample. *Journal of Personality and Social Psychology, 91*, 1138–1151.［第2章　人格の測定］

De Young, C. G., Peterson, J. B., & Higgins, D. M. (2001). Higher-order factors of the Big Five predict conformity: Are there neuroses of health? *Personality and Individual Differences, 33*, 533–552.［第2章　人格の測定］

Deutsch, J. A., & Deutsch, D. (1963). Attention: Some theoretical considerations. *Psychological Review, 70*, 80–90.［第7章　注意の仕組みと働き］

Digman, J. M. (1997). Higher-order factors of the Big Five. *Journal of Personality and Social Psychology, 73*, 1246–1256.［第2章　人格の測定］

土居泰子・中内敏子・矢野保子 (1994). 老人病院における化粧の効果　月刊福祉5月号，86–89.［第25章　化粧をする心］

Dunlap, K. (1922/1967). Editor's preface. In C. G. Lange & W. James (Eds.), *The emotions* (pp. 5–7). Hafner Publishing Company.［第13章　感情の基礎理論］

Dutton, D. G., & Aron, A. P. (1974). Some evidence for heightened sexual attraction under conditions of high anxiety. *Journal of Personality and Social Psychology, 30*, 510–517.［第17章　個と個の関係］

Eagly, A. H., Ashmore, R. D., Makhijani, M. G., & Longo, L. C. (1991). What is beautiful is good, but...: A meta-analytic review of research on the physical attractiveness stereotype. *Psychological Bulletin, 110*, 109–128.［第17章　個と個の関係］

Ekman, P., & Friesen, W. V. (1971). Constants across cultures in the face and emotion. *Journal of Personality and Social Psychology, 17*, 124–129.［第16章　感情の役割］

Ekman, P., Sorenson, E. R., & Friesen, W. V. (1969). Pan-cultural elements in facial displays of emotion. *Science, 164*(3875), 86–88.［第16章　感情の役割］

Eriksen, B. A., & Eriksen, C. W. (1974). Effects of noise letters upon identification of a target letter in a nonsearch task. *Perception & Psychophysics, 16*, 143–149.［第7章　注意の仕組みと働き］

Ernst, M. O., & Banks, M. S. (2002). Humans integrate visual and haptic information in a statistically optimal fashion. *Nature, 415*, 429–433.［第6章　多感覚の統合］

Ernst, M. O., & Bülthoff, H. H. (2004). Merging the senses into a robust percept. *Trends in Cognitive Sciences, 8*, 162–169.［第6章　多感覚の統合］

Eysenck, H. J. (1953). *The structure of human personality*. Metheuen.［第2章　人格の測定］

Ferraro, K. F. (1995). *Fear of crime: Interpreting victimization risk*. State University of New York Press.［第24章　犯罪を防ぐ］

Festinger, L., Schachter, S., & Back, K. (1950). *Social pressures in informal groups; A study of human factors in housing*. Harper.［第17章　個と個の関係］

Fireman, B., & Gamson, W. A. (1979). Utilitarian logic in the resource mobilization perspective. In M. N. Zald & J. D. McCarthy (Eds.), *The dynamics of social movements* (pp. 8–44). Winthrop.（ファイアマン，B.・ギャ

ムソン，W. A. 牟田和恵（訳）(1989). 功利主義的理論の再検討　塩原　勉（編）資源動員と組織戦略——運動論の新パラダイム——(pp. 93–143)新曜社）〔第19章　集合行動〕

Fisher, H. E., Aron, A., & Brown, L. L. (2006). Romantic love: A mammalian brain system for mate choice. *Philosophical Transactions of the Royal Society B: Biological Sciences, 361*, 2173–2186.〔第17章　個と個の関係〕

Folkman, S., Moskowits, J. T., Ozer, E. M., & Park, C. L. (1997). Positive meaningful events and coping in the context of HIV/AIDS. In B. H. Gottieb (ed.), *Coping with chronic stress* (pp. 293–314). Plenum.〔第15章　ストレッサーのパラダイムシフト〕

Fonzo, G. A., & Etkin, A. (2017). Affective neuroimaging in generalized anxiety disorder: An integrated review. *Dialogues in Clinical Neuroscience, 19*, 169–179.〔第3章　異常心理学〕

Fornito, A., Zalesky, A., Pantelis, C., & Bullmore, E. T. (2012). Schizophrenia, neuroimaging and connectomics. *Neuroimaging, 62*, 2296–2314.〔第3章　異常心理学〕

Frankl, V. E. (1947). *...trotzdem Ja zum Leben sagen* (2. Aufl.). Franz Deuticke（フランクル，V. E. 山田邦男・松田美佳（訳）(1993). それでも人生にイエスと言う　春秋社）〔第21章　服従と抵抗〕

Frankl, V. E. (1977). Ein Psychologe erlebt das Konzentrationslager. In *...trotzdem Ja zum Leben sagen*. Kösel-Verlag.（フランクル，V. E. 池田香代子（訳）(2002). 夜と霧（新版）　みすず書房）〔第21章　服従と抵抗〕

Fredrickson, B. L. (1998). What good are positive emotions? *Review of General Psychology, 2*, 300–319.〔第16章　感情の役割〕

Friedman, M., & Rosenman, R. H. (1959). Association of specific behavior pattern with blood and cardiovascular findings. *The Journal of the American Medical Association, 169*, 1286–1296.〔第2章　人格の測定〕

Frijda, N. H. (1986). *The emotions*. Cambridge University Press.〔第16章　感情の役割〕

Garcia, J., & Koelling, R. (1966) Relation of cue to consequence in avoidance learning. *Psychonomic Science, 4*, 123–124〔第9章　学習と経験〕

Gergen, K. J. (1973). Social psychology as history. *Journal of Personality and Social Psychology, 26*, 309–320.〔第19章　集合行動〕

Giblin, M. J. (2008). Examining personal security and avoidance measures in a 12-city sample. *Journal of Research in Crime and Delinquency, 45*, 359–379.〔第24章　犯罪を防ぐ〕

Gingerich, O. (2004). *The book nobody read: Chasing the revolutions of Nicolaus Copernicus*. Penguin Books.（ギンガリッチ，O. 柴田裕之（訳）(2005). 誰も読まなかったコペルニクス——科学革命をもたらした本をめぐる書誌学的冒険——　早川書房）〔第15章　ストレッサーのパラダイムシフト〕

Godden, D. R., & Baddeley, A. D. (1975). Context-dependent memory in two natural environments: On land and underwater. *British Journal of Psychology, 66*(3), 325–331.〔第10章　記憶の仕組み〕

五野井郁夫 (2012).「デモ」とは何か——変貌する直接民主主義——　NHKブックス〔第19章　集合行動〕

Gould, R. V. (1991). Multiple networks and mobilization in the Paris commune, 1871. *American Sociological Review, 56*, 716–729.〔第19章　集合行動〕

Graham, J. A., & Kligman, A. M. (1985). *The psychology of cosmetic treatments*. Praeger.〔第25章　化粧をする心〕

Graham, J., Haidt, J., Koleva, S., Motyl, M., Iyer, R., Wojcik, S. P., & Ditto, P. H. (2013). Moral foundations theory: The pragmatic validity of moral pluralism. In P. Devine & A. Plant (Eds.), *Advances in experimental social psychology* (Vol. 47, pp. 55–130). Academic Press.［第16章　感情の役割］

Granovetter, M. (1978). Threshold models of collective behavior. *American Journal of Sociology, 83*, 1420–1443.［第19章　集合行動］

Gregory, R. L. (1997). *Eye and brain: The psychology of seeing.* Princeton University Press.（グレゴリー，R. L. 近藤倫明・中溝幸夫（訳）(2001). 脳と視覚——グレゴリーの視覚心理学—— ブレーン出版）［第5章　知覚の心理］

Grossenbachner, P. G., & Lovelace, C. T. (2001). Mechanisms of synesthesia: Cognitive and physiological constraints. *Trends in Cognitive Sciences, 5*, 36–41.［第6章　多感覚の統合］

Hallie, P. (1980). *Lest innocent blood be shed.* Harper & Row.（ハリー，P. 石田敏子（訳）(1986). 罪なき者の血を流すなかれ　新地書房）［第21章　服従と抵抗］

Hardin, G. (1968). The tragedy of the commons. *Science, 162*, 1243–1248.［第18章　協力的な関係］

長谷川寿一・長谷川眞理子 (2000). 進化と人間行動　東京大学出版会［第14章　感情とストレスの生理学］

長谷川公一 (1985). 社会運動の政治社会学——資源動員論の意義と課題—— 思想，*737*, 126–157.［第19章　集合行動］

Hatayama, T., Yamaguchi, H., & Ohyama, M. (1981). Cardiac response patterns during a foreperiod in reaction time tasks. *Tohoku Psychologica Folia, 40*(1–4) 137–145.［第25章　化粧をする心］

He, S., Cavanagh, P., & Intriligator, J. (1997). Attentional resolution. *Trends in Cognitive Sciences, 1*, 115–121.［第7章　注意の仕組みと働き］

Hebb, D. O. (1958). *A Textbook of Psychology.* W. B. Saunders Company.（ヘッブ，D. O. 白井　常・鹿取広人・平野俊二・金城辰夫・今村護郎（訳）(1964). 行動学入門　紀伊国屋書店）［第12章　脳と心］

Hechter, M. (1987). *Principles of group solidarity.* University of California Press.［第18章　協力的な関係］

Heckhausen, H. & Beckmann, J. (1990). Intentional action and action slips. *Psychological Review, 97*, 36–48.［第11章　スリップ］

Hettema, J. M., Neale, M. C., & Kendler, K. S. (2001). A review and meta-analysis of the genetic epidemiology of anxiety disorders. *American Journal of Psychiatry, 158*, 1568–1578.［第3章　異常心理学］

Hey, H. (1970). Dekorative Behandlung beim Naevus flammeus. *Cosmetologica, 19*(3), 71–76.［第25章　化粧をする心］

Hilberg, R. (1997). *The destruction of the European Jews* (Revised and updated ed.).（ヒルバーグ，R. 望田幸男・原田一美・井上茂子（訳）(1997). ヨーロッパ・ユダヤ人の絶滅　上巻・下巻　柏書房）［第21章　服従と抵抗］

平田　忠・阿部恒之・丸山欣哉 (1986). 美粧行為の心理的効果に関する研究——(1)問題・一般的方法と行動観察の結果—— 日本心理学会第50回大会発表論文集，304.［第25章　化粧をする心］

Hoffer, E. (1951). *The true believer: Thoughts on the nature of mass movements.* Harper & Brothers.（ホッファー，E. 高根正昭（訳）(1969). 大衆運動　紀伊國屋書店）［第19章　集合行動］

Hofling, C. K., Brotzman, E., Dalrymple, S., Graves, N., & Pierce, C. M. (1966). An experimental study in nurse-physician relationships. *Journal of Nervous and Mental Disease, 143*, 171–180.［第21章　服従と抵抗］

Holmes, T. H. & Rahe, R. H. (1967). The social readjustment rating scale. *Journal of Psychosomatic Research*, *11*, 213–218.［第15章　ストレッサーのパラダイムシフト］

本間研一 (2009). ACTH，副腎皮質ホルモン　小澤瀞司・福田康一郎（総編集）標準生理学第7版 (pp. 932–940)　医学書院［第14章　感情とストレスの生理学］

Hubel, D. H., & Wiesel, T. N. (1977). Ferrier lecture. Functional architecture of macaque monkey visual cortex. *Proceedings of the Royal Society of London. Series B. Biological Sciences*, *198*, 1–59.［第4章　感覚の仕組みと働き］

Isenberg, D. J. (1986). Group polarization: A critical review and meta-analysis. *Journal of Personality and Social Psychology*, *50*, 1141–1151.［第20章　集団意思決定］

石原俊一・堀内知美・今井有理紗・牧田　茂 (2015). 心疾患患者におけるタイプDパーソナリティ尺度の開発　健康心理学研究，*27*, 177–184.［第2章　人格の測定］

Iwasaki, S. (1993). Spatial attention and two modes of visual consciousness. *Cognition*, *49*, 211–233.［第7章　注意の仕組みと働き］

Iyengar, S. S., & Lepper, M. R. (2000). When choice is demotivating: Can one desire too much of a good thing? *Journal of Personality and Social Psychology*, *79*, 995–1006.［第23章　「消費者の心理」］

Izard, C. E. (1977). *Human emotions*. Plenum.［第16章　感情の役割］

James, W. (1884). What's an emotion? *Mind*, *9*, 188–205.［第13章　感情の基礎理論］

James, W. (1890). *The principles of Psychology*. Holt.［第7章　注意の仕組みと働き］

Janis, I. L. (1982). *Groupthink: Psychological studies of policy decisions and fiascoes* (2nd ed.). Houghton Mifflin.［第20章　集団意思決定］

Johansson, P., Hall, L., Sikström, S., & Olsson, A. (2005). Failure to detect mismatches between intention and outcome in a simple decision task. *Science*, *310*(5745), 116–119.［第23章　「消費者の心理」］

Jones, J. T., Pelham, B. W., Carvallo, M., & Mirenberg, M. C. (2004). How do I love thee? Let me count the Js: Implicit egotism and interpersonal attraction. *Journal of Personality and Social Psychology*, *87*, 665–683.［第17章　個と個の関係］

Kahneman, D., & Tversky, A. (1979). Prospect theory: An analysis of decision under risk. *Econometrica*, *47*, 263–292.［第24章　犯罪を防ぐ］

Kahneman, D., Treisman, A., & Gibbs, B. J. (1992). The reviewing of objects files: Object-specific integration of information. *Cognitive Psychology*, *24*, 175–219.［第7章　注意の仕組みと働き］

亀田達也 (1997). 合議の知を求めて――グループの意思決定――　共立出版［第20章　集団意思決定］

Kanner, A. D., Coyne, J. C., Schaefer, C., & Lazarus, R. S. (1981). Comparison of two models of stress measurement: Daily hassles and uplifts versus major life events. *Journal of Behavioral Medicine*, *4*, 1–39.［第15章　ストレッサーのパラダイムシフト］

Kanzaki, J., Ohshiro, K., & Abe, T. (1998). Effect of corrective make-up training on patients with facial nerve paralysis. *ENT Journal (Ear, Nose & Throat Journal)*, *77*, 270–274 (passim).［第25章　化粧をする心］

桂　戴作 (1996). 交流分析入門　チーム医療［第1章　無意識の世界］

河原純一郎 (2003). 注意の瞬き　心理学評論，*46*, 501–526.［第7章　注意の仕組みと働き］

川上直秋・吉田冨二雄 (2011). 多面的単純接触効果――連合強度を指標として――　心理学研究，*82*, 424–432.［第17章　個と個の関係］

河島三幸・設楽茉梨絵・阿部恒之 (2011). ときめきによる女性の表情と魅力の変化　日本顔学会誌, *11*(1), 107–115.［第13章　感情の基礎理論］

警察庁 (2018). オレオレ詐欺被害者等調査の概要について　http://ww.npa.go.jp/bureau/criminal/souni/tokusyusagi/higaisyatyousa_siryou2018.pdf（2020年2月17日検索）［第24章　犯罪を防ぐ］

菊地史倫・秋田美佳・阿部恒之 (2013). 嗅覚がリップクリームの使用感に与える影響　心理学研究, *84*(5), 515–521.［第25章　化粧をする心］

Kikuchi, A., Yamaguchi, H., Tanida, M., Abe, T., & Uenoyama, S. (1992). Effects of odors on cardiac response patterns and subjective states in a reaction time task. *Tohoku Psychologica Folia*, *52*, 74–82.［第25章　化粧をする心］

Kimmel, H. D., & Hill, F. A. (1960). Operant conditioning of the GSR. *Psychological Report*, *7*(3), 555–562.［第15章　ストレッサーのパラダイムシフト］

Kingdom, F. A. A., & Prins, N. (2010). *Psychophysics: A practical introduction*. Academic Press.［第8章　心理物理学］

Klein, R. M., & Ivanoff, J. (2008). Inhibition of return. *Scholarpedia*, *3*, 3650.［第7章　注意の仕組みと働き］

Kollock, P. (1998). Social dilemmas: The anatomy of cooperation. *Annual Review of Sociology*, *24*, 183–214.［第18章　協力的な関係］

今野晃嗣・荒井沙穂理・阿部恒之 (2010). 顔だちマップを用いた犬種の形態印象の分類　日本顔学会誌, *10*, 63–72.［第25章　化粧をする心］

Kraut, R. E., & Johnston, R. E. (1979). Social and emotional messages of smiling: An ethological approach. *Journal of Personality and Social Psychology*, *37*, 1539–1553.［第16章　感情の役割］

Kuhn, T. S. (1962). The structure of scientific revolutions. University of Chicago Press.（クーン, T. S. 中山　茂（訳）(1971). 科学革命の構造　みすず書房）［第15章　ストレッサーのパラダイムシフト］

Lab, S. P. (2004). *Crime prevention: Approaches, practices and evaluations*. Routledge.（ラブ, S. P. 渡辺昭一・島田貴仁・齋藤知範・菊地城治（共訳）(2006). 犯罪予防――方法, 実践, 評価――　財団法人社会安全研究財団）［第24章　犯罪を防ぐ］

Laird, J. D. (1974). Self-attribution of emotion: The effects of expressive behavior on the quality of emotional experience. *Journal of Personality and Social Psychology*, *29*, 475–486.［第13章　感情の基礎理論］

Lambert, W. E., & Jakobovits, L. A. (1960). Verbal satiation and changes in the intensity of meaning. *Journal of Experimental Psychology*, *60*, 376–383.［第11章　スリップ］

Langeslag, S. J. E., van der Veen, F. M., & Fekkes, D. (2012). Blood levels of serotonin are differentially affected by romantic love in men and women. *Journal of Psychophysiology*, *26*, 92–98.［第17章　個と個の関係］

Latané, B., & Darley, J. M. (1970). *The unresponsive bystander: Why doesn't he help?* Meredith Corporation.（ラタネ, B.・ダーリー, J. M. 竹村研一・杉崎和子（訳）(1997). 冷淡な傍観者――思いやりの社会心理学――［新装版］　ブレーン出版）［第18章　協力的な関係］

Lazarus, R. S. Kanner, A., & Folkman, S. (1980). Emotions: A cognitive-phenomenological analysis. In R. Plutchik & H. Kellerman (Eds.), *Emotion: Theory, Research, and Experience, Vol. 1, Theories of emotion* (pp. 189–217). Academic Press.［第15章　ストレッサーのパラダイムシフト］

Lazarus, R. S., & Folkman, S. (1984). *Stress, appraisal, and coping*. Springer Publishing.［第15章　ストレッサーのパラダイムシフト］

LeDoux, J. E. (1986). The neurobiology of emotion. In J. E. LeDoux & W. Hirst (Eds.) *Mind and brain: Dialogues in cognitive neuroscience* (pp. 301–354). Cambridge University Press. ［第15章　ストレッサーのパラダイムシフト］

LeDoux, J. E. (1996). *The emotional brain: The mysterious underpinning of emotional life.* Simon & Schuster. ［第13章　感情の基礎理論］

Lefebvre, H. (1965). *La proclamation de la Commune, 26 mars 1871.* Éditions Gallimard.（ルフェーヴル，H. 河野健二・柴田朝子（訳）(1968). パリ・コミューン（上・下）　岩波書店）［第19章　集合行動］

Levi, P. (1958). *Se questo é un uomo.* Giulio Einaudi Editore S.p.A.（レーヴィ，P. 竹山博英（訳）(2017). これが人間か　朝日選書）［第21章　服従と抵抗］

Levi, P. (1986). *I sommersi e i salvati.* Giulio Einaudi Editore S.p.A.（レーヴィ，P. 竹山博英（訳）(2000). 溺れるものと救われるもの　朝日新聞出版）［第21章　服従と抵抗］

Libet, B. (2004). *Mind Time: The temporal factor in consciousness.* Harvard University Press.（リベット，B. 下條信輔（訳）(2005). マインド・タイム——脳と意識の時間——　岩波書店）［第12章　脳と心］

Lichtenstein, S., Slovic, P., Fischhoff, B., Layman, M., & Combs, B. (1978). Judged frequency of lethal events. *Journal of Experimental Psychology: Human Learning and Memory, 4,* 551–578. ［第24章　犯罪を防ぐ］

Lin, T. J. (1984). 香粧品の有用性　フレグランスジャーナル，*12*(1). 8–9. ［第25章　化粧をする心］

Lind, E. A., & Tyler, T. R. (1988). *The social psychology of procedural justice.* Plenum Press.（リンド，E. A.・タイラー，T. R. 菅原郁夫・大渕憲一（訳）(1995). フェアネスと手続きの社会心理学——裁判，政治，組織への応用——　ブレーン出版）［第20章　集団意思決定］

Loftus, E. F. (1979). *Eyewitness Testimony.* Harvard University Press.（ロフタス，E. 西本武彦（訳）(1987). 目撃者の証言　誠信書房）［第10章　記憶の仕組み］

Loftus, E. F. (2002). Who abused Jane Doe? The hazards of the single case history. *Skeptical Inquirer,* May/June 2002, 24–32. ［第10章　記憶の仕組み］

Mackie, G. (1996). Ending footbinding and infibulation: A convention account. *American Sociological Review, 61,* 999–1017. ［第19章　集合行動］

Malatesta, C. Z., Fiore, M. J., & Messina, J. J. (1987). Affect, personality, and facial expressive characteristics of older people. *Psychology and Aging, 2*(1), 64–69. ［第16章　感情の役割］

Manning, R., Levine, M., & Collins, A. (2007). The Kitty Genovese murder and the social psychology of helping: The parable of the 38 witnesses. *American Psychologist, 62,* 555–562. ［第18章　協力的な関係］

丸山真男 (1961). 日本の思想　岩波新書 ［第20章　集団意思決定］

Maslow, A.H. (1943). A theory of human motivation. *Psychological Review, 50,* 370–396. ［第22章　食行動と健康］

松井　豊 (1993). メーキャップの社会心理学的効用　資生堂ビューティーサイエンス研究所（編）化粧心理学——化粧と心のサイエンス—— (pp. 144–154)　フレグランスジャーナル社 ［第25章　化粧をする心］

Matsumoto, D. (1987). The role of facial response in the experience of emotion: More methodological problem and a meta-analysis. *Journal of Personality and Social Psychology, 52,* 769–774. ［第13章　感情の基礎理論］

McCarthy, J. D., & Zald, M. N. (1977). Resource mobilization and social movements: A partial theory. *American*

Journal of Sociology, 82, 1212–1241.（マッカーシー，J. D.・ゾールド，M. N. 片桐新自（訳）(1989). 社会運動の合理的理論　塩原　勉（編）資源動員と組織戦略——運動論の新パラダイム——(pp. 21–58) 新曜社）［第19章　集合行動］

McClure, S. M., Li, J., Tomlin, D., Cypert, K. S., Montague, L. M., & Montague, P. R. (2004). Neural correlates of behavioral preference for culturally familiar drinks. *Neuron, 44*, 379–387.［第23章　「消費者の心理」］

McCrae, R. R. & John, O. P. (1992). An introduction to the five-factor model and its applications. *Journal of Personality, 60*, 175–215.［第2章　人格の測定］

McGurk, H., & MacDonald, J. (1976). Hearing lips and seeing voices. *Nature, 264*, 746–748.［第6章　多感覚の統合］

McHoskey, J. W., Worzel, W., & Szyarto, C. (1998). Machiavellianism and psychopathy. *Journal of Personality and Social Psychology, 74*, 192–210.［第2章　人格の測定］

von Melchner, L., Pallas, S. L., & Sur, M. (2000). Visual behaviour mediated by retinal projections directed to the auditory pathway. *Nature, 404*, 871–876.［第4章　感覚の仕組みと働き］

Merton, R. K. (1957). *Social theory and social structure.* Free Press.（マートン，R. K. 森　東吾・森　好夫・金沢　実・中島竜太郎（訳）(1961). 社会理論と社会構造　みすず書房）［第19章　集合行動］

Metzger, W. (1953). *Gesetze des sehens.* Kramer.（メッツガー，W. 盛永四郎（訳）(1981). 視覚の法則　岩波書店）［第10章　記憶の仕組み］

Meyer, A. (1919). The life chart and the obligation of specifying positive data in psychopathological diagnosis. From *Contributions to medical and biological research*: Vol. 2. Hoeber. *The collected papers of Adolf Meyer* (reprinted, 1951).［第15章　ストレッサーのパラダイムシフト］

Meyer-Lindenberg, A. (2010). From maps to mechanisms through neuroimaging of schizophrenia. *Nature, 468*, 194–202.［第3章　異常心理学］

Milgram, S. (1963). Behavioral study of obedience. *Journal of Abnormal and Social Psychology, 67*, 371–378.［第21章　服従と抵抗］

Milgram, S. (1965). Some conditions of obedience and disobedience to authority. *Human Relations, 18*, 57–76.［第21章　服従と抵抗］

Milgram, S. (1974). *Obedience to authority: An experimental view.* Harper and Row.（ミルグラム，S. 山形浩生（訳）(2008). 服従の心理　河出書房新社）［第21章　服従と抵抗］

Miller, G. A. (1956). The magical number seven, plus or minus two: Some limits on our capacity for processing information. *Psychological Review, 63*, 81–97.［第23章　「消費者の心理」］

Mita, T. H., Dermer, M., & Knight, J. (1977). Reversed facial images and the mere-exposure hypothesis. *Journal of Personality and Social Psychology, 35*, 597–601.［第17章　個と個の関係］

三浦　展 (2012). 第四の消費——つながりを生み出す社会へ——　朝日新書［第23章　「消費者の心理」］

Moray, N. (1959). Attention in dichotic listening: Affective cues and the influence of instructions. *Quarterly Journal of Experimental Psychology, 55*, 609–625.［第7章　注意の仕組みと働き］

三宅裕子・吉松宏苑・坂井信之 (2009). マグロの生臭さとおいしさの評定における視覚の影響，日本味と匂学会誌，*16*, 403–406.［第23章　「消費者の心理」］

Moscovici, S., & Zavalloni, M. (1969). The group as a polarizer of attitudes. *Journal of Personality and Social Psychology, 12*, 125–135.［第20章　集団意思決定］

毛利嘉孝 (2003). 文化＝政治　月曜社 ［第19章　集合行動］

村上郁也 (2011). 心理物理学的測定法　村上郁也（編）心理学研究法1　感覚・知覚(pp. 41–69).　誠信書房 ［第8章　心理物理学］

Musek, J. (2007). A general factor of personality: Evidence for the Big One in the five-factor model. *Journal of Research in Personality, 41*, 1213–1233. ［第2章　人格の測定］

Musek, J. (2017). The general factor of personality: Ten years after. *Psychological Topics, 26*, 61–87. ［第2章　人格の測定］

武藤世良 (2019). 感情の評価・知識・経験　日本感情心理学会（企画）感情心理学ハンドブック (pp. 100–141)　北大路書房 ［第16章　感情の役割］

中俣友子・阿部恒之 (2016). ゴミのポイ捨てに対する監視カメラ・先行ゴミ・景観・看板の効果　心理学研究, *87*, 219–228. ［第18章　協力的な関係］

中谷内一也・島田貴仁(2008). 犯罪リスク認知に関する一般人―専門家間比較――学生と警察官の犯罪発生頻度評価――　社会心理学研究, *24*, 34–44. ［第24章　犯罪を防ぐ］

Newman, E., Perkins, F., & Wheeler, R. (1930). Cannon's theory of emotion. *Psychological Review, 37* (4), 305–326. ［第13章　感情の基礎理論］

Nihei, Y. (1986). Experimentally induced slips of the pen. In H. S. R. Kao & R. Hoosain (Eds.), *Linguistics, psychology, and the Chinese language*. University of Hong Kong, pp. 309–315. ［第11章　スリップ］

仁平義明 (1990). からだと意図が乖離するとき――スリップの心理学的理論――　佐伯　胖・佐々木正人（編）アクティブ・マインド――人間は動きの中で考える――, pp. 55–86. ［第11章　スリップ］

仁平義明 (2004).「注意・熟練・知識」の三拍子はエラーを防げるか?――書字スリップ――　大山正・丸山康則（編）ヒューマン・エラーの科学――なぜ起こるか，どう防ぐか，医療・交通・産業事故――　麗澤大学出版会, pp. 47–78. ［第11章　スリップ］

仁平義明(2012). 日常的記憶　阿部恒之他（編）心理学の視点24　pp. 80–86　国際文献社　［第10章　記憶の仕組み］

Noelle-Neumann, E. (1984). *The spiral of silence: Public opinion－our social skin*. The University of Chicago Press.（ノエル-ノイマン，E. 池田謙一・安野智子（訳）(1997).　沈黙の螺旋理論――世論形成過程の社会心理学――[改訂版]　ブレーン出版）［第19章　集合行動］

Norenzayan, A., & Shariff, A. F. (2008). The origin and evolution of religious prosociality. *Science, 322*, 58–62. ［第18章　協力的な関係］

Norman, D. A. (1981). Categorization of action slips. *Psychological Review, 88*, 1–15. ［第11章　スリップ］

野家啓一 (2007). 増補・科学の解釈学　筑摩書房 ［第15章　ストレッサーのパラダイムシフト］

Oberschall, A. (1978). Theories of social conflict. *Annual Review of Sociology, 4*, 291–315.（オバーショール，A. 鵜飼 孝造（訳）(1989). 崩壊理論から連帯理論へ　塩原　勉（編）資源動員と組織戦略――運動論の新パラダイム――(pp. 59–91)新曜社）［第19章　集合行動］

織田弥生・中村　実・龍田　周・小泉祐貴子・阿部恒之 (2000). 就労者の唾液中・尿中コルチゾール標準値作成の試みとその有用性の検討――高速液体クロマトグラフィーを用いて――　人間工学, *36*(6), 287–297. ［第14章　感情とストレスの生理学］

Olson, M. (1965). *The logic of collective action: Public goods and the theory of groups*. Harvard University Press.（オルソン，M. 依田　博・森脇俊雅（訳）(1983). 集合行為論　ミネルヴァ書房）［第19章　集合行動］

Onuma, T., & Sakai, N. (2019). Choosing from an optimal number of options makes curry and tea more palatable. *Foods*, 8, 145; doi:10.3390/foods8050145. ［第23章 「消費者の心理」］

大渕憲一(1993). 人を傷つける心——攻撃性の社会心理学—— サイエンス社［第17章 個と個の関係］

大熊輝雄 (2008). 現代臨床精神医学 改訂第11版 金原出版［第3章 異常心理学］

大沼卓也・佐々木日佳莉・坂井信之(2018). 文脈刺激としての香りによる再認促進効果 日本味と匂学会誌 第52回大会Proceeding集，S39–42.［第10章 記憶の仕組み］

Ostrom, E. (1990). *Governing the commons: The evolution of institutions for collective action.* Cambridge University Press.［第18章 協力的な関係］

小澤瀞司・福田康一郎（総編集）(2009). 標準生理学 第7版 医学書院［第14章 感情とストレスの生理学］

Paulhus, D. L., & Williams, K. M. (2002). The dark triad of personality: Narcissism, Machiavellianism, and psychopathy. *Journal of Research in Personality*, 36, 556–563.［第2章 人格の測定］

Pavlov, I. P. (1927). Лекции о работе больших полушарий головного мозга. (パブロフ, I. P. 川村 浩（訳）(1975). 大脳半球の働きについて——条件反射学（上・下）—— 岩波文庫）［第9章 学習と経験］

Pelham, B. W., Carvallo, M., & Jones, J. T. (2005). Implicit egotism. *Current Directions in Psychological Science*, 14, 106–110.［第17章 個と個の関係］

Penfield, W. (1975). *The mystery of the mind.* Princeton University Press.（ペンフィールド, W. 塚田裕三・山河 宏（訳）(1987). 脳と心の正体, 法政大学出版局）［第12章 脳と心］

Pliner P., & Chaiken, S. (1990). Eating, social motives, and self-representation in women and men. *Journal of Experimental Social Psychology*, 26, 240–254.［第22章 食行動と健康］

Plutchik, R. (1980). A general psychoevolutionary theory of emotion. In R. Plutchik & H. Kellerman (Eds.), *Emotion: Theory, research, and experience, vol. 1, Theories of emotion*, (pp. 3–33). Academic Press.［第16章 感情の役割］

Posner, M. I., Nissen, M. J., & Ogden, W. C. (1978). Attended and unattended Processing Modes: The role of set for spation location. In H. I. Pick Jr, & E. Saltzman (Eds.), *Modes of perceiving and processing information.* Erlbaum.［第7章 注意の仕組みと働き］

Pruitt, D. G., & Kimmel, M. J. (1977). Twenty years of experimental gaming: Critique, synthesis, and suggestions for the future. *Annual Review of Psychology*, 28, 363–392.［第18章 協力的な関係］

Rahe, R. H., Meyer, M., Smith, M., Kjaer, G., & Holmes, T. H. (1964). Social stress and illness onset. *Journal of Psychosomatic Research*, 8, 35–44.［第15章 ストレッサーのパラダイムシフト］

Ramachandran, V. S., & Hubbard, E. M. (2001). Synaesthesia: A window into perception, thought and language. *Journal of Consciousness Studies*, 8, 3–34.［第6章 多感覚の統合］

Rawls, J. (1999). *A theory of justice* (Revised ed.). Harvard University Press.（ロールズ, J. 川本 隆史・福間 聡・神島裕子（訳）(2010). 正義論（改訂版） 紀伊國屋書店）［第20章 集団意思決定］

Reason, J. (1984). Lapses of attention in everyday life. In R. Parasuraman & D. R. Davies (Eds.), *Varieties of attention*, Academic Press, pp. 515–549.［第11章 スリップ］

Rittner, C. & Myers, S. (1986). *The courage to care.* New York University.（リトナー, C.・マイヤーズ, S. 食野雅子（訳）(2019). ユダヤ人を命がけで救った人びと——ホロコーストの恐怖に負けなかった勇気—— 河出書房新社）［第21章 服従と抵抗］

Rizzolatti, G., & Singaglia, C. (2006). *So quell che fai: Il cervello che agisce e I neueoni specchio.* Raffaello Cortina Editore.（リゾラッティ，G.・シニガリア，C. 柴田裕之（訳）(2009). ミラーニューロン，紀伊国屋書店）［第12章 脳と心］

Rochat, F. & Modigliani, A. (1995). The ordinary quality of resistance: From Milgram's laboratory to the village of Le Chambon. *Journal of Social Issues*, *51*, 195–210.［第21章 服従と抵抗］

Rosvold, H. E., Mirsky, A. F., Sarason, I., Bransome, E. D., & Beck, L. H. (1956). A continuous performance test of brain damage. *Journal of Consulting Psychology*, *20*, 343–350.［第7章 注意の仕組みと働き］

Rozin, P., Lowery, L., Imada, S., & Haidt, J. (1999). The CAD triad hypothesis: A mapping between three moral emotions (contempt, anger, disgust) and three moral codes (community, autonomy, divinity). *Journal of Personality and Social Psychology*, *76*, 574–586.［第16章 感情の役割］

Rubin, Z. (1970). Measurement of romantic love. *Journal of Personality and Social Psychology*, *16*, 265–273.［第17章 個と個の関係］

Rusbult, C. E. (1983). A longitudinal test of the investment model: The development (and deterioration) of satisfaction and commitment in heterosexual involvements. *Journal of Personality and Social Psychology*, *45*, 101–117.［第17章 個と個の関係］

Rushton, J. P., & Irwing, P. (2008). A general factor of personality (GFP) from two meta-analyses of the Big Five: Digman (1997) and Mount, Barrick, Scullen, and Rounds (2005). *Personality and Individual Differences*, *45*, 679–683.［第2章 人格の測定］

Russell, J. A. (2003). Core affect and the psychological construction of emotion. *Psychological Review*, *110*(1), 145–172.［第13章 感情の基礎理論，第16章 感情の役割］

Sabelli, H. C., & Javaid, J. I. (1995). Phenylethylamine modulation of affect: Therapeutic and diagnostic implications. *The Journal of Neuropsychiatry and Clinical Neurosciences*, *7*, 6–14.［第17章 個と個の関係］

Sacks, O. (1985). *The Man Who Mistook His Wife for a Hat and Other Clinical Tales.* Summit Books.（サックス，O. 高見幸郎・金沢泰子（訳）(1992). 妻と帽子をまちがえた男，晶文社）［第10章 記憶の仕組み］

佐伯 胖 (1980).「きめ方」の論理――社会的決定理論への招待―― 東京大学出版会［第20章 集団意思決定］

坂井信之 (2010). 食べ物の味と見た目の相互作用について 日本色彩学会誌, *34*(4), 343–47.［第22章 食行動と健康］

坂井信之 (2018). 食心理学研究室 ヘルスグラフィックマガジン, *31*, アイセイ薬局［第22章 食行動と健康］

坂井信之・小早川達・小川 尚・丹生健一 (2007). 味覚・嗅覚研究における functional MRI 適用の問題点 日本味と匂学会誌, *14*, 35–2.［第12章 脳と心］

坂井信之・ペンナンワクル ユワディー・大沼卓也 (2018). ブランド認知が美味しさ評定に及ぼす効果 睡眠と科学, *30–31*(1), 34–0［第23章「消費者の心理」］

佐藤昭夫 (1993). 自律神経研究の最近の動向 日本良導絡自律神経学会雑誌, *38*(2), 35–44.［第14章 感情とストレスの生理学］

Schachter, S., & Singer, J. (1962). Cognitive, social, and physiological determinants of emotional state. *Psychological Review*, *69*(5), 379–399.［第13章 感情の基礎理論］

Schiffenbauer, A., & Schiavo, R. S. (1976). Physical distance and attraction: An intensification effect. *Journal of Experimental Social Psychology*, *12*, 274–282.〔第17章　個と個の関係〕

Schlosberg, H. (1952). The description of facial expressions in terms of two dimensions. *Journal of Experimental Psychology*, *44*(4), 229–237.〔第16章　感情の役割〕

Schlosberg, H. (1954). Three dimensions of emotion. *The Psychological Review*, *61*(2), 81–88.〔第16章　感情の役割〕

Sekuler, R., Sekuler, A. B., & Lau, R. (1997). Sound alters visual motion perception. *Nature*, *385*, 308.〔第6章　多感覚の統合〕

Selye, H. (1936). A Syndrome produced by diverse nocuous agents. *Nature*, *138*, 32.〔第14章　感情とストレスの生理学〕

Selye, H. (1956/1978). *The stress of life* (revised edition, paperback). The McGraw-Hill.〔第14章　感情とストレスの生理学〕

Selye, H. (1973). The evolution of stress concept. *American Psychologist*, *61*, 692–699.〔第14章　感情とストレスの生理学〕

Shams, L., Kamitani, Y., & Shimojo, S. (2000). What you see is what you hear. *Nature*, *408*, 788.〔第6章　多感覚の統合〕

Shariff, A. F., & Norenzayan, A. (2007). God is watching you: Priming god concepts increases prosocial behavior in an anonymous economic game. *Psychological Science*, *18*, 803–809.〔第18章　協力的な関係〕

Shelling, T, C. (1960). *The strategy of conflict*. Harvard University Press.〔第19章　集合行動〕

Shelling, T, C. (1978). *Micromotives and macrobehavior*. W. W. Norton & Company.〔第19章　集合行動〕

下仲順子・中里克治・権藤恭之・高山　緑(1998). 日本版NEO-PI-Rの作成とその因子的妥当性の検討　性格心理学研究，*6*, 138–147.〔第2章　人格の測定〕

新村　出（編）(2008). 広辞苑第6版　岩波書店〔第25章　化粧をする心〕

資生堂ビューティーサイエンス研究所（編）(1993). 化粧心理学──化粧と心のサイエンス──　フレグランスジャーナル社〔第25章　化粧をする心〕

Shors, T. J. (2009). Saving new brain cells. *Scientific American*, March 2009.（ショア，T. J. 日経サイエンス（訳）(2009). 鍛えるほど頭がよくなる──新生ニューロンを生かすには──　別冊日経サイエンス，*166*, 44–2.）〔第12章　脳と心〕

Sigall, H., & Ostrove, N. (1975). Beautiful but dangerous: Effects of offender attractiveness and nature of the crime on juridic judgment. *Journal of Personality and Social Psychology*, *31*, 410–414.〔第17章　個と個の関係〕

Simons, D. J. (2007). Inattentional blindness. *Scholarpedia*, 2(5): 3244.〔第7章　注意の仕組みと働き〕

Simons, D. J., & Chabris, C. F. (2011). What people believe about how memory works: A representative survey of the U.S. population. *PLoS ONE* 6(8), e22757. doi:10.1371/journal.pone.0022757〔第10章　記憶の仕組み〕

Smith, V. C., & Pokorny, J. (1975). Spectral sensitivity of the foveal cone photopigments between 400 and 500 nm. *Vision Research*, *15*, 161–171.〔第4章　感覚の仕組みと働き〕

Spence, C. (2007). Audiovisual multisensory integration. *Acoustical Science and Technology*, *28*, 67–70.〔第6章　多感覚の統合〕

Sperry, R. (1983). *Science and moral priority. Merging mind, brain, and human values.* Columbia University Press.（スペリー，R. 須田　勇・足立千鶴子（訳）(1985). 融合する心と脳——科学と価値観の優先順位——　誠信書房）［第12章　脳と心］

Steiner, J. E. (1979). Human facial expressions in response to taste and smell stimulation. *Advances in Child Development and Behavior, 3*, 257–295.［第22章　食行動と健康］

Stepper, S. & Strack, F. (1993). Proprioceptive determinants of emotional and non-emotional feelings. *Journal of Personality and Social Psychology, 64*, 211–220.［第13章　感情の基礎理論］

Sternberg, R. J. (1986). A triangular theory of love. *Psychological Review, 93*, 119–135.［第17章　個と個の関係］

Stoner, J. A. F. (1968). Risky and cautious shifts in group decisions: The influence of widely held values. *Journal of Experimental Social Psychology, 4*, 442–459.［第20章　集団意思決定］

Strack, F., Martin, L. L., & Stepper, S. (1988). Inhibiting and facilitating conditions of the human smile: A nonobtrusive test of the facial feedback hypothesis. *Journal of Personality and Social Psychology, 54*(5), 768–777.［第13章　感情の基礎理論］

Stroebe, W., & Frey, B. S. (1982). Self-interest and collective action: The economics and psychology of public goods. *British Journal of Social Psychology, 21*, 121–137.［第18章　協力的な関係］

Stroebe, W., Insko, C. A., Thompson, V. D., & Layton, B. D. (1971). Effects of physical attractiveness, attitude similarity, and sex on various aspects of interpersonal attraction. *Journal of Personality and Social Psychology, 18*, 79–91.［第17章　個と個の関係］

Sutin, A. R., & Terracciano, A. (2016). Five-factor model personality traits and the objective and subjective experience of body weight. *Journal of Personality, 84*, 102–111.［第2章　人格の測定］

鈴木祐子 (1997). 心理学通俗講和会の設立　佐藤達哉・溝口　元（編）通史・日本の心理学(pp. 156–160)　北大路書房［第25章　化粧をする心］

高橋雅夫 (1982). 解説　佐山半七丸（著）早見春暁斎（画）高橋雅夫（校注）　都風俗化粧伝(pp. 265–29)　平凡社　（原著発行1813年（文化10年))［第25章　化粧をする心］

髙梅雅延・厳島行雄(2020). 無意識と記憶——ゼーモン／ゴールトン／シャクター——　岩波書店［第10章　記憶の仕組み］

Takano, R., Abe, T., & Kobayashi, N. (1997). Relationship between facial features and perceived facial image for application to image creation using cosmetics. Copy of Abstracts of 70th Anniversary Conference on Colour Materials (Tokyo: Japan Society of Colour Material), pp. 188–191.［第25章　化粧をする心］

高谷紀夫 (1990). 比較文化論：大項目別報告：身体変工 2400. 国立民族学博物館研究報告別冊, *11*, 87–91.［第25章　化粧をする心］

田中宏和 (2019). 計算論的認知科学　森北出版［第6章　多感覚の統合］

Tanner, W. P., & Swets, J. A. (1954). Decision-making theory of visual detection. *Psychological Review, 61*, 401–409.［第8章　心理物理学］

Tattersall, I. (2001). How we came to be human. *Scientific American, 285*(6), 56–63.（タッターソル，I., 馬場悠男（訳）(2002). 現生人類への道——私たちはいかにして人間になったか——　日経サイエンス, 3月号, 72–80)［第16章　感情の役割］

戸田正直 (1992). 感情——人を動かしている適応プログラム——　東京大学出版会［第14章　感情とス

トレスの生理学〕

Tomkins, S. S. (1962). *Affect, imagery, consciousness: vol. 1. The positive affects.* Springer.〔第13章　感情の基礎理論〕

Tourangeau, R. & Ellsworth, P. C. (1979). The role of facial response in the experience of emotion. *Journal of Personality and Social Psychology, 37*, 1519–1532.〔第13章　感情の基礎理論〕

Treisman, A. (1985). Preattentive processing in vision. *Computer Vision, Graphics, and Image Processing, 31*, 156–177.〔第7章　注意の仕組みと働き〕

Treisman, A. (1988). Features and objects: The fourteenth Bartlett memorial lecture. *Quarterly Journal of Experimental Psychology, 40A*, 201–237.〔第7章　注意の仕組みと働き〕

Treisman, A. M., & Gelade, G. (1980). A feature-integration theory of attention. *Cognitive Psychology, 12*, 97–136.〔第7章　注意の仕組みと働き〕

Tsuchiya, N., & Koch, C. (2007). Attention and consciousness: Two distinct brain processes. *Trends in Cognitive Sciences, 11*, 16–22.〔第7章　注意の仕組みと働き〕

Tulving, E., & Schacter, D. L. (1990). Priming and human memory systems. *Science, 247*(4940), 301–306. DOI: 10.1126/science.2296719〔第10章　記憶の仕組み〕

辻本昌弘・國吉美世子・與久田巖 (2007). 沖縄の講集団にみる交換の生成　社会心理学研究, *23*, 162–172.〔第18章　協力的な関係〕

Tyler, T. R., Boeckmann, R. J., Smith, H. J., & Huo, Y. J. (1997). *Social justice in a diverse society.* Westview.（タイラー, T. R.・ボエックマン, R. J.・スミス, H. J.・ホー, Y. J. 大渕憲一・菅原郁夫（監訳）(2000). 多元社会における正義と公正　ブレーン出版）〔第19章　集合行動〕

Wakabayashi, A. (2014). A sixth personality domain that is independent of the Big Five domains: The psychometric properties of the HEXACO personality inventory in a Japanese sample. *Japanese Psychological Research, 56*, 211–223.〔第2章　人格の測定〕

Wakefield, J. C., (1992). Disorder as harmful dysfunction: A conceptual critique of DSM-Ⅲ-R's definition of mental disorder. *Psychological Review, 99*, 232–247.〔第3章　異常心理学〕

Walker, I., & Pettigrew, T. F. (1984). Relative deprivation theory: An overview and conceptual critique. *British Journal of Social Psychology, 23*, 301–310.〔第19章　集合行動〕

Walster, E. (1965). The effect of self-esteem on romantic liking. *Journal of Experimental Social Psychology, 1*, 184–197.〔第17章　個と個の関係〕

Walster, E., Aronson, V., Abrahams, D., & Rottmann, L. (1966). Importance of physical attractiveness in dating behavior. *Journal of Personality and Social Psychology, 4*, 508–516.〔第17章　個と個の関係〕

Walster, E., Berscheid, E., and Walster, G .W. (1973). New directions in equity research. *Journal of Personality and Social Psychology, 25*, 151–176.〔第17章　個と個の関係〕

Walster, E., Walster, G. W., & Traupmann, J. (1978). Equality and premarital sex. *Journal of Personality and Social Psychology, 36*, 82–92.〔第17章　個と個の関係〕

鷲田清一 (2012). ひとはなぜ服を着るのか　筑摩書房〔第25章　化粧をする心〕

Wason, P. C., & Evans, J. S. B. (1974). Dual processes in reasoning? *Cognition, 3*(2), 141–154.〔第13章　感情の基礎理論〕

Watson, J. B., & Rayner, R. (1920). Conditioned emotional reactions. *Journal of Experimental Psychology, 3*,

1–14.［第9章　学習と経験］

Weinstein, N. D. (1989). Optimistic biases about personal risks. *Science, 24*, 1232–1233.［第24章　犯罪を防ぐ］

Welch, R. B., & Warren, D. H. (1980). Immediate perceptual response to intersensory discrepancy. *Psychological Bulletin, 38*, 638–667.［第6章　多感覚の統合］

Werner, E. E. (2002). *A conspiracy of decency: The rescue of the Danish Jews during World War II.* Westview Press.（ワーナー，E. E. 池田年穂（訳）(2010). ユダヤ人を救え！——デンマークからスウェーデンへ—— 水声社）［第21章　服従と抵抗］

Wichmann, F. A., & Hill, N. J. (2001). The psychometric function: I. Fitting, sampling, and goodness of fit. *Perception & Psychophysics, 63*, 1314–1329.［第8章　心理物理学］

Wilson, J. Q., & Kelling, G. L. (1982). Broken windows. *Atlantic Monthly, 211*, 29–38.［第24章　犯罪を防ぐ］

Wiltermuth, S. (2012). Synchrony and destructive obedience. *Social Influence, 7*, 78–89.［第21章　服従と抵抗］

Winch, R. F., Ktsanes, T., & Ktsanes, V. (1954). The theory of complementary needs in mate-selection: An analytic and descriptive study. *American Sociological Review, 19*, 241–249.［第17章　個と個の関係］

Wundt, W. (1902). *Grundzüge der Physiologischen Psychologie, 2*, Verlag von Wilhelm Engelmann.［第16章　感情の役割］

Yamagishi, T. (1995). Social dilemmas. In K. S. Cook, G. A. Fine, & J. S. House (Eds.), *Sociological perspectives on social psychology* (pp. 311–335). Allyn and Bacon.［第18章　協力的な関係］

山岸俊男 (1993). 利得構造の変換と規範の生成　理論と方法, *8*, 51–68.［第18章　協力的な関係］

山岸俊男 (2000). 社会的ジレンマ——「環境破壊」から「いじめ」まで—— PHP新書［第18章　協力的な関係］

吉田　醇 (1981). メイクアップの効用　日本香粧品科学会誌, *5*(2), 137–144.［第25章　化粧をする心］

吉野伸哉・小塩真司 (2020). 日本におけるBig Fiveパーソナリティ特性とBMIの関連　心理学研究, *91*, 267–273.［第2章　人格の測定］

Zajonc, R. B. (1968). Attitudinal effects of mere exposure. *Journal of Personality and Social Psychology, 9*, 1–27.［第17章　個と個の関係］

Zebrowitz, L. A. (1997). *Reading faces: Window to the soul?* Westview Press.［第25章　化粧をする心］

Zhong, C. B., & DeVoe, S. E. (2010). You are how you eat: Fast food and impatience. *Psychological Science, 21*(5), 619–622. DOI: 10.1177/0956797610366090［第10章　記憶の仕組み］

事項索引

事 項 索 引 （英文）

人 名 索 引

人 名 索 引 （英文）

Winch, R. F.   199
Wolpe, J.   41
Wundt, W.   189

Y ————————————————————
Yamagishi, T.   221
Yamaguchi, H.   312
Young, T.   48

Z ————————————————————
Zajonc, R. B.   152, 197
Zald, M. N.   232
Zavalloni, M.   238
Zebrowitz, L. A.   309
Zeigler-Hill, V.   28
Zhong, C. B.   108

著者プロフィール

阿 部 恒 之（あべ・つねゆき）
　　東北大学文学部心理学専修（大学院文学研究科心理学専攻分野）教授（感情心理学）
　　博士（文学）
　　　1961年　新潟県生まれ
　　　2001年　東北大学大学院文学研究科博士課程修了
　　　主著「ストレスと化粧の社会生理心理学」　フレグランスジャーナル社　2002年
　　　　　　「Cosmetic Science and Technology」（分担執筆）　Elsevier社　2017年
　　　　　　「感情心理学ハンドブック」（分担執筆）　北大路書房　2019年

大 渕 憲 一（おおぶち・けんいち）
　　東北大学名誉教授（社会心理学）
　　博士（文学）
　　　1950年　秋田県生まれ
　　　1977年　東北大学大学院文学研究科博士課程中退
　　　主著「謝罪の研究：釈明の心理とはたらき」　東北大学出版会　2010年
　　　　　　「新版　人を傷つける心：攻撃性の社会心理学」　サイエンス社　2011年
　　　　　　「Inequality, discrimination and conflict in Japan: Ways to social justice and cooperation」Trans Pacific Press　2011年

行 場 次 朗（ぎょうば・じろう）
　　尚絅学院大学総合人間科学系心理部門特任教授，東北大学名誉教授（感覚・知覚心理学）
　　博士（文学）
　　　1954年　宮城県生まれ
　　　1981年　東北大学大学院文学研究科博士課程単位取得退学
　　　主著「視覚と聴覚」（共著）　岩波書店　1994年
　　　　　　「知性と感性の心理」（編著）　福村出版　2000年
　　　　　　「イメージと認知」（共著）　岩波書店　2001年

坂 井 信 之（さかい・のぶゆき）
　　東北大学文学部心理学専修（大学院文学研究科心理学専攻分野）教授（応用心理学）
　　博士（人間科学）
　　　1969年　福岡県生まれ
　　　1998年　大阪大学大学院人間科学研究科博士後期課程修了
　　　主著「香りや見た目で脳を勘違いさせる　毎日が楽しくなる応用心理学」かんき出版　2016年
　　　　　　「ピュイゼ　子どものための味覚教育　食育入門」（共著）講談社　2016年

辻 本 昌 弘（つじもと・まさひろ）
　　東北大学文学部心理学専修（大学院文学研究科心理学専攻分野）教授（社会心理学）
　　博士（文学）
　　　1972年　奈良県生まれ
　　　2000年　東北大学大学院文学研究科博士課程修了
　　　主著「語り―移動の近代を生きる」　新曜社　2013年
　　　　　　「沖縄，時代を生きた学究」　沖縄タイムス社　2017年

仁 平 義 明（にへい・よしあき）
　　星槎大学教育学研究科教授，東北大学名誉教授，白鷗大学名誉教授（応用認知心理学）
　　　1946年　栃木県生まれ
　　　1974年　東北大学大学院文学研究科博士課程単位取得退学
　　　主著「行動の伝播と進化」（現代のエスプリ，359：編著）　至文堂　1997年
　　　　　　「嘘とだましの心理学」（共編著）　有斐閣　2006年
　　　　　　「防災の心理学―ほんとうの安心とは何か」（編著）　東信堂　2009年

荒 井 崇 史 （あらい・たかし）

東北大学文学部心理学専修（大学院文学研究科心理学専攻分野）准教授（社会心理学／司法・犯罪心理学）
博士（心理学）

　1979年　栃木県生まれ
　2011年　筑波大学大学院人間総合科学研究科博士後期課程修了
　主著「スタンダード　社会心理学」（分担執筆）　サイエンス社　2012年
　　　　「コンパクト司法・犯罪心理学―初歩から卒論・修論作成のヒントまで」（分担執筆）　北大路書房　2020年
　　　　「司法・犯罪心理学」（分担執筆）　サイエンス社　2021年

河 地 庸 介 （かわち・ようすけ）

東北大学文学部心理学専修（大学院文学研究科心理学専攻分野）准教授（知覚・認知心理学）
博士（文学）

　1979年　宮城県生まれ
　2009年　東北大学大学院文学研究科人間科学専攻博士課程後期3年の課程修了
　主著「基礎心理学実験法ハンドブック」（分担執筆）　朝倉書店　2018年
　　　　「生理心理学と精神生理学　第 I 巻」（分担執筆）　北大路書房　2017年

編集後記

　2022年は東北大学文学部創設100周年目の年です。創設100年目に，このような形で後世に残る書籍を残せたことを，編集担当として嬉しく思います。本書は，現東北大学文学部心理学研究室教員，これまで長年にわたり教鞭をとってこられたレジェンドともいえる先生方によって執筆されました。その内容は，一般的な心理学入門書とは大きく異なる，本書独特のクセを持っています。クセがあるからこそ面白い。ぜひ隅々まで楽しんでください。なお，本書の編集作業では，時間がない中で本当にたいへんな思いをしました。作業を手伝ってくれた心理学研究室の皆様，特に今川ゆきさん，齋田涼裕さん，河内建さん，澤田いろはさん，安達友朗さんに感謝申し上げます（毎回深夜のメールでご迷惑をおかけしました）。国際文献社の竹内清隆氏，山田雄介氏にも御礼申し上げます。

（編集担当：荒井　崇史）

　本書は東北大学心理学研究室の雰囲気が色濃く感じられます。卒業生でもある私にとっては，どの感覚に重み付けすれば雰囲気を最尤推定できるかは定かではありませんが，多感覚を刺激される印象すらあり，在学時の思い出までも想起されます。それだけに，本書は初学者の入門書としての機能を備えつつも，東北大学心理学研究室に関心のある方々が研究室の雰囲気を知るよいプライマーとなっていると思います。他方で，実際の講義では，本書の内容はもちろん，収まりきらなかった最新の知見・マニアックな話が先生方のユニークなお人柄とともに披露されています。こちらもご期待いただき，本書を契機に東北大学心理学研究室で学ぶことをご検討いただければ幸いです。最後になりましたが，辛抱強く執筆・編集作業を見守ってくださった心理学研究室の学部生・大学院生の皆さん，国際文献社の竹内清隆氏，山田雄介氏にこの場を借りて心より御礼申し上げます。

（編集担当：河地　庸介）

東北大学文学部心理学研究室　〒980–8576 仙台市青葉区川内27–1

心理学の視点 25

2022 年 3 月 25 日　第 1 版第 1 刷発行
2023 年 3 月 15 日　第 2 版第 1 刷発行

編　者　東北大学文学部心理学研究室
発行者　笠井　健
発行所　（株）国際文献社
　　　　〒 162–0801　東京都新宿区山吹町 358–5
　　　　電話　03–6824–9360
　　　　FAX　03–5227–8671
　　　　URL　https://www.bunken.co.jp

ISBN 978-4-910603-04-9
Printed in Japan